U0135292

张若雨◎著

华中师范大学道家道教研究中心
武当山道教学院 主办

◎道家道教文化研究书系

唐代道教上清派与政治关系研究

图书在版编目（CIP）数据

唐代道教上清派与政治关系研究 / 张若雨著 . —— 北京 : 宗教文化出版社，
2024.4

ISBN 978-7-5188-1357-5

Ⅰ . ①唐… Ⅱ . ①张… Ⅲ . ①道教—关系—政治制度—研究—中国
—唐代 Ⅳ . ① B959.2 ② D691.21

中国国家版本馆 CIP 数据核字 (2023) 第 025943 号

唐代道教上清派与政治关系研究

张若雨 著

出版发行： 宗教文化出版社

地　　址： 北京市西城区后海北沿 44 号（100009）

电　　话： 64095215（发行部）　　13301083388（编辑部）

责任编辑： 毛宁

版式设计： 贺兵

印　　刷： 中国电影出版社印刷厂

版本记录： 880 毫米 × 1230 毫米　32 开　10.75 印张　250 千字

　　　　　　2024 年 4 月第 1 版　2024 年 4 月第 1 次印刷

书　　号： ISBN 978-7-5188-1357-5

定　　价： 145.00 元

总　序

　　上世纪 80 年代以来，兴起了一股研究道家道教文化的热潮，至今仍可以说方兴未艾。这股研究热潮的兴起，一方面是有一批海内外学者（如王明、汤一介、陈鼓应、卿希泰等）的推动，另一方面又是与传统文化研究的发展一致的。

　　在中国传统文化中，儒、佛、道是否三足鼎立，似乎是一个可以进一步讨论的问题，除了佛教是"外来"的，儒、道两家都是中国土生土长的。儒、佛、道在产生和发展的过程中形成了各自的特点，和儒、佛两家相比，道家以"道"为主要特点，名实相符，一目了然。但是，"道"字原本并非道家之专属，周秦诸子"道论"之作很多，汉以后的儒者讲"道统""原道"，也使用这个"道"字。到了宋代，从周敦颐、二程至朱熹一批被称为理学家的大儒，他们以儒家为主，兼容佛、道两家思想的某些内容，再一次改造儒学，被认为是继承道统之学。不过，儒家所论之道，其要旨在于重礼、乐、《诗》《书》，实行王道之治，"以格物致知为先，明善诚身为要"。无论是目的或方法，都与道家、道教之"道"不同。至于佛教之"道"，相对要简单些，"道"字在佛经中难得找到一个较确切的对应词，早在唐代译"道"为"菩提"抑或"末迦"就是争论过的问题，这里我们无法深究。从历史事实看，佛教在初传中土之时，曾借用过道家之"道"是可以肯定的，当时人们讲佛教，常常使用"佛道""释道"这样的词。宗密在《盂兰盆经疏下》中说："佛教初传北方，呼僧为道士。"两晋南北朝时期，僧人被称为"道人""道士"的很多，佛教诵经礼拜之所乃至佛寺也被称为"道场"，甚至"道具"一词，开始也是指佛家用的器物。这种情况，是一种表象的情况，理应与当时道教已产生并流行有关。一开始，人们祭祀黄老、浮图难分，而外来的佛教又特别需要努力与中土民情相结合。从魏晋到隋唐，道教日益成长，佛教越来越站稳脚跟，佛道之争愈演愈烈，围绕着"道"的争论也是很多的：一方面佛教不时诘难道教的"道"，另一方面有时又援用道教的"道"论，例如唐初因傅奕上言"废佛法事"，法琳奉命"陈对"，就曾用过"至道绝言"，且引老庄之言，但其目的却是"演涅槃"，"说般若"，还用"历史"证明关令尹之后"事佛不事道"。再者，佛教中"道"字的用法与含义多与道教不同。有时候"道"是"菩提"或"涅槃"的代名词；有时候"道"与"法""义理""因果"相连，如此之类的例子颇多，不必详列。从上述情况看，佛教的"道"只是名词的借用以及相近梵言的意译，没有道家道教那样的深刻意义。

对于道家、道教来说，这个"道"字就有根本的、全面的、深刻的意义了。道家、道教离不开"道"，名实一致，"道"也在道家、道教思想文化中得到充分的发展，由此而形成中国所特有的"道学"。

关于道家与道教，大家都习惯用了，也不必时时刻刻去定义它们。由于两者之间存在密切的联系，很难将其截然分开，所以我们和许多学者一样，一直使用"道家道教文化"这样的词语，而对"道学"一词持谨慎态度。但是近年来，有些学者正式打出了"道学"的旗帜，出版了《道学研究》专刊，不止一次地召开了道学研讨会。我在一次会上谈到了"道学"这个提法问题。过去之所以避免提"道学"，是因为关于"道学"的提法和理解存在一些歧义，例如《宋史》的道学类传实际是大儒传，儒道难分怕引起误会；又如过去在生活中，"道学先生"似乎是一个贬义词，形容有些迂腐习气，《红楼梦》中的袭人就被晴雯说成是"越发道学了，独自个在屋里面壁呢！"（第64回）当然，这些都是过去的事了，现在和今后，人们不会再去清这些老账了。公开倡导作为道家道教文化的道学，应该是没有什么问题的。而且，从历史上看，称道家之学为"道学"，也是渊源有自的，《隋书·经籍志》在子部记《老子》《庄子》等道家著作之后写道："自黄帝以下，圣哲之士所言道者，传之其人，世无师说。汉时，曹参始荐盖公能言黄老，文帝宗之。自是相传，道学众矣。"这是唐初人的记述，是当时人的一种对道家的看法，也是汉以后学者看法的总结和发展，是有代表性和普遍性的。我们从以上引文的前后叙述看更为清楚，关于道和道家的说明，既有黄老之言道的基本观点，也有儒家学者对道家的评判，这里就不详说了。但是，从以上引文及其所述对象看，凡是述老庄的，"言黄老"的，可以总称之为"道学"。从《隋书·经籍志》记载看，除《老》《庄》之外，包括《鹖子》《抱朴子·内篇》乃至《夷夏论》《简文谈疏》《广成子》等一些后起的道家著作，正所谓"道学众矣"。

《隋书·经籍志》似乎未明确把"道经符箓"列入"道学"，但并不能影响我们今日把道教文化（以各种"道经"为重要内容的文化)列入"道学"的范围,如果要找点根据,葛洪时代人们已经把道教法术称为"道学",其《神仙传·李仲甫》记载,李仲甫少"学道于王君","兼行遁甲,能步诀隐形",有张生用匕首对他"左右刺斫","仲甫已在床上,笑曰:'天下乃有汝辈愚人,道学未得,而欲杀之,我宁得杀耶?'"此所谓"道学",显然指的是"法术""道术"。则道教之各种法术,亦可称之为"道学"。

最后应该说明的是,无论道家道教文化或者道学研究应该包括哪些内容?主要的当有:

首先,关于《老子》《庄子》的研究,我们称之为"老学""庄学",或者老庄学,包括老子、庄子其人其书的再研究,历代对《老子》《庄子》的改造和诠释,《老子》《庄子》的现代价值,等等。《老子》《庄子》的思想对诸子百家有很大的影响,《老子》《庄子》及其注释在道教经典中分量不小,无论在道家或道教的研究中,都是最重要的内容之一。

其次,关于黄老之学的研究。从前引《隋书·经籍志》的记载看,当时的"道学",原本即指"言黄老"之"道"而言,《史记·陈丞相世家》说陈平"少时,本好黄帝、老子之术",应该就是好黄老之学。对黄老之学的研究,学术界早就开始了,并且有较多的成果,但看法不完全一样,大家公认的黄老之学是以老子道家学说为主而兼容他家。兼容,本是战国秦汉学术思想发展的一个趋势,问题是以什么为主。秦汉最为明显的是有以道家为主的兼容综合和以儒家为主的兼容综合,前者我们称之为新道家,后者有人称之为新儒家(秦汉时期的新道家、新儒家,儒道两家在以后的历史发展中,还会继续有新的变化,可称之为魏晋新道家、宋明新儒学,乃至当代新儒家、当代新道家等）。这样划分，是为了对学术思想作进一步梳理和深入的研究，至于具体哪一些学派、学人、学说应如何归并，那是可以具体研讨的，并不是所有具有综合性特征的思想都笼统称之为黄老之学，无法否定的大儒董仲舒，其思想显然也有综合性特征，人们甚至可以从他的著作中找出一些黄老思想，但黄老之学中绝不会包括董仲舒。黄老之学当然是有一定范围的，我们要研究的是主要言黄老之道的学人和学说。这些，可以也应该纳入道家、道教文化和道学的研究范围。

第三，其他道家诸子的研究。如《汉书·艺文志》和《隋书·经籍志》中所著录的道家诸子，包括《伊尹》《太公》《辛甲》《鹖子》《管子》《文子》《蜎子》《关尹子》《老成子》《长卢子》《王狄子》《公子牟》《田子》《老莱子》《黔娄子》《宫孙子》《鹖冠子》《黄帝四经》《黄帝铭》《黄帝君臣》《杂黄帝》《孙子》《捷子》《曹羽》《郎中婴齐》《君臣子》《郑长者》《楚子》《道家言》等，还有《隋书·经籍志》中补录的《守白论》《任子道论》《唐子》《杜氏幽求新书》《抱朴子》《符子》《夷夏论》《简文谈疏》《无名子》《玄子》《游玄桂林》《广成子》，等等。

这一部分内容有几个问题要说明，一是它将与上一部分黄老之学的内容交叉重叠；二是大部分图书早已亡佚，后来辑佚的或者后出的，要仔细考辨；三是新出土的简帛，如 1973 年长沙马王堆出的帛书"黄帝四篇"等，有可能即为原来的《黄帝四经》等著作。与此同时，新出土的资料中完全可能有一些原来没有著录过的内容，那就需要加以探究和归类。

第四，道教研究，包括道教历史、道教经典、道教思想等的研究。道教史的深入研究，不仅是回顾过去，更重要的是正确地理解现在和更好地展望未来。道教经典很多，也可以用"汗牛充栋"来形容，一部五千余卷的《道藏》就是一个尚未充分开发的大矿。道教思想可以从多方面展开研究，道教信仰、道教戒律的研究都将很有意义，道教醮仪和法术、符箓的研究对道教的发展也是很重要的。道教文化的研究、道学研究理应包括这些内容。

以上所作简要的概括，应该不会有大的偏差，重要的是今后我们如何实行，望有志于道家道教文化研究、有志于道学研究的同道共同努力，弘扬和发展道家道教的道文化。

华中师范大学道家道教研究中心愿为促进道家道教文化研究作自己的一些努力。本中心是 2002 年成立的，但有较长时期的历史渊源。1982 年，几乎是同时，我的老师张舜徽先生发表《周秦道论发微》、詹剑峰先生发表《老子其人其书及其道论》。本人也在 80 年代初开始了秦汉道家思想的学习和研究，直至 1984 年出版《秦汉新道家略论稿》。而与我同辈的刘守华教授 1983 年开始发表《道教与中国民间故事传说》《中国民间叙事的道教色彩》等论文，引起了道教文化研究者的广泛注意，后来更写成《道教与中国民间文学》的专著。此后我们日益广泛地与道教文化的研究者以及道教界人士联系。我曾经在《秦汉新道家》一书的前言中说过，上世纪八九十年代为道家道教文化研究到处呼吁的陈鼓应先生，他先是奔走各地广泛与有关的研究者联络，同时在香港青松观侯宝垣道长的支持下，筹备出版有关刊物和准备召开学术讨论会议，1992 年《道家文化研究》开始出版，1993 年在四川成都召开了第一次大型的道家道教文化学术讨论会，一下子把海内外的中外学者聚集起来，展开道家道教文化的研讨，大大促进了道家道教文化的研究。与此同时，各地、各界、各种类型的学术讨论会越来越多。从事道家道教文化的研究者（包括专门的和兼及研究的）彼此都日益熟悉、交往起来，而研究的内容也日益丰富、深入。还值得一提的是，彼此交往之中，还有中国道协和各地宫观的许多道长，他们也举行过多次道教文化研讨会，邀请学者参加，互相切磋，并采取多种形式合作，共同开展道教文化研究。我们开头所说的"方兴未艾"即就此发展情况而言。

2002 年 11 月 2 日，华中师范大学道家道教研究中心成立，得到了黄胜得、陈鼓应、王博等先生的鼓励和支持，并远道而来亲临成立大会。我们的研究工作从此得以更为有序地展开。利用我们与学校历史文化学院的隶属关系，我们在专门史学科内设立道家道教文化研究方向，招收了博士和硕士研究生，在《华中师范大学学报》上开辟了"道家道教文化"专栏，继续深入老学、庄学的研究，逐步地兼及道家道教文化的其他方面的研究，等等。过去我们曾承担或参加过一些合作项目，如参与"中华道藏"的整理工作，承担国家宗教事务局重大项目"《老子集成》整理与编纂"等，今后也将继续寻求各种合作。2005 年，我们与江苏茅山道教文化研究中心商定，共同主办出版一个"道家道教文化研究书系"（也就是丛书），使得道家道教文化研究成果多一个发表园地。为学如积薪，我们的工作也是想为学术得以传承而添薪增火。此事得到了茅山道院和杨世华道长的大力支持，华中师范大学出版社范军社长具有敏锐的学术眼光，并且为这个书系精心设计，周密安排，从而在 2006 年伊始有了一个好的开端。这个书系一直持续到 2019 年，出版了近二十部著作，产生了较大的学术影响。2022 年开始，华中师范大学道家道教研究中心又与武当山道教学院合作，决定继续联合主办该书系，并且改由宗教文化出版社出版。

希望这个书系能够坚持下去。

希望在日后的实践过程中形成它自己的特色。

大家共同努力，主办者、作者、编辑出版者、关心支持者共同努力，以上希望是能够实现的。

熊铁基

2006 年元旦初撰

2022 年 6 月 16 日修改

题 记

　　张若雨，聪慧好学，在校学习期间，成绩优秀。有能力，有自己的见解。关注唐代道教前后有七八年，所写博士论文《唐代道教上清派与政治关系研究》，既体现了学习中国古代历史的功力，也抓住了道教发展史上的重要时期和重要问题，对道教史的研究是有所贡献的。现在正式出版，有一定的学术价值意义，值得庆贺。

熊铁基

2022 年岁末

目 录

总 序 \ 1

题 记 \ 9

绪 论 \ 1

第一章 唐代道教的繁荣与发展特点 \ 37

第一节 唐代道教发展概述 \ 37

第二节 唐代佛道二教理论及其与政治关系的消长 \ 50

第三节 唐代道教的发展特点 \ 66

第二章 理论影响——上清派对唐王朝政治思想的渗透 \ 74

第一节 唐代上清派理论概述 \ 75

第二节 唐代政治语境下的上清派理论 \ 86

第三节 个案分析：唐玄宗《道德真经》注及疏与上清派的

呼应 \ 98

第四节 上清派理论与政治关系的衍变分析 \ 115

第三章 实践参与——唐前期上清派道士与政治的互动 \ 123

第一节 上清派道士参与王朝建立初期 \ 124

第二节　唐王朝的征召与上清道士的回应 \ 130

第三节　个案分析：唐玄宗与李含光修葺茅山 \ 147

第四节　唐代官员群体与上清道士的互动 \ 162

第四章　渐趋疏离——唐后期上清派与唐王朝的现实分歧 \ 175

第一节　上清派与中央政权的疏离 \ 175

第二节　上清派与地方权力的积极互动 \ 198

第三节　个案研究：李德裕和唐武宗、孙智清

　　　　——权臣和帝王、上清派的三角关系 \ 206

第四节　唐后期上清派与政治关系的变化 \ 222

第五章　唐代其他道派与政治关系之比较 \ 228

第一节　楼观道积极参与政治实践 \ 228

第二节　天师道的嗣教天师及其广泛的道士基础 \ 239

第三节　灵宝派及其他道派与唐代政治 \ 252

第四节　上清及其他诸道派与政治关系之比较 \ 270

结　论 \ 278

参考文献 \ 287

后　记 \ 307

绪　论

一

道教作为中国土生土长的宗教，自出现以来走过了漫长而曲折的岁月。在此过程中，逐渐形成了以道家思想为基础的独特的宗教文化，并成为中国传统文化中重要的组成部分。近些年来，道教研究出现大量开拓性的成果，从卿希泰的《中国道教史》、任继愈的《中国道教史》的道教通史类著作开始，大量关于道教各个方面的研究成果问世。任继愈在《中国道教史》中曾明确表示："道教与政治有着密切的联系，历代道教的兴衰，几乎都和当时政治社会的演变有着直接的关系，道教的发展和演变，也往往对当时的政治社会产生直接或间接的影响。为此，要研究历代道教的发展和演变，除了研究道教自身发展的规律外，还必须和当时政治社会的演变相联系，否则很难弄清道教发展与演变的来龙去脉，也不易了解道教的发展与演变对当时政治社会所产生的影响。"[①] 这段话准确地阐明了道教与政治关系研究的重要价值。而道教在唐代发展繁盛，被唐统治者奉为官方宗教，与当朝政治的关系极其密切。深入研究唐代道教与

---

① 任继愈编：《中国道教史》，上海：上海人民出版社，1990年，第278页。

政治的关系有助于我们清晰地认识在唐代这个道教发展的重要时期，道教自身的发展与演变及其对当时政治社会的影响，以至于更完美地把握整个道教发展的来龙去脉。

上清派始创于东晋中期，是"以尊奉、传承上清经法系统而形成的道派。创始人为东晋时天师道士杨义"①。陶弘景《真诰》卷十九中记载："伏寻《上清真经》出世之源，始于晋哀帝兴宁二年（364年）太岁甲子，紫虚元君上真司命南岳魏夫人下降授弟子琅琊王司徒公府舍人杨某，始作隶字写出，以传护军长史句容许某，并其弟三息上计掾某某。二许又更起写，修行得道。"②卿希泰《中国道教史》中认为，此记载中扶乩授经系造经者托词，而造经者可能就是杨羲等人。并且上清经法在魏夫人魏华存时代便已有部分出世，为杨羲、二许等人获得并传播开来。故而上清派以魏夫人或杨羲为祖师，尊奉元始天王或元始天尊为最高神。任继愈《中国道教史》中认为上清派实际上是当时"东晋以后南方五斗米道、帛家道等道派被门阀士族融合改造而形成的士族神仙道教新派别"③。上清经法在经过南朝时陶弘景的整理之后，系统更加完备。陶弘景彼时于茅山修道授法，故而茅山成为上清道派的宗教活动中心，以"三山符箓"之一著称于世。

唐代的道教在开放包容的大一统时代下兴盛壮大。唐代的开国之君李渊在群雄纷乱的隋末建立政权，受到了楼观道士岐晖和茅山

---

①　《中国大百科全书》总编委会：《中国大百科全书》第19册，北京：中国大百科全书出版社，2009年，第333页。

②　（梁）陶弘景撰：《真诰》卷十九，张继禹主编《中华道藏》，北京：华夏出版社，2004年，

③　任继愈编：《中国道教史》，上海：上海人民出版社，1990年，第136页。

宗领袖王远知的帮助。武德八年（625 年）颁布了《先老后释诏》，曰："老教孔教此土先宗，释教后兴宜崇客礼。令老先次孔末后释宗。"①兴建道观，赏赐道教徒。唐高祖所规定的奉道教为皇家宗教的崇道政策为后代皇帝所继承，道教在统治者的大力扶持下有了长足的发展。上清派更是凭借着王远知的贡献、其本身极高的理论水平和符合时代要求的教义而受到统治者的重视和扶持。卿希泰和唐大潮的《道教史》中提到对于唐代道教的看法，认为唐代道教的主流是上清茅山宗，认为在各道派相互融合的这一时期，"在南北朝时发展一度超过上清的灵宝派，似乎'消失'了"，而茅山宗吸收了灵宝斋法和正一法，三个道派趋于融合"②。任继愈也认为："上清派注重道士个人的文化修养、宗教道德修养、个人身心的修炼。钻研道经，遵守法戒，施行斋醮多依古法。"唐代备受统治者尊崇与重用的高道如王远知、潘师正、司马承祯、李含光等皆为茅山宗师。"他们著述宏博，立论精湛，力辟道门歪邪之气，使上清派成为道教最上乘的道派，受到唐王朝的青睐，尊为官方宗教，并影响到宋元明以后。"③毋庸置疑，上清派是唐代道教中影响最大的道派。

　　上清派茅山宗的传承延续与其道派领袖的英明决策和高水平道士的理论构建密不可分。按照《道藏》收录的元代刘大彬所撰《茅山志》第十卷中记载的茅山嗣系记载，茅山宗在唐代的世系从第十代宗师王远知开始，其后为潘师正、司马承祯、李含光、韦景昭、

①　（唐）释道宣：《高僧传二集》卷 三十一，上海：弘化社，2013 年，第858 页。

②　卿希泰、唐大潮：《道教史》，南京：江苏人民出版社，2006年，第133页。

③　任继愈编：《中国道教史》，上海：上海人民出版社，1990年，第405页。

黄洞元、孙智清、吴法通、刘得常，直到唐、五代之际的王栖霞，共经历了十代宗师。每一代宗师都与唐代统治者保持着密切的联系，受到统治者的封赏。另外茅山道士司马承祯、吴筠等对于重玄学理论的推动和发展，提高和完善了上清派教理教义的哲学水平和理论体系。司马承祯的《天隐子》和《坐忘论》是其后期炼气成仙思想的体现，强调"修炼形气，养和心灵"的理论，"既体现出他的后期思想的成熟，也体现出他对潘师正所片面传承的上清正一派服气论思想的超越和陶弘景佛道兼顾……的直接继承和积极推展"①。唐代茅山上清派宗师较高的思辨能力和理论水平及开放兼容的派别意识，使得上清派在整个唐代道教兴盛并成为教派主流。

上清派作为一种宗教派别，在提供神仙信仰与社会教化等宗教社会职能方面有重要的贡献与影响。同时，上清派的思想与理论作为道教乃至整个思想文化体系中的重要一环，以文化的形态交融于我们的社会文化体系之中，它的变化及发展与政治文化的龃龉和交融均是值得思索的问题。顺着这种思路，便可在思想史研究的基础上，对政治的大背景给予比以往更多一点的关注。唐王朝从强盛到衰落的过程中，官方权威与皇帝个人的权威并没有一以贯之的高度一致性。在官方的政治活动或者皇帝个人的政治、宗教行为之中，唐代上清派的道士会以不同的方式参与其中。葛兆光在评述砂山稔《隋唐道教思想史研究》一书的书评中这样说："道教思想史的研究似乎比较忽略一般信仰者的层面，因为对于不以文字流传而在仪式、方法显现思想的道教内容似乎缺乏研究，于是，殃

———————
① 李大华、李刚、何建明：《隋唐道家与道教》，广州：广东人民出版社，2003年，第301页。

及池鱼的就是这些无著作传世的道教人物。"[①] 事实确实如此，在上清道教思想史的研究中，对司马承祯、吴筠等有著作流传于世的高道研究成果丰硕，而对王远知以及中晚唐一些鲜有著作记载的茅山领袖的思想研究较少。这些上清道士的思想唯有从其积极参与政治或是刻意疏远王权的行为上能窥视出一二。从总体上来说，上清派与唐代政治的关系展现出一贯的密切。在理论上，唐代帝王在治国思想上积极融摄了上清派的修炼思想和治世理念。尤其是在国家权威与皇帝个人权威一致的时期，皇帝的治国方针与上清派的教义理念基本保持一致；当皇帝个人利益与国家利益相悖的时候，上清派的理念多被皇帝所拒绝，尽管从表面上看来上清派道士的地位并未下降。从实践上来看，一方面上清派领袖在前期为了获得一定的政治话语权，利用道教谶语引导政治舆论，帮助李氏王朝或者皇位继统者确立政权合法性；另一方面，除了在国家层面保持上清派与官方的密切联系以外，上清派领袖也与皇帝个人和高官群体保持密切的私交，这种关系的建立和维持使得上清派（茅山宗）获得持续的权力和财力支持、稳固的宗教地位。随着唐代政局的逐渐混乱，国家权威与皇帝个人权威二者的不断割裂，上清派的治国理念不再被重视，上清派与政治的关系也就不断疏离。随着国家层面交往和私人关系交往的变化，实质上道教与唐代政治的关系也在不断转变。这种变化是社会与政治环境需求的变化和道教派别在时代潮流中的应对反应两者共同决定的。唐代上清派作为唐代道教有着广泛深远影响的教派，其与唐代政治的关

---

① 荣新江主编：《唐研究》第二卷，北京：北京大学出版社，1996年，第469页。

表 1 陈国符整理《道经传授表》（节选）①

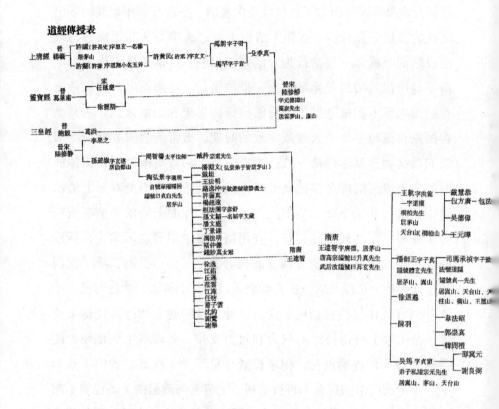

道經傳授表

---

① 陈国符：《道藏源流考》，北京：中华书局，2014年，第22—24页。

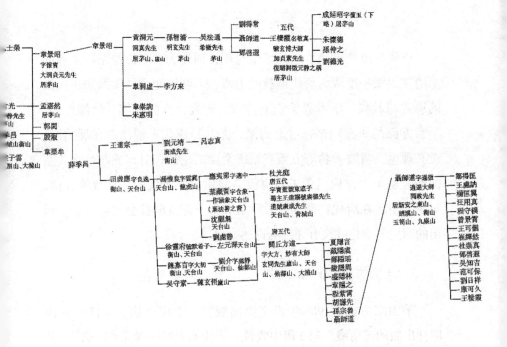

系密不可分。上清派道士在参与政治活动的过程中获得统治者对上清派的扶持、提升上清派自身的实力和影响力。另一方面，上清派在唐代政局逐渐走向混乱与衰落时的反应——顺应潮流或者逆流而上——也决定了其与政治关系的走向。那么，上清派与唐代政治究竟是怎么样的关系？这种关系当然是不大可能自始至终皆保持一种状态，那么这种关系又有什么样的变化，以及变化中的意义，这都是值得去探索和研究的问题，这对于研究唐代道教、道教与政治关系等问题都有重要的意义。

二

唐代是道教迅速发展的繁荣时期，而作为"三山符箓"之一的上清茅山派一度成为唐代道教的主流，不断地融合灵宝派和正一派的思想与教仪。学术界关于上清派的研究，六朝时期、修炼思想、个案方面的研究较多，对上清派，尤其是唐代上清派的发展情况、教义理论、重要人物等方面有系统全面的论述；对道教与政治关系的研究也集中在唐代帝王对道教的利用以及唐代的宗教政策方面，对于上清派在唐代特殊的宗教政策和帝王态度的社会政治背景下做出的回应和变化并没有详细的论述。

（一）历代方志中的上清派

茅山宗方面，1988 年由文物出版社、上海书店、天津古籍出版社出版的《道藏》第 5 册中收录了元代刘大彬所撰《茅山志》①共三十三卷，该志较为详尽地收录了元以前茅山宗全貌，比单纯山志

---

① （元）刘大彬撰：《茅山志》，《中华道藏》第48册。

内容更为丰富。2016年上海古籍出版社出版了王岗点校的刘大彬的《茅山志》[①]。1998年句容市地方志办公室编撰了《句容茅山志》[②]，由黄山书社出版。2004年江苏古籍出版社《中国道观志丛刊》出版了清代笪蟾光主编的《茅山志》[③]十四卷本。2007年杨世华、潘一德著《茅山道教志》[④]由华中师范大学出版社出版，从历史沿革、神仙地祇、圣师高道、茅山授箓、养生、道术等十八个方面来为茅山立志，增添了一些新资料。另外，杨世华还在2000年主编出版了《茅山道院历代碑铭录》[⑤]，集录了各个时期的茅山碑铭文，也是研究茅山宗历史的重要史料。

　　另外司马承祯门下传南岳天台宗亦是上清派传承，《道藏》第6册收录了洞玄部谱录类廖偁撰《南岳九真人传》[⑥]一卷和李冲昭撰《南岳小录》[⑦]一卷，记载了六朝至唐咸通先后的南岳道士传记。第11册节录了洞玄部记传类陈田夫撰《南岳总胜集》[⑧]一卷，包括一些道观记载。1996年湖南省地方志编纂委员会编纂出版了《南岳志》[⑨]，

①　（元）刘大彬编，（明）江永年增补，王岗点校：《茅山志》，上海：上海古籍出版社，2016年。
②　句容市地方志办公室编：《句容茅山志》，合肥：黄山书社，1998年。
③　（清）笪蟾光编：《茅山志》，《中国道观志丛刊》第12、13册，南京：江苏古籍出版社，2004年。
④　杨世华、潘一德著：《茅山道教志》，武汉：华中师范大学出版社，2007年。
⑤　杨世华主编：《茅山道院历代碑铭录》，上海：上海科学技术文献出版社，2000年。
⑥　（宋）廖偁撰：《南岳九真人传》，《中华道藏》第46册。
⑦　（唐）李冲昭撰：《南岳小录》，《中华道藏》第46册。
⑧　（宋）陈田夫撰：《南岳总胜集》，《中华道藏》第48册。
⑨　湖南省地方志编纂委员会：《南岳志》，长沙：湖南出版社，1996年。

其中第八篇宗教篇中叙述了南岳在唐代时由司马承祯在此建观传道，著名道士有田虚应、刘元（玄）靖等人。

（二）唐代上清派研究

学术界对于上清派的研究主要集中于魏晋六朝时期，例如萧登福的专著《六朝道教上清派研究》①、宇汝松的《六朝道教上清派研究》②以及张超然台湾政治大学 2008 年的博士论文《系谱、教法及其整合——东晋南朝道教上清经派的基础研究》③等。唐代上清派研究成果有部分高道个案研究和与文学、中医相关研究等，却缺少一些提纲挈领的把握，对其他一些重要的上清派人物个案研究成果较为缺乏。

第一，唐代上清派整体研究关于道教通史类的研究，卿希泰和任继愈的两种《中国道教史》最为普及。两者均对唐代道教有详细的论述。

卿希泰在《中国道教史》④第 2 卷中详细论述了唐代道教与统治者之间的互动，其中包括王远知、潘师正等茅山宗道派领袖在当时的政治和宗教活动，为道教在唐代获得统治者的扶持以及其在唐代社会普及壮大作出了重要贡献。另外在第五章第三节中论述了道教教派的融合，以茅山宗为主流。并且总结了这一时期茅山宗发展的四点特征：一是茅山宗师普遍文化素养较高；二是茅山宗师大多深

① 萧登福：《六朝道教上清派研究》，天津：天津出版社，2005 年。
② 宇汝松：《六朝道教上清派研究》，济南：山东文艺出版社，2009 年。
③ 张超然：《系谱、教法及其整合——东晋南朝道教上清经派的基础研究》，台湾政治大学博士论文，2008 年。
④ 卿希泰编：《中国道教史》，成都：四川人民出版社，1996 年。

· 10 ·

谙政事，积极出世；三是在这些高文化素养的宗师的努力下，茅山宗的教理教义和科仪规范得到极大的完善；四是茅山宗的法箓在这一时期流播全国，成就了茅山宗的唐代道教主流地位。卿希泰认为，这一时期茅山宗之所以兴盛的内在因素，是其兼收并蓄的包容开放态度和组织上严密独立的传承体系，外在因素是茅山宗师较强的政治活动能力使得其更加容易得到统治者的扶持。茅山道士司马承祯、吴筠等对于重玄学理论的推动和发展，同时也是茅山宗在唐代繁荣的表现。作者对于唐代上清派茅山宗发展的特征的总结具有一定的启发作用，但是第一点和第二点稍有重复，对于其特征和兴盛原因的总结均有待深入研究。

任继愈在《中国道教史》[①]第二编《隋唐道教》中也详细介绍了道教在唐代的发展状况，但并没有单独论述上清派的情况，在第九章和第十章关于道教经戒和法箓传授时分别详细地介绍了包括上清派在内的道教各教派的传授过程。另外，丁常云在1990年发表于《中国道教》中的《简述茅山在道教历史中的地位》[②]一文简单叙述了唐宋时期是茅山宗发展的鼎盛时期。

日本学者小林正美在其1998年出版的《中国的道教》[③]和2003年出版的《唐代的道教与天师道》[④]两本书中均对于唐代"道教"的论述提出了异议，他认为："迄今关于道教的解说性著作、研究性著

---

①　任继愈编：《中国道教史》，上海：上海人民出版社，1990年。

②　丁常云：《简述茅山在道教历史中的地位》，《中国道教》1990年第1期。

③　［日］小林正美著，王皓月译：《中国的道教》，济南：齐鲁书社，2010年。

④　［日］小林正美著，王皓月、李之美译：《唐代的道教与天师道》，济南：齐鲁书社，2013年。

作和论文都经常认为唐代道教的主要流派是上清派……但是笔者认为这种通说是错误的。"①他认为唐代的"道教"流派是天师道，包括潘师正、司马承祯在内的很多被其他学者认为是上清派的道士，实则是天师道道士。同时他指出，大家之所以会有这样的误解是因为大家"错误解释了唐代李渤《真系》（《云笈七签》卷五）和元代刘大彬的《茅山志》（HY304）中所述'上清经箓传授次第'的意义"。理由是天师道也会进行上清经箓的传授，故而并不能推断出传授次第中所提到的道士是上清派道士的事实。而从史料和文集中可以看出王远知等接受传承的道士是在天师三洞的立场上接受法箓传承，实质是天师道道士。小林正美的这一观点并未得到国内学界的肯定，甚至日本道教学者也认为他的言论"过激"。大多数学者认为上清派（茅山宗）确实对正一道法有一定的融合与继承，但是上清派与天师道是道教历史上的两个不同派别。葛兆光：《攀龙附凤的追认？——从小林正美〈唐代の道教と天师道〉讨论佛教道教宗派研究的方法》②一文中认为小林正美将唐代道教一概归为天师道的观点确有不妥，唐代的天师道已经"分成了各种各样、不相统辖的支脉"。刘屹在对《唐代的道教与天师道》这本书的书评（荣新江主编《唐研究》第十卷，第598页）中也有类似的观点。事实上，唐代皇帝无论是在正式场合（如诏令之类），还是非正式场合（如私信之类），都自然地会将正一派与上清派分开称呼和考量；民间也将两种不同的师

---

① ［日］小林正美著，王皓月译：《中国的道教》，济南：齐鲁书社，2010年，第203页。

② 葛兆光：《攀龙附凤的追认？——从小林正美〈唐代の道教と天师道〉讨论佛教道教宗派研究的方法》，荣新江主编《唐研究》第十卷，北京：北京大学出版社，2004年，第39页。

承和宗坛属地分为两个派别来理解。可见，当时的人们对于正一派和上清派分别为两个道派具有较为普遍的认识。

第二，对于道教断代史的研究中，并没有专门关于唐代上清派（茅山宗）的研究。其中胡孚琛《唐代道教流派概说》[①]一文认为唐代最为主流的道教教派是楼观道和以茅山为本山的上清派，普遍重视道阶而不重教派。汪桂平1995年发表的文章《唐代的茅山道》[②]介绍了茅山道的信仰、经典和修炼方法，具有兼容佛道及道家各派要法的特点，得到了唐统治者的大力支持。2004年金彩虹的硕士论文《唐代道士类型研究》[③]将唐代道士群体分成了以王远知为代表的先知型、以吴筠为代表的学术型、以张果为代表的术士型、以王希夷为代表的隐逸型和以侯高为代表的文士型，每种类型可能在同一道士身上交叉出现，这一分类为本书论述上清派与政治关系提供了一定的思路。汤其领2008年发表文章《唐代茅山道论略》[④]，略述了唐代茅山道重要的道士潘师正、李含光等人潜心修炼，著书立说，兴观传道，誉满朝野的现象来论证茅山道在唐代道教发展中的核心地位。

另外，在修炼法门与神仙谱系的研究方面，蔡林波《神药之殇——道教丹术转型的文化阐释》[⑤]认为道教外丹向内丹的转变是其在"唐宋变革"的大背景下文化内向化的表现，而隋唐时期茅山上

---

① 胡孚琛：《唐代道教流派概说》，《中国道教》1991年第3期。
② 汪桂平：《唐代的茅山道》，《文史知识》1995年第1期。
③ 金彩虹：《唐代道士类型研究》，陕西师范大学硕士论文，2004年。
④ 汤其领：《唐代茅山道论略》，《河南科技大学学报（社会科学版）》2008年第6期。
⑤ 蔡林波：《神药之殇——道教丹术转型的文化阐释》，成都：巴蜀书社，2008年。

清一系在教义道德化与内在化方面做出了重要的贡献，这与其受到统治者大力扶持是分不开的。柏夷《道教研究论集》①、《道教神系》一文中，《位业图》中潘师正上清神更高，晚唐间丘方远认为虚皇（上清派神）道君的"应身"是元始天尊（灵宝神），早期陶弘景轻视《灵宝经》，道教神系具有流动性和不稳定性。2010年清华大学李平博士论文《晚唐五代道教修道变迁研究》②中认为晚唐社会急剧变化，新的修道群体和新的政教关系产生导致了上清派在中晚唐时期影响和势力的衰落，从而促使了新的修炼方式的产生。

关于上清经法文献与思想方面的研究，有陈国符的《道藏源流考》③，其中详细考证了《大洞真经》《真诰》等上清诸经的渊源与传授，以及上清派的传承谱系；在《历代道书目及道藏之纂修与镂版》一篇中总结了唐代各处道藏和晚唐经籍亡佚的情况；在《道藏劄记》中总结了上清经箓目录。刘固盛教授《道教老学史》④认为在唐代的老学发展中，为了将道教的神仙信仰与老庄道家哲学结合起来，茅山上清派的道士如吴筠、司马承祯等人重新阐发了道教教义，主张形神兼修，代表了唐代道教理论的发展趋势由重视身形向重视心神转变。胡百涛2013年博士论文《六朝道教上清派存思道法研究——以〈上清大洞真经〉为中心》⑤通过以《上清大洞真经》为研究对象

---

① ［美］柏夷著，孙齐等译：《道教研究论集》，上海：中西书局，2015年。

② 李平：《晚唐五代道教修道变迁研究》，清华大学2010年博士论文。

③ 陈国符：《道藏源流考》，北京：中华书局，1963年。

④ 刘固盛：《道教老学史》，武汉：华中师范大学出版社，2008年。

⑤ 胡百涛：《六朝道教上清派存思道法研究——以〈上清大洞真经〉为中心》，中国社会科学院博士论文，2013年。

来研究上清派存思修炼之法的内容与特点。杨立华的《〈黄庭内景经〉重考》①收录于陈鼓应主编的《道家文化研究》第十六辑，此文在探讨《黄庭内景经》与上清经之间的渊源以重新分析和定位其成书时间和性质。2003 年四川大学博士论文张崇富的《上清派修炼思想研究》②，其中唐代鼎盛时期上清派修炼思想是在重玄学思想的指导下，融合灵宝道法而发展的新的修炼理论。杨世华 2002 年发表的文章《茅山上清派授箓程序初探》③以教内人士的身份详细介绍了茅山上清派著名的斋醮科仪，对当代茅山上清派科仪的研究有很大作用。

关于唐代上清派代表人物研究主要集中在司马承祯、吴筠和杜光庭三人。李大华等人的《隋唐道家与道教》④中第五章论述了司马承祯在其不同的人生阶段不同的形神兼修的修道理论，第七章论述了吴筠的道治论和神仙可学论，第十章论述了杜光庭的重玄哲学思想。关于司马承祯的研究有张敬梅的专著《司马承祯——从服气炼形到坐忘虚心》，以有关司马承祯的生平和著述的相关考证作为研究起点，梳理司马承祯道教思想的主要来源、核心思想以及其对内丹学理论发展的影响。卿希泰《司马承祯的生平及其修道思想》⑤，通过对司马承祯代表作《坐忘论》和《天隐子》的分析论述了其守静去

---

①　杨立华：《〈黄庭内景经〉重考》，陈鼓应主编《道家文化研究》第十六辑，北京：生活·读书·新知三联书店，1999年。

②　张崇富：《上清派修炼思想研究》，四川大学博士论文，2003年。

③　杨世华：《茅山上清派授箓程序初探》，《宗教学研究》2002年第1期。

④　李大华、李刚、何建明：《隋唐道家与道教》，广州：广东人民出版社，2003年。

⑤　卿希泰：《司马承祯的生平及其修道思想》，《宗教学研究》2003年第1期。

欲的长生成仙的修炼方法。汤其领的文章《司马承祯的修道思想》①
中认为司马承祯在继承茅山上清派服气养神内炼传统理论的基础上，
吸收了佛教禅定学说和儒家正心诚意的思想，提出了以坐忘炼神，
以"五时""七候"炼形的修道成仙理论，这一理论既丰富发展了上
清派的修炼理论，又为晚唐两宋内丹学的产生奠定了基础。关于吴
筠的研究有詹石窗的《吴筠师承考》②，载于《中国道教》1994年第1
期，考证了吴筠师承潘师正的上清派系，同时也接受了"正一之法"
的授经。尹志华《吴筠的生命哲学思想初探》③认为吴筠的生命哲学
围绕长生成仙，主张修炼自身精气神而成仙的理论对内丹学发展具
有重要意义。关于杜光庭的研究有孙亦平教授2005年出版的《杜光
庭评传》④，以《道藏》等典籍中保存的杜光庭著作为主要研究资料，
对杜光庭的生平事迹、主要著作、思想学说、神仙信仰、斋醮科仪、
文学作品等进行了系统而全面的研究。另外孙亦平教授还有关于杜
光庭研究的论文若干篇，如《论杜光庭对道教斋醮科仪的发展与贡
献》⑤《论杜光庭的三教融合思想及其影响》⑥和《清静与清净：论唐

---

① 汤其领：《司马承祯的修道思想》，《河南科技大学学报（社会科学版）》2007年第1期。

② 詹石窗：《吴筠师承考》，《中国道教》1994年第1期。

③ 尹志华：《吴筠的生命哲学思想初探》，《宗教学研究》1996年第2期。

④ 孙亦平：《杜光庭评传》，南京：南京大学出版社，2005年。

⑤ 孙亦平：《论杜光庭对道教斋醮科仪的发展与贡献》，《宗教学研究》2006年第4期。

⑥ 孙亦平：《论杜光庭的三教融合思想及其影响》，《中国哲学史》2006年第4期。

代道教心性论的两个致思向度——以杜光庭思想为视角》①，均是以杜光庭的道教思想与贡献为研究对象的重要论述。

除此之外，研究成果较少的还有茅山上清派第十代宗师王远知、潘师正和李含光等人。王远知是唐代著名的上清派宗师，以其卓越的政治活动能力构建了唐代统治者与道教的密切关系，为道教在唐代的繁荣兴盛作出了重要贡献。雷闻的《茅山宗师王远知的家族谱系——以新刊唐代墓志为中心》②一文，收录于黄正建主编的《隋唐辽宋金元史论丛》（第四辑）中，以王远知之侄王硕度的墓志为资料，研究王远知的家族关系。潘师正和李含光也是唐代茅山上清派重要人物，其小传都散见于各个道教史中，却没有正式关于两人的生平经历和成就、修炼传道思想的研究成果。

另外，非茅山宗的上清派系中，南岳天台派以方术见长的上清派第十五代弟子刘玄靖（有版本避讳作"刘元靖"），雷闻《山林与宫廷之间——中晚唐道教史上的刘玄靖》③一文详细地论述了刘玄靖的生平和其对于道教与国家之间的关系作出的贡献。雷闻的另外一篇文章《麻姑山邓氏与唐代"北帝派"的传法谱系》④中提及了北帝派与上清派北帝信仰和上清派茅山宗第十五代领袖黄洞元的弟子瞿

① 孙亦平：《清静与清净：论唐代道教心性论的两个致思向度——以杜光庭思想为视角》，《哲学研究》2016年第9期。

② 雷闻：《茅山宗师王远知的家族谱系——以新刊唐代墓志为中心》，黄正建主编《隋唐辽宋金元史论丛》（第四辑），上海：上海古籍出版社，2014年。

③ 雷闻：《山林与宫廷之间——中晚唐道教史上的刘玄靖》，《历史研究》2013年第6期。

④ 雷闻：《麻姑山邓氏与唐代"北帝派"的传法谱系》，余欣主编《中古时代的礼仪、宗教与制度》，上海：上海古籍出版社，2012年。

柏庭之间的关系。

（三）唐代上清派与社会史研究

关于唐代上清派与社会史的研究主要集中于医学和养生学、文学与诗歌方面。盖建民的《道教医学》①中充分论述了道教和中医学在历史发展的过程中相互影响的内在关系。张崇富 2008 年发表的《术道糅杂——道教上清派炼丹术的启示》②一文认为道教上清派炼丹术术道糅杂，既发明了"阳燧取火法"、火焰鉴别元素法，同时也继承了道教修道与天地造化同途的思想、变化的思想以及对宇宙造化之理探索的合理思想内核，以次来实现长生成仙的宗教目的。汪剑、张晓琳、和中浚 2011 年发表于《中国道教》的《上清派炼养术的藏象学说内涵探讨》③一文讨论了魏晋南北朝时期上清派炼养术对中医重要的基础理论藏象学说的影响。另外汪剑与和中浚二人在 2012 年发表了文章《道教上清派炼养术与中医命门学说流变的关系》④，认为道教上清派炼养术是中医命门学说中"肾间命门学"这一观点的重要学术源头。刘永明《医学的宗教化——道教存思修炼术的创造机

---

① 盖建民：《道教医学》，北京：宗教文化出版社，2001年。

② 张崇富：《术道糅杂——道教上清派炼丹术的启示》，《船山学刊》2008年第3期。

③ 汪剑、张晓琳、和中浚：《上清派炼养术的藏象学说内涵探讨》，《中国道教》2011年第2期。

④ 汪剑、和中浚：《道教上清派炼养术与中医命门学说流变的关系》，《南京中医药大学学报（社会科学版）》2012年第4期。

理与渊源》①一文认为道教存思修炼术在上清经法的创造中不断完善，而其产生和发展的过程是医学理论宗教化的过程。

关于唐代上清派道教与文学的关系，尤其涉及唐代诗歌的研究成果甚众。詹石窗《道教文学史》②、孙昌武《道教与唐代文学》③等都是研究唐代道教与文学的重要成果。与上清派相关的研究中，1999年李乃龙的文章《道教上清派与晚唐游仙诗》④认为作为唐代道教主流的上清派的修仙方术、等级观、空间观、释道兼修观对晚唐游仙诗有全面而深刻的影响，并且道教从丹鼎派到上清派的嬗变过程在唐代游仙诗中体现。李乃龙 2000 年发表的《中晚唐诗僧与道教上清派》⑤论述了佛教诗僧对上清派宗师思想和经典理论的接受与实践，以小见大地揭示了上清道教与佛教的交流与融合。段祖青 2013 年的博士论文《宋前茅山宗文学研究》⑥分析了宋代以前茅山宗高道与文学、文人的活动与交流，以及茅山宗道士的诗歌、散文和小说的创作特点。关于唐代上清派与文学的个案研究多从文学角度出发，蒋寅的《吴筠——道士诗人与道教诗》⑦一文从文学的角度分析了吴筠

① 刘永明：《医学的宗教化——道教存思修炼术的创造机理与渊源》，詹石窗主编《百年道学精华集成》第5辑"道医养生"卷五，成都：巴蜀书社，2014年。

② 詹石窗：《道教文学史》，上海：上海文艺出版社，1992年。

③ 孙昌武：《道教与唐代文学》，北京：人民文学出版社，2001年。

④ 李乃龙：《道教上清派与晚唐游仙诗》，《陕西师范大学学报（哲学社会科学版）》1999年第4期。

⑤ 李乃龙：《中晚唐诗僧与道教上清派》，《陕西师范大学学报（哲学社会科学版）》2000年第4期。

⑥ 段祖青：《宋前茅山宗文学研究》，湖南师范大学博士论文，2013年。

⑦ 蒋寅：《吴筠——道士诗人与道教诗》，《宁波大学学报（人文科学版）》1994年第2期。

作为一位道士诗人在诗歌创作上的浪漫主义的特点。余红平的《杜光庭道教文学研究——以道教诗词为考察对象》①一文也是从文学的角度分析了杜光庭诗歌的主题和艺术特色，以及其步虚词和青词的文学特色。

另外茅山上清派与音乐的关系研究成果有陈大灿的《茅山道教音乐考》②和胡军的《唐代的茅山道教与宫廷音乐》③。

（四）道教与政治关系研究

道教与政治的关系研究成果中，全面介绍唐代道教与政治关系的成果缺乏，大多研究是从皇帝个人崇道行为、唐代的宗教政策以及三角关系、道教参与李唐王权合法性构建等方面来论述，缺少系统论述上清派与政治关系的研究成果。

1.唐代道教与政治关系研究

早在1991年，吕锡琛《道家、方士与王朝政治》④一书，其中关于唐代道教与政治关系方面，详细论述了道教谶语与李唐政治建立的关系、贞观政治与道教思想的关系以及唐玄宗的崇道活动。2002年《道家道教与中国古代政治》⑤一书更是增添了道家道教思想与政治关系的理论思考，包括道家道教思想中治国的理想目标、伦理思

---

① 余红平：《杜光庭道教文学研究——以道教诗词为考察对象》，赣南师范学院硕士论文，2013年。
② 陈大灿：《茅山道教音乐考》，《中国道教》1987年第4期。
③ 胡军：《唐代的茅山道教与宫廷音乐》，《中国道教》2001年第1期。
④ 吕锡琛：《道家、方士与王朝政治》，长沙：湖南出版社，1991年。
⑤ 吕锡琛：《道家道教与中国古代政治》，长沙：湖南出版社，2002年。

想、道德培育等政治思想，分析了道教对中国古代政治的影响及其原因。但是整体论述由于篇幅的限制，内容较为简略。近年来如周德全的《道教与封建王权政治交流研究》①，将中国历史上的"政-道"交流概括为三种模式：东汉末"原始道教自治-王权镇压"模式、魏晋南北朝至唐宋时期"道教尊王-王权崇道"模式和元明清时期"道教内敛-王权弃道"模式。作者认为在唐代的"政-道"关系中，道教与政治形成了宗法性政治与文化的同盟关系。这一观点总结了整个唐代道教和政治关系的性质，但对于道教上清派和唐代政治关系的特点并没有分别论述。雷闻《郊庙之外——隋唐国家祭祀与宗教》②将封建礼制与宗教信仰的研究结合，其中道教与官方祭祀的关系体现在其将皇帝图像赋予神圣的宗教意义，皇帝崇拜与道教神仙崇拜并存与道观祭祀之中。宗教与官方祭祀之间并非对立，是合法性与神圣性的相互认证。另外，雷闻此书还认为中晚唐时期，道教与地方祠祀的互动使得唐朝廷在与道教的关系上不断调整变化。道教在参与唐朝廷祈雨活动中的作用也体现了官方祭祀与宗教祭祀紧密结合的原因和其展现出的社会功能，而在这一结合的过程中，官方祭祀逐渐成为一个开放性的整合意识形态的平台和建立思想秩序的工具。葛兆光《屈服史及其他——六朝隋唐道教的思想史研究》③用较为消极的态度来看待道教与政治以及主流意识形态之间的关系。

---

① 周德全：《道教与封建王权政治交流研究》，北京：人民出版社，2015年。
② 雷闻：《郊庙之外——隋唐国家祭祀与宗教》，北京：生活·读书·新知三联书店，2009年。
③ 葛兆光：《屈服史及其他——六朝隋唐道教的思想史研究》，北京：生活·读书·新知三联书店，2003年。

作者认为道教的"被动接受中的主动调整以求适应"的方式是一种"屈服""边缘化"和"秘密化",并不曾有过与世俗政权对抗的宗教权力。在最后一章《最终的屈服：开元天宝时期的道教》中,作者认为唐朝廷国力强盛,对于意识形态与宗教信仰的控制力强化,重视理论和道性的讨论与研究,而重视理论水平的上清派受到重用和亲近便是一种象征。2022年孙亦平《吴筠与茅山上清派关系新考——兼论唐代道教的教派问题》[①] 从吴筠的道教活动论述唐代上清派在不断的打破门户之见,从江南道门走向文坛和政治中心。

具体到唐代道教与政治关系的研究,大致有以下几种思路：

第一,从唐代帝王对道教的态度中研究道教在唐代政治中产生的影响。高世瑜于1985年发表在《历史研究》中的《唐玄宗崇道浅论》[②] 中认为,唐玄宗的崇道行为受到当时社会环境的影响,有个人经历的因素和出于对当时政治格局的考量；其早年与晚年在道教行为和任用道士方面的差异折射了唐王朝由兴向衰的趋势。随后,李斌城1987年发表于《世界宗教研究》杂志的论文《敦煌写本唐玄宗〈道德经〉注疏残卷研究》[③] 是从御注《道德经》版本的角度来考量唐玄宗在治国方面于道教思想中所获得的启发。这同样也是从唐玄宗的立场来看待道教对政治的影响。汪桂平1992年发表于《世界宗教研究》的《唐玄宗与茅山道》[④] 一文通过分析唐玄宗与茅山宗之间密

---

① 孙亦平：《吴筠与茅山上清派关系新考——兼论唐代道教的教派问题》,《世界宗教研究》2022年第3期。

② 高世瑜：《唐玄宗崇道浅论》,《历史研究》1985年第4期。

③ 李斌城：《敦煌写本唐玄宗〈道德经〉注疏残卷研究》,《世界宗教研究》1987年第1期。

④ 汪桂平：《唐玄宗与茅山道》,《世界宗教研究》1995年第2期。

切地交往和唐代道教与皇权之间的控制与反控制，指出了唐代统治者对道教的扶持和利用政策的实质。1993 年薛平拴《论唐玄宗与道教》①认为唐玄宗在宗教政策上提高道士和道教经典的地位，广兴道观，重用信仰道教的大臣等。1994 年李刚发表了论文《唐太宗与道教》②，通过唐太宗对道教的态度和"政治取向"来讨论道教与政治的关系问题。王永平《唐代道教的管理体制》③一文认为唐代从中央到地方形成了一套道俗结合、王权控制道权的完备宗教管理体制。顾自奋《李世民宗教政策嬗变的思考》④、薛平拴《论唐玄宗的宗教政策》⑤、傅乐成《李唐皇室与道教》等文章也是从类似的角度进行阐发。

　　第二，从唐代的宗教政策和宗教制度、相争相融的儒释道三教之关系两个方面来讨论道教对唐代政治的影响。寇养厚将唐代三教并行政策的形成分成三个阶段：唐初三帝三教共存与道先佛后政策、武则天与唐中宗的三教共存与佛先道后的政策以及三教并行政策的

①　薛平拴：《论唐玄宗与道教》，《陕西师范大学学报（哲学社会科学版）》1993年第3期。

②　李刚：《唐太宗与道教》，《晋阳学刊》1994年第5期。

③　王永平：《唐代道教管理体制》，《首都师范大学学报（社会科学版）》2000年第5期。

④　顾自奋：《李世民宗教政策嬗变的思考》，《上海大学学报（社会科学版）》1994年第3期。

⑤　薛平拴：《论唐玄宗的宗教政策》，《兰州大学学报（社会科学版）》2001年第4期。

最终形成①。刘永刚在《儒释道三教与唐初政治》②一文中论述了道教
在皇帝个人、社会功能、思想教化等方面所发挥的积极作用。吴秀
兰在《论道教对唐初政治典制的影响》③一文中论述了道教思想在初
唐时期君臣关系、政治理念以及御史监察制度中的影响与运用。秦
中亮、陈勇的《皇权与信仰——唐武宗抑佛崇道原因新探》④认为，
唐武宗出于继位合法性和巩固政权的考量亲近道教。2005 年四川
大学林西朗的博士论文《唐代道教管理制度研究》⑤从管理、组织、
宫观、法箓等多方面在制度层面详细论述了唐代道教的管理制度。
2005 年复旦大学周奇博士论文《唐代宗教管理研究》⑥中部分论述了
唐代道教管理制度。另外，施光明《论唐代宗教政策》⑦、郭凯的《从
〈唐六典〉相关条目浅析唐玄宗的佛道政策》⑧、李富华和董型武《试

① 寇养厚：《唐初三帝的三教共存与道先佛后政策——唐代三教并行政策形
成的第一阶段》，《文史哲》1998年第4期。《武则天与唐中宗的三教共存与佛
先道后的政策——唐代三教并行政策形成的第二阶段》，《陕西师范大学学报
（哲学社会科学版）》1999年第3期。《唐代三教并行政策的形成》，《东岳论
丛》1998年第4期。

② 刘永刚：《儒释道三教与唐初政治》，《南华大学学报（社会科学版）》
2006年第3期。

③ 吴秀兰：《论道教对唐初政治典制的影响》，《青海师范大学学报（哲学
社会科学版）》2006年第6期。

④ 秦中亮、陈勇：《皇权与信仰——唐武宗抑佛崇道原因新探》，《史林》
2014年第3期。

⑤ 林西朗：《唐代道教管理制度研究》，四川大学2005年博士论文。

⑥ 周奇：《唐代宗教管理研究》，复旦大学2005年博士论文。

⑦ 施光明：《论唐代宗教政策》，《陕西师范大学学报（哲学社会科学
版）》1985年第1期。

⑧ 郭凯：《从〈唐六典〉相关条目浅析唐玄宗的佛道政策》，《兰台世界》
2016年第13期。

论唐代的宗教政策》①等文章也是从这样的角度来论述。

第三，从道教图谶、谶语及神仙故事等与唐王朝建立、唐帝王
继统合法性的角度考察道教与唐代政治的关系。1998年李刚《唐高
祖创业与道教图谶》②一文提出，唐政权利用道教善于制谶作符的特
色力量来为其做政治宣传，扩大自己的政治影响，相反唐政权又通
过法律等手段来禁止道教为其他政权做谶语"服务"。柏夷在《屡现
的预言——道教末世论和唐王朝的建立》③一文中认为青童的形象也
与末日论密切联系在一起，李渊在唐朝建立之时，通过道教的末日
论和青童等形象及其预言来"包装""展示"自己。谭敏的《唐代道
教祥瑞神话故事的政治主题》④一文中认为道教祥瑞的世俗化和政治
化用以巩固政治的稳定。2008年首都师范大学刘永海硕士论文《略
论武则天称帝与祥瑞》⑤、2010年山东大学刘凤霞硕士论文《谶纬之
学与唐代社会》⑥和2017年华中师范大学李心荷硕士论文《从"天赐
祥瑞"到"道降真符"——唐玄宗朝祥瑞演变的政治文化内涵》⑦三
篇硕士论文均论述了以道教思想和道教人士为主要内容和参与者的

① 李富华、董型武：《试论唐代的宗教政策》，《世界宗教研究》1989年第3
期。
② 李刚：《唐高祖创业与道教图谶》，《宗教学研究》1998年第3期。
③ ［美］柏夷著，孙齐等译：《道教研究论集》，《屡现的预言——道教末
世论和唐王朝的建立》，上海：中西书局，2015年。
④ 谭敏：《唐代道教祥瑞神话故事的政治主题》，《学术论坛》2006年第11
期。
⑤ 刘永海：《略论武则天称帝与祥瑞》，首都师范大学2008年硕士论文。
⑥ 刘凤霞：《谶纬之学与唐代社会》，山东大学2010年硕士论文。
⑦ 李心荷：《从"天赐祥瑞"到"道降真符"——唐玄宗朝祥瑞演变的政治
文化内涵》，华中师范大学2017年硕士论文。

政治文化现象。王谋寅 2015 年发表的《李唐政权合法性建构中的道教元素》①一文中认为，李唐政权通过以道教神仙老子为祖先、道降真符与神仙授命、依"道"治国三个方面来获得并诠释和维持其政权的合法性。陈侃理《儒学、数术与政治——灾异的政治文化史》②以儒家理论为基础的灾异论在魏晋隋唐时期逐渐融入体制内部，由不稳定逐渐向稳定过渡。这一与政治体制磨合稳定的方式同样是道教在唐代与政治关系的发展过程。苟波和张力波的《道教神仙传记中的政治隐喻和社会内涵》③、丁煌《唐高祖太宗对符瑞的引用及其对道教的态度》④ 也是类似的研究思路。

　　除了这三种研究思路以外，还有一些其他的研究成果。如付莉关于唐代士大夫与道教关系的一系列研究《道教方术与唐代士大夫的政治斗争》⑤《道观与唐代士大夫》⑥和《唐代士子习业道观之风》⑦等文；刘军华和傅绍安《论唐代宰相与道家及道教的关系》⑧；陈昌文

---

① 王谋寅：《李唐政权合法性建构中的道教元素》，《广东社会科学》2015年第5期。

② 陈侃理：《儒学、数术与政治——灾异的政治文化史》，北京：北京大学出版社，2015年。

③ 苟波、张力波：《道教神仙传记中的政治隐喻和社会内涵》，《宗教学研究》2014年第3期。

④ 丁煌：《唐高祖太宗对符瑞的引用及其对道教的态度》，《成功大学历史学报》1975年第2号。

⑤ 付莉：《道教方术与唐代士大夫的政治斗争》，《晋中学院学报》2011年第2期。

⑥ 付莉：《道观与唐代士大夫》，《淮北师范大学学报（哲学社会科学版）》2011年第2期。

⑦ 付莉：《唐代士子习业道观之风》，《长春师范学院学报》2011年第3期。

⑧ 刘军华、傅绍安：《论唐代宰相与道家及道教的关系》，《甘肃社会科学》2016年第3期。

从心理学和社会学的角度进行道教人格模型分析，以此研究道教参与政治的方式，他的系列研究包括《道教的政治情结》[①]、《泛道教人格的历史模型》[②]、《人口背景中的道教》[③]等。

2. 唐代上清派与政治关系研究

在现有的研究成果中，专注于上清派与政治的关系研究非常稀少，大多数研究散见于一些系统论述道教与政治关系的研究中。这些研究在前面已经有所提及。如前文提到的吕锡琛的《道家、方士与王朝政治》一书中认为，唐末道士杜光庭（司马承祯的五传弟子）对道家治国思想的阐发尤为典型，对上清道士杜光庭在道教思想方面和唐代政治所产生的联系作了一定的论述。周德全《道教与封建王权政治交流研究》认为，上清派在唐初特别是潘师正时期，采取了"上层路线"的传道方式，因此与李唐王权建立了相互合作的密切交往。对于上清派来说，潘师正仅是上清派与唐代政治关系中的其中一部分，司马承祯和李含光对于上清派与政治的关系作用也很重要。雷闻《郊庙之外——隋唐国家祭祀与宗教》特别在岳渎崇拜、道教与民间信仰之中提出上清派道士司马承祯与真君祠建立的关系。2013 年西北大学梁红仙的博士论文《思想与政治之间——唐玄宗时

---

① 陈昌文：《道教的政治情结》，《西南民族学院学报（哲学社会科学版）》2002 年第 3 期。

② 陈昌文：《泛道教人格的实力模型》，《西南民族学院学报（哲学社会科学版）》1999 年第 1 期。

③ 陈昌文：《人口背景中的道教》，《西南民族学院学报（哲学社会科学版）》2001 年第 6 期。

期政治思想研究》①，其中第四章第二节讨论了道家和道教的政治思想，论述了上清派道士司马承祯的无为治国的政治思想和吴筠以道德治国的政论、以儒济世的政治情怀及其政治见解。汪桂平的《唐玄宗与茅山道》②一文详细论述了唐玄宗与茅山道之间控制与反控制的互动关系。这些著作都是在道教上清派其中某一方面和政治产生的联结，并没有全面地去论述道教上清派与唐代政治的关系。

（五）国外关于唐代道教与政治关系的研究成果

除了前文零星提到的国外学者的著作，还有很多其他的关于唐代道教与政治关系的研究成果。

首先，日本学者在唐代道教的研究方面成果颇丰。砂山稔1990年博士论文《隋唐道教思想史研究》③的第九章《瞿童登仙考——中晚唐的士大夫与茅山派道教》通过考察中唐时期茅山宗黄洞元弟子瞿柏庭的一些记载，论证中晚唐时期的士大夫与茅山宗道士维持着密切的联系，道教的神仙信仰对士大夫的影响深远；第十章《李德裕与道教——以其和茅山派道教宗师孙智清的关系为中心》通过考察李德裕与茅山道士孙智清之间的交往，来分析李德裕思想中的道教影响和茅山派道教在唐代的正统地位。第十一章《杜光庭的思想在道德、古今、寰宇之中》论述了杜光庭理身理国的道教思想和道统意识。砂山稔在这三④部分的论述中收集了较为全面的资料，但

---

① 梁红仙：《思想与政治之间——唐玄宗时期政治思想研究》，西北大学2013年博士论文。

② 汪桂平：《唐玄宗与茅山道》，《世界宗教研究》1995年第2期。

③ ［日］砂山稔：《隋唐道教思想史研究》，东京：平河出版社，1990年。

④

他们与政治产生的关系分析不够深入。砂山稔在另外一篇论文《李
白与唐代道教——守旧与现代之间》①中第一章中考察了李白与茅山
宗李含光之间的交往，以及李白的文学作品中所接受的茅山派思想
影响。宫川尚志《唐玄宗与道教》②中认为唐玄宗所接触的道士中，
上清派茅山宗的道士是主流，如上清道士司马承祯不仅参与唐玄宗
朝的官方祭祀，其思想更是为唐玄宗吸收入其治国理念之中。神冢
淑子《则天武后时期的道教》③一文中提出，茅山宗高道潘师正与
唐高宗和武则天时期的封禅等政治活动保持着密切的关系，可见茅
山宗在唐代道教中的地位之高。都筑晶子《唐代中期的道观——空
间·经济·戒律》④一文中通过考察唐代中期道观空间建筑结构、寺
院经济和戒律规范等方面来阐述其道观在这一时期的发展，道观与
社会的密切关联以及道观与国家制度之间的关系。坂内荣夫《〈道德
真经广圣义〉中所见的儒道一致思想》⑤认为吴筠的儒道调和理论和
杜光庭的儒道一致等思想在中国思想史上具有重要位置，为后来的

---

①　[日]砂山稔：《李白与唐代道教——守旧与现代之间》，岩手大学《语
言和文化文学的诸相》，2008年。

②　[日]宫川尚志：《唐玄宗与道教》，东海大学文学部《纪要》30，1979
年。

③　[日]神冢淑子：《则天武后时期的道教》，[日]吉川忠夫编《唐代的
道教》，京都：朋友书店，2000年。

④　[日]都筑晶子：《唐代中期的道观——空间·经济·戒律》，[日]吉
川忠夫编《唐代的道教》，京都：朋友书店，2000年。

⑤　[日]坂内荣夫：《〈道德真经广圣义〉中所见的儒道一致思想》，
[日]吉川忠夫编《唐代的道教》，京都：朋友书店，2000年。

三教一致思想的形成奠定了基础。福永光司《道教的镜与剑》[①]以司马承祯的《上清含象剑鉴图》为文本研究对象，认为镜与剑不仅具有道教上的宗教哲学重要性，还具有政治王权的神圣性。另外，山田俊《唐初道教思想史研究——〈太玄真一本际经〉的成立与思想》[②]和《杜光庭的思想》[③]等也对唐代道教与政治交叉研究有重要的论述。

其他国家的学者也有很多关于唐代道教与政治方面的研究成果。Strichmann Michel 在 *The Mao Shan Revelation: Taoism and the Aristocracy*[④]一文中论述了茅山句容许氏家族及陶弘景等人在魏晋时期江南地区旧政权与南迁新贵族的博弈之中，通过造作、整合道经等以文本为核心和基础的方式参与其中，并发展壮大茅山派。Kirkland Russell 在 1986 年发表的文章 *The Last Taoist Grand Master at the Tang Imperial Count: Li Han-kuang and Tang Hsuan-sung*[⑤]论述了李含光作为唐代的"最后一位"道教宗师，在其之前，上清派宗师在唐代的社会和政府中扮演着精神导师的角色，但在其之后，官员（或者说官方政府）希望皇帝与上清派保持距离，而比起扶持宗

---

① ［日］福永光司：《道教的镜与剑——其思想的源流》，刘俊文主编，许洋主等译《日本学者研究中国史论著选译》第七卷《思想宗教》，北京：中华书局，1993年。

② ［日］山田俊：《唐初道教思想史研究——〈太玄真一本际经〉的成立与思想》，京都：平乐寺书店，1999年。

③ ［日］山田俊：《杜光庭的思想》，熊本县立大学文学部《纪要》9，第1、2期。

④ ［德］司马虚 Strichmann Michel.The Mao Shan Revelation: Taoism and the Aristocracy.T'oung Pao.1977（1）.

⑤ ［美］柯克兰（Russell Kirkland）.the Last taoist Grand Master at the Tang Imperial Count: Li Han-kuang and Tang Hsuan-sung.Tang Studies.1986（4）.

教本身，皇帝个人也更关心世俗权力和长生成仙，上清派与政治的
"联盟"不再。这不仅是上清宗师个人品质高低所决定，更是社会政
治条件变化决定的。事实上，在李含光之后，上清派并没有衰落，
但是从上清派与李唐王朝的关系来看，在一定程度上可以说李含光
是上清派与政治亲密关系中的"最后一位"宗师，在经历了唐后期
上清派与李唐王朝的疏离之后，杜光庭带着更加集大成的思想回归
李唐王朝的政治之中，这也是对上清派与政治关系研究中需要探究
的重要部分。Kirkland Russell 的另一篇论著 *Ssu-ma Ch'eng-chen and
the Role of Taoism in the Medieval Chinese Polity*[①] 指出唐代是一个道
教与政治形成紧密联盟的时期，道教内部没有明显的宗派冲突，儒
家学者对道教的价值观也多为肯定。司马承祯作为当时的上清领袖，
受到了唐皇帝的尊敬，成为了唐王朝的精神支柱。这样一种神圣关
系的维护使得唐皇帝与道教紧密地联系在一起。英国学者巴瑞特的
著作，由曾维加翻译的《唐代道教——中国历史上黄金时期的宗教
与帝国》以唐代帝王谱系为线索细细考察道教与皇权之间的权衡与
博弈，分析了重要道观的源流，从而论证了上清派在唐代的重要地
位。另外，Charles Benn 1977 年的博士论文 *Taoism as Ideology in the
Reign of Emperor Hsuan-tsung*（*712—755*）[②]、Verellen Franciscus 的两
篇关于杜光庭与唐朝廷关系的分析文章 *Du Guangting*（*850—933*）：

---

① ［美］柯克兰（Russell Kirkland）.Ssu-ma Ch'eng-chen and the Role of
Taoism in the Medieval Chinese Polity.Journal of Asian Studies.1997（2）.
② ［美］Benn Charles.Taoism as Ideology in the Reign of Emperor Hsüan-tsung
（712—755）.Ph.D.diss，University of Michigan，1977.

Taoiste de Cour a la fin de la Chine Medievale[①]、*Societe et Religion Dans la Chine Medieval：le Regard de Du Guangting（850—933）sur son epoque*[②] 对道教与唐代政治的关系问题都有精彩的论述。以上这些成果都是唐代道教或者是上清派与政治关系的局部论述，在一定程度上证明了唐代上清派与政治关系研究的重要性，也说明对双方关系整体的、全面的研究是必要的。

三

（一）研究方法

一方面，就上清派本身而言，分别从理论影响、实践参与两个思路去考察上清派与唐代政治或密切或疏离的关系变化；另一方面，就唐代政治而言，兼顾李唐王权官方政局、帝王个人态度变化以及权臣的交往三个不同侧面的不同处理方式；同时，横向比较除上清派以外的其他道教派别在唐代政局中的动态，期以更加全面的、多方位的来论述唐代上清派与政治的关系问题。论文拟采用的主要方法如下：

1. 历史文献学的方法。本书将运用文献学的方法，立足基本的史料，通过对唐代史书、文人诗歌散文等文学作品、小说笔记等各

---

① ［法］傅飞岚（Franciscus Verellen）.Du Guangting（850—933）：Taoiste de Cour a la fin de la Chine Medievale.Mémoires de'IIHEC XXX.Paris：De Boccard.1989.

② ［法］傅飞岚（Franciscus Verellen）.Societe et Religion Dans la Chine Medieval：Le regard de Du Guangting（850—933）sur son epoque.Bulletin de l'Ecole Française d'Extrême-Orient.2000（87）.

方面材料的收集，从史料考证与史料分析的角度分析唐代上清派与政治的关系问题，导出结论。

2. 政治史与思想史、宗教史的结合。政治是在历史的诸多研究方向中起步最早也最为基础的研究方向，如今唐代政治史研究成果丰硕且全面。本书将以唐代政治的发展变化为基础，以上清派思想和道教史发展为重点，考察道教在发展过程中与政治的互动关系。

3. 整体与部分相结合的研究方法。在考察唐代上清派与政治的关系过程中，一方面从整体的、多层次的了解上清派与政治互动全貌，理论与实践、帝王个人与官方立场、亲密与疏离等各个层面同时把握；另一方面通过对司马承祯与唐玄宗、唐玄宗与李含光等个案的分析，更加清晰、形象地呈现上清派与政治交往的细节与意义。

（二）研究思路

陈寅恪先生主张："唐代之史可分为前后两期，前期结束南北朝相承之旧局面，后期开启赵宋以降之新局面，关于政治社会经济如此，关于文化学术者亦莫不如此。"[①] "天宝以前与天宝以后即大不相同，唐代的变动急剧，此点务须牢记。"[②] 唐代史的研究中可分成前后两个时期来研究，两个时期的划分主要以天宝年前后为大致标准。在天宝年间，特别是安史之乱前后，唐代社会由相对的安定走向战乱，李唐政权对于国家的控制力逐渐降低。在唐代上清派与政治关系的研究中，唐前期和唐后期的关系也有着巨大的变化。因此在对上清派与政治关系作分析时，本书大致将时期划分成唐前期和唐后

① 陈寅恪：《金明馆丛稿初编》，北京：三联书店，2001年，第332页。

② 陈寅恪：《讲义及杂稿》，北京：三联书店，2002年，第495页。

期两个时期来论述。具体的研究思路如下：

第一章：唐代道教的繁荣与发展特点。首先从第一唐代道派的形成、授箓体系的成熟，第二道教在唐代获得统治阶层的支持，老子地位得到了提升，第三唐代道观和道士规模的迅速发展三个方面来概述唐代道教发展的大体情况。其次，唐代佛教和道教在理论与现世发展中与政治保持着联系，从武德年间傅奕排佛、武周时期崇佛抑道和唐武帝时期"会昌毁佛"三个具体时期进行论述。最后对唐代道教的发展特点做大概总结。唐代道教各个道派与政治的关系都非常密切，道教理论也出现大发展的情形，道教修炼理论也由外丹逐渐向内丹转变。

第二章：理论影响——上清派对唐王朝政治思想的渗透。首先论述了上清派理论的发展基础和潘师正、司马承祯、吴筠的修炼理论。其次，在政治语境下，上清派道士潘师正、吴筠、杜光庭的理论又有了不同的阐释。再次，通过唐玄宗对《道德真经》的注疏来分析李唐王朝对于道教上清派理论的接受，以及上清派道士对唐玄宗治国理论的呼应。最后分析了上清派理论与政治关系的衍变，通过对双方关系理论的探索，上清派与政治的关系逐渐成熟，虽然在唐后期出现一些理论断层的现象，到了杜光庭时理论终于大成。

第三章：实践参与——唐前期上清派道士与唐代政治的互动。首先，在李唐建立之前，王远知就直接参与了利用老子谶纬来帮助李唐王朝确立政权舆论，在唐太宗的继位中也间接参与。其次，详细分析唐代帝王和上清派道士的互动与交往，包括王远知、潘师正、司马承祯和吴筠的政治参与与实践。再次，通过个案分析唐玄宗和李含光的交往，李含光在修葺茅山的过程中唐玄宗所起到的作用。至此上清派与李唐王朝的政治合作已经成熟。最后论述唐代官员群体与上清派道士的互动，包括通过神交和转述为上清派道士做传记碑铭，以表达自己的慕道之情，还有通过拜访和相互赠文来交往的部分群体。

第四章：渐趋疏离——唐后期上清派与政治的现实分歧。首先，唐后期由于李唐王朝权力出现分裂，中央集权逐渐削弱，地方权力逐渐加强，上清派与中央政权的互动逐渐减少，而与地方权力开始了更加积极的互动。在这一时期茅山宗、天台山、衡岳等山岳道观为中心的宗坛名声逐渐取代上清派本身的影响力。其次，通过个案研究李德裕、唐武宗、孙智清三人的交往，来论述唐后期上清派、皇帝和权臣之间的三角关系。在唐后期政权格局的变动导致上清派发展逐渐由全国转向重南轻北的发展形势；同时各地宗坛发展也是的上清派本身的派别边缘化。

第五章：唐代其他道派与政治关系之比较。将上清派与唐代政治的关系与楼观道、天师道、灵宝派等与政治的关系作比较，并一一分析它们关系之间的异同。

通过本书的论述，总结出唐代上清派与政治之间的关系状况，以及上清派在与唐代政治合作联系的过程中发展情况。

（三）创新点

上清派在唐代发展迅速，影响广泛，其与政治的关系也极为密切，互动频繁。而学术界对此问题的论述并不完善。本书研究上清派与唐代政治的关系，对于更深入地理解唐代上清派乃至唐代道教的发展有着重要的意义。相对于以前的研究成果，本书的创新之处有以下几点：

1. 厘清唐代上清派与政治关系，从理论和实践两个方面来论述。理论上，上清派为了适应李唐王朝的需要对自身的修炼理论在政治语境下进行新的阐释，而唐统治者也结合上清派的修炼思想，提出"理身理国"的治国理念，这是双方关系在理论上的调和过程。在实践过程中，双方的关系又有了唐前期和唐后期的变化和区别。上清派通过对政治时局的敏锐判断，政局稳定时积极参与到中央朝政中，为上清派发展和影响力的扩大提供良好的政治环境。唐后期，随着战乱和政治权力由中央向地方的转移，上清派则将与政治合作的方向由中央转向地方权力，由全国发展转变为重南轻北。

2. 从上清派道士个人的思想探索和生平活动出发，详细梳理了王远知、潘师正、司马承祯、吴筠、李含光、杜光庭等诸多上清派道士的在政治语境下的道教理论阐发和现实生活中与政治的互动，并结合唐代政治史中朝政、党争、藩镇等各个方面，分析他们所阐发的思想和做出了互动的所处的政治环境和背后原因。

3. 研究道教其中一个派别与政治的关系，并同时横向对比了其他道派与政治的情况。以楼观道、天师道和灵宝派三个道派为例，分析它们与政治的互动模式和交往情况，在与上清派与政治关系进行比较，以突出唐代上清派与政治关系密切、持久、因时而异等特点。同时也是唐代上清派自身的特点。

第一章 唐代道教的繁荣与发展特点

第一节 唐代道教发展概述

魏晋南北朝时期，道教在寇谦之和陆修静厘清整理的庞大工程之后，在神仙谱系、道教经系和斋醮科仪方面都得到了完善和发展，形成了较为完备的以道教经系为核心的道派和成熟的授箓经诫体系，为唐代道教的发展奠定了一定的理论和组织基础。唐代帝王为了巩固自身统治的合法性，大力扶持道教发展，提高李氏祖先老子在道教中的神仙地位和其作为道教神仙的太上老君在政治宗法中的地位。在李唐王朝的重视下，道教获得了空前的发展，宫观的营建和道士的入度数量都在迅速增长。

一、以道教经系为核心的道派与成熟的授箓体系

道教自汉代张道陵创建宗教实体组织，建立起基本系统的宗教管理体系，到魏晋南北朝的政权分裂、战乱频发的时期，以二十四治为基层组织形式的道教管理体系逐渐衰落。道教发展到魏晋六朝时期，经历了大规模的造经运动，大量的道教经书被创作。这些道经涵盖了包括以《周易参同契》为基础理论的外丹金石和存思内养

的修炼理论经典，以《灵宝经》为代表的斋醮科仪的完善等各个方面的创造。一些以某一种或某几种经典为核心形成的经系并奉此为经典的团体，便组成了一些不同的道派，例如渊源甚久的正一派（天师道）、以《灵宝经》为核心的灵宝派、以《上清大洞真经》为核心的上清派等道教派别，在义理上各有侧重，在仪轨科仪上各有创造，影响广泛而体系完备。这些道派的形成，打破了原有的官方二十四治体系的祭酒 - 信徒模式的官民分层和靖、庐等独立散修。他们更重视师徒传承，以核心经系为传嗣的方式进行弘道和发展，从组织上来说，信仰团体内部更加紧密。

随着道教经典的不断创新与累积，影响力逐渐在扩大，社会对于一些道教问题的讨论也越来越多。在此情形之下，道教自然而然面临的重要问题，就是对良莠不齐、盘根错节的道教经书进行厘清并系统化。这一工作也得益于道教影响力的扩大而得到上层统治者的支持。北方道教的整理以寇谦之为代表，南方道教以陶弘景为代表，来完成这一庞大的工作。自此，道教经典建立了完善并延续至今的"三洞四辅"的道教经书分类体系，并勘定了道教理论和经箓的高低之分，以上清经系为最上乘。随着"系统化"工程的完成，道教在神仙谱系、宗教祭祀与科仪活动、经书目录学以及派别区分等方方面面都得到了整理与发展，为后来道教走向统治阶层奠定了重要的基础。

到了唐代，以上清派、灵宝派、正一派为代表的以道教经系为核心的道派已经进入稳定成熟的发展时期，并展开了与统治阶层的合作联结。上清派向来重视存思修炼，在修炼理论上有独特的创造和高深的思辨水平。在唐代重玄学发展和佛教哲学兴盛的带动下，上清派融合了儒、佛哲学思想，创造出适应李唐王朝统治需求的修炼理论。从司马承祯的"坐忘合道"到吴筠的"道德天地帝王一也"
再到唐玄宗的"理身理国"论，上清派道士将他们的理论渗透到李
唐王朝的治国之道中，得到唐帝王的认可和接受。唐末杜光庭云：
"内修清静，则顺天从正；外合人事，可以救苦拔衰。"①正是上清派
理论在唐代政治语境中的最佳总结，是将修身、修心、理国合为一
体的道教一直所倡导的"身国同构"的重要体现。灵宝派在唐代的
师承记载不详，但灵宝派有着完备的斋醮科仪体系，经过六朝陆修
静的整理修订，为各派所借鉴，被官方所采用。睿宗时金仙、玉真
二公主入道便"受道破灵宝自然券"②。唐代的道教等阶在总体上使用
的是整体的授法箓、受经戒的体系，只是在不同经系派别中所受的
具体的经箓是不同的，上清派所受经箓最为繁杂。③张万福《传授三
洞经戒法箓略说》中云：

> 凡人初入法门，先受诸戒，以防患止罪；次佩符箓，制断
> 妖精，保中神气。次受《五千文》，诠明道德生化源起；次受三
> 皇，渐登下乘，缘粗入妙；次受灵宝，进升中乘，转神入慧；
> 次受洞真，炼景归无，还源反一，证于常道。④

初入道门，先受初级的道门戒律戒规，再授以符箓进行修炼。
《道德经》在唐代长期的提高老子地位的政策中成为最为普及最为基

---

① （唐）杜光庭注：《太上老君说常清静经注》，《中华道藏》第6册，第7
页。

② （唐）张万福撰：《传授三洞经戒法箓略说》，《中华道藏》第42册，第
123页。

③ 在任继愈的《中国道教史》的第八章中详细论述了正一派、灵宝派、上清
派等各个派别所受经箓的不同和称谓的区别。

④ （唐）张万福撰：《传授三洞经戒法箓略说》，《中华道藏》第42册，第
120页。

础的道教入门经典，其次是以正一、灵宝、上清的顺序进行经箓的传授。故而很多的上清派道士在入道之初会接受正一、灵宝等经的授箓。例如司马承祯的四传弟子，杜光庭之师应夷节的授箓顺序：

> ……十八诣龙虎山，系天师十八代孙少任，受三品大都功，二十四参灵宝真文、洞神、洞玄之法，二十九进升玄，三十有二受上清大洞、回车毕道、紫文素带、借地腾天之符……①

从师承上来说，应夷节是上清派道士，但他所受经箓是包括了正一、灵宝、上清各个经系的法箓，其中上清经箓是最高等的授箓顺序。当然，在这统一的经箓体系中，各个经系道派在名称和细节上略有不同，根据所受的不同的经戒法箓而拥有不同的道门称谓。除此之外，道教的斋醮科仪也在张万福和杜光庭的整理下逐渐成熟，杜光庭的《金箓斋》《太上黄箓斋仪》等都是对道教常用斋醮的完整梳理。宋代宁全真评价曰：

> 中古以还，典章浩博，至晋宋间而简寂先生陆君，始明授受降世之源，别三洞四辅之目，考详众典，撰次斋仪。自是遐迹宣形，斋法昭布，条陈经诰，次序乃成。洎唐则张清都万福，复加编集，典式渐详。中叶以后，广成先生杜君光庭，于是总稽三十六部之经，诠旁及古今之典籍，极力编校，斋法大成。②

肯定了陆修静、张万福和杜光庭三人在道教经典，科仪和斋法整理总稽工作上的重要贡献。这些以正一、灵宝、上清为主的经系道派在唐代发展中，不论是教义理论还是组织科仪都十分的成熟，

---

① （唐）刘处静撰：《洞玄灵宝三师记》，《中华道藏》第46册，第273页。
② 《上清灵宝大法》卷五十四，《中华道藏》第33册，第638页。

与上层统治者的合作同盟也逐步建立并发展成一套成熟的理论与实践并行的体系，走向成熟的阶段。

唐末以后，发展良好的、大的道派融合了很多小的道派，基本形成了正一、灵宝、上清三大道派鼎立的局面。哲宗绍圣四年（1097年）："敕江宁府句容县三茅山经箓宗坛与信州龙虎山、临江军合皂山。三山鼎峙，辅化皇图。"① 可见三山符箓道派在道教乃至全国宗教界的领袖地位，受到皇室的重视和扶持，直至元世祖时期，"三山鼎峙"依然发挥着其影响力。"（元世祖至元十七年，1280年）己巳，遣中使历江南名山，访求高士。且命持香币诣信州龙虎山、临江阁皂山、建康三茅山，皆设醮。"② 三山道派在政权的变更中维持着稳定的宗教和政治地位。这一地位正是在唐代道教的发展中逐渐形成和奠定的。

二、道教获得统治阶层的支持和老子地位的变化

六朝道教各派的发展，在大一统政局来临之际，各个道派都在为适应时代潮流寻找新的出路——是理论上的创新，还是积极投身到统一的政局之中去？在统一的社会统治下，王朝的统治力量更加强大，与王朝的配合是对道派发展有益的最佳选择。而上清派在领袖王远知的带领下，做出了这样的选择。李唐王朝为了确立自己的合法性，将老子奉为自己的祖先，在宗庙之中明确供奉"玄元皇帝"之位，便是在国家宗法层面确立起李氏政权。这种建制性的确立在提高道教地位上起到了至关重要的作用。在道教内部，不断加强

---

① （元）刘大彬撰：《茅山志》卷十一，《中华道藏》第48册，第425页。
② （明）宋濂撰：《元史》卷十一，北京：中华书局，1976年，第223页。

老子的"神化"程度，提高太上老君在道教神仙谱系中的阶层和地位。①从高祖开始，唐朝各代帝王都会敕建老君祠，并时常亲临拜谒。

高祖时：

> 武德二年（619 年）五月，敕楼观令鼎星宿宫、老君殿、天尊堂及尹真人庙。②

> 武德三年（620 年）春，帝素诣老君于祠庭。平定（岐晖）率道众驾迎，仍具个人之食以献。……乃降诏改楼观日宗圣观，赐白米二千石，帛一千匹，以供观中修补。③

太宗时：

> 贞观十一年（637 年），秋七月……丙午，修老君庙于亳州，宣尼庙于兖州，各给二十户享祀焉。④

高宗时：

> 乾封元年（666 年）春，正月，戊辰朔，上祀昊天上帝于泰山南。……癸未，至亳州，谒老君庙，上尊号曰太上玄元皇帝。⑤

则天时：

> 光宅元年（684 年）……九月甲寅，大赦，改元。旗帜尚白，易内外官服青者以碧，大易官名，改东郡为神都。追尊老

① 　王谋寅《李唐政权合法性建构中的道教元素》（《广东社会科学》2015年第5期）中讨论了李唐统治者利用道教论证政权合法性的具体表现和意义。
② 　（宋）谢守灏撰：《混元圣纪》卷八，《中华道藏》第46册，第92页。
③ 　（宋）谢守灏撰：《混元圣纪》卷八，《中华道藏》第46册，第92页。
④ 　（五代）刘昫等撰：《旧唐书》卷三，第48页。
⑤ 　（宋）司马光编：《资治通鉴》卷二〇一，第6346—6347页。

子母为先天太后。①

玄宗时：

　　（司马承祯弟子王仙峤）于九真观奉造圣祖天道玄元皇帝圣像一铺，十三事，通光，座高一丈七尺，经六百七十卷。②

　　开元十九年（731年）……五月壬戌，五岳各置老君庙。③

　　天宝元载（742年）……两京玄元庙改为太上玄元皇帝宫，天下准此。④

　　天宝二载（743年）春正月丙辰，追尊玄元皇帝为大圣祖玄元皇帝。……三月壬子，亲祀玄元庙以册尊号。⑤

　　天宝八载（749年）……六月，戊申，上圣祖号曰大道玄元皇帝，上高祖谥曰神尧大圣皇帝，太宗谥曰文武大圣皇帝，高宗谥曰天皇大圣皇帝，中宗谥曰孝和大圣皇帝，睿宗谥曰玄真大圣皇帝，窦太后以下皆加谥曰顺圣皇后。……丁卯，群臣上尊号曰开元天地大宝圣文神武应道皇帝，赦天下。禘、祫自今于太清宫圣祖前设位序正。⑥

至少在玄宗统治结束之前，唐朝每代的皇帝都会置老君祠，提高老子（太上老君）在道教神系中的阶层与地位。同时又将李氏历代的祖先皇帝都追封具有道教特色的封号，即使是武则天时期，对老君的尊号没有推崇，但是依然将老子母亲追封了尊号。

---

①　（宋）欧阳修、宋祁撰：《新唐书》卷四，第83页。

②　（宋）陈田夫撰：《南岳总胜集》，《中华道藏》第48册，第535页。

③　（五代）刘昫等撰：《旧唐书》卷八，第197页。

④　（五代）刘昫等撰：《旧唐书》卷九，第216页。

⑤　（五代）刘昫等撰：《旧唐书》卷九，第216页。

⑥　（宋）司马光编：《资治通鉴》卷二一六，第6896—6897页。

到了玄宗时期，更是具体到每一个先皇的封号，并且在官方祭祀时，给予老君尊崇的祭祀位序。在这其中，上清派道士司马承祯在天台山九真观也敕造了玄元皇帝的造像，收藏经书六百七十卷。唐初上清派道士编撰的《道门经法相承次序》中记载了上清高道潘师正回答唐高宗的提问，潘师正认为："其老子《道德经》，乃是大乘部摄正，当三辅之经，未入三洞之教。今人学多浮浅，唯诵《道德》，不识真经，即谓道教起自庄周，殊不知始乎柱下也。"① 认为《道德经》是大乘部即洞真部之经典，在道经中的地位和水平都非常高，认为现在的人们都不能真正理解《道德经》的真义，只知道道教理论从庄周开始，却不知道是始于老子。可见上清派对于李氏祖先老子在道教中的崇高地位也是承认的，甚至认为当时"道教理论主要是庄周"的看法是不对的，道教理论应该是以老子《道德经》为开创。到唐敬宗宝历年间，还有茅山大茅峰山脚下敕造"崇元圣祖院"的记载。李德裕于宝历二年（826年）"于茅山崇元观南敬造老君殿院，及造老君、孔子、尹真人像三躯"②，立《三圣记碑》。

此外，唐统治者将《道德经》等道教经典作为"必修课本"，唐玄宗甚至亲自为《道德经》注疏，利用政权力量扩大老子思想的影响。高宗时：

上元元年（674年），十二月……壬寅，天后上表，以为："国家圣绪，出自玄元皇帝，请令王公以下皆习《老子》，每岁

---

① 《道门经法相承次序》，《中华道藏》第5册，第581页。
② （元）刘大彬撰：《茅山志》卷二十三，《中华道藏》第48册，第473页。

明经，准《孝经》《论语》策试。"①

玄宗时：

> 开元二十一年（733年），春正月庚子朔，制令士庶家藏
> 《老子》一本，每年贡举人量减《尚书》《论语》两条策，加
> 《老子》策。②

> 开元二十五年（737年），春，正月，初置玄学博士，每岁
> 依明经举。③

> 天宝十四载（755年）……颁《御注老子》并《义疏》于
> 天下。④

设置崇玄学博士，以《老子》《庄子》《文子》《列子》为道举经
典。天宝二年（743年）又将崇玄学改为崇玄馆，博士改为学士。同
样在道教内部也出现了大量的假托老君之名的降授经书，以及道士
对《老子》文本的注疏，比如高宗时尹文操受命编撰的《玄元皇帝
圣纪》就是汇总当时有关老子神话的重要文献。《旧唐书》中也记载
道：

> 承祯颇善篆隶书，玄宗令以三体写《老子经》，因刊正文
> 句，定著五千三百八十言为真本以奏上之。⑤

玄宗时上清派领袖司马承祯因为擅长书法，为唐玄宗用三种字
体撰写《老子》，并且同时研究刊正《老子》的文字和义理。司马承
祯作为上清派理论水平卓越的高道，对于《道德经》的理解应该融

---

① （宋）司马光编：《资治通鉴》卷二〇二，第6374页。
② （五代）刘昫等撰：《旧唐书》卷八，第199页。
③ （宋）司马光编：《资治通鉴》卷二一四，第6826页。
④ （五代）刘昫等撰：《旧唐书》卷九，第230页。
⑤ （五代）刘昫等撰：《旧唐书》卷一九二，第5128页。

入了其自己的和上清派的独有的思想和风格，对《道德经》在上清派的经典教义中的理论诠释和地位也是一种认可与提高。

李唐王朝对老子的神化态度空前。一方面，不断地在国家和地方祭祀中提高老君地位，增加老君祠堂的数量；另一方面，则追封老子的政治称号，追封高祖等先祖的道教化的封号。前者是由宗教层面流转向政治层面，不断神化作为李氏祖先的老子形象，后者则是从政治层面流转向宗教层面，将作为道教祖师的老君的形象政治化。分而言之，提升老子在道教神仙中的地位，不仅使道教开始参与到教育政策和官方祭祀层面，扩大了道教在上层社会的宗教影响力和群众基础，在政治地位和社会地位方面也获得巨大的利益；而且李唐王朝通过对老君的"祖先认同"，借助"天人合一""君权神授"的传统宗法观念，确立了统治合法性，巩固了自身统治。这种从"玄元皇帝"以降的官方封号的颁布，定格了老子道教形象政治化的基础，同时也将老子在道教神仙体系中的地位推到了新的高度，是道教与政治的一次从文本到政策到意识形态的由上而下的重要联合。①

---

① 刘屹在《经典与历史——敦煌道经研究论集》中指出："从汉末到唐初，老子或老君逐步被神化为比宇宙初始状态更早、更具体本源性的绝对存在，比'道'更为先决。但这些说法或是基于道气化生老子的旧说，或是只强调了老子的突出地位而没有协调老子与'道'的关系。"尹文操的《玄元皇帝圣纪》的出现是"唐初道教与皇室在老子神话观念上的一次重要整合"，"标志着到高宗时期，李唐皇室对老子的崇拜才达到第一个顶峰，也说明唐代道教的'道本论'开始向极端化的'以老子为本'发展"。人民出版社，2011年，第59—61页。

三、道观和道士规模发展迅速

　　毋庸置疑，唐代是道教发展最为繁盛的时期。从数据上来看，《唐六典·祠部郎中》中记载："凡天下观总一千六百八十七所，一千一百三十七所道士，五百五十所女道士。"[①]这是唐代开元年间的统计数据。到了唐末杜光庭的《历代崇道记》中记载："臣今检会，从国初以来，所造宫观约一千九百余所，度道士计一万五千余人，其亲王贵主及公卿士庶，或舍宅舍庄为观，并不在其数，则帝王之盛业，自古至于我朝，莫得而述也。"[②]这是杜光庭在中和四年（884年）的不完全统计。[③]依据杜光庭所记载的数据（如表 2 所示），其一，从发展变化的角度来看，除了魏明帝、隋文帝等六个数据非完整的全国数据以外，年均宫观建造数从周穆王到唐代，基本呈现上升趋势，年均度道士人数也总体呈增加的态势。其二，其中汉武帝时期的两个年均数据相较于其他时期突出，这与汉武帝时期国力强盛以及"奉道弥笃"[④]热衷封禅五岳有很大关系。其三，从魏明帝和吴主孙权这两个同一时期不同空间的数据来看，南方地区的道教建

---

①　（唐）李林甫等撰，陈仲夫点校：《唐六典》，北京：中华书局，第125页。

②　（唐）杜光庭撰：《历代崇道记》，《中华道藏》第45册，第67页。

③　王永平《论唐代道教的发展规模》［《首都师范大学学报（社会科学版）》2002年第6期第5—10页］认为，杜光庭所统计的唐代道观和道士的数据与真实情况差距较大。唐代除了官修道观和官方入道的道士以外，还有大量的私立道观和私自入道的道士女冠，这些数量远远高于杜光庭所统计的数字。张泽洪《唐代道教规模辨析》（《宗教学研究》1997年第1期第36—41页）则认为，杜光庭记载的数据相对于《新唐书·百官志》中的数据而言更加符合那时的状况。

④　（唐）杜光庭撰：《历代崇道记》，《中华道藏》第45册，第61页。

设比北方地区的道教建设更迅速，道教的发展态势更良好。其四，从两个年均的数据来看，唐代道教的发展更加迅速。数据的变化特征在一定程度上还是可以反映道教发展到唐代，宫观和道士数量的增长速率的增加，也体现了其繁盛的空前程度。当然这些是正式受牒入道的道士，唐代包括居家修士在内的实际学道之士的数量是远远大于这个数字的。

以上清派为例，《唐国师升真先生王法主真人观碑》中说王远知在隋时开坛宣道，"山门著录三千许人，并立精舍，实为壮丽"[①]。到唐时更是赐造恢弘大观供其修道传道。李含光西游时也是"门人赴丧而至者凡数千人"[②]，这些接受并以道教为师的人仅上清派宗师就数以千计，可见当时道教发展之盛况。宫观方面，《唐会要·观》记载唐代尊崇道教，在京城中所置观达 29 处。《茅山志·楼观部篇》中有详细年代记载的唐代翻修和兴建宫观（不算私人山房）崇禧万寿宫（太平观）、华阳观（宝历崇元圣祖院）、栖真观等约有十二所；《南岳小录》《南岳总胜集》中记载唐代在使用的道观有真君观、衡岳观、圣寿观、中宫等约二十五所。从这些数据皆可看出唐代对于道教的重视，道教在唐代欣欣向荣的宫观建设和大发展的道士数量，使得道教在唐代的规模迅速扩大。

---

① （唐）江昊撰：《唐国师升真先生王法主真人观碑》，《茅山志》卷二十二，《中华道藏》第48册，第462页。

② （唐）颜真卿撰：《茅山玄静先生广陵李君碑铭并序》，《茅山志》卷二十三，《中华道藏》第48册，第470页。

表 2 杜光庭《历代崇道记》记载宫观道士数据分析表 ①

序号	帝王（朝代）	在位（享国）时间（年）	在位（享国）时长（年）	约建造宫观数（所）	年均宫观建造数（所）（宫观数/在位（享国）时长）	约度道士数(人)	年均度道士数（人）、度道士数/在位（享国）时长	备注
1	周穆王		约 55	/	/	5000	90.91	
2	秦始皇（秦王）	公元前 255—公元前 210	45	100	2.22	1700	37.78	
3	汉文帝	公元前 180—公元前 157	23	72	3.13	1000	43.48	
4	汉武帝	公元前 141—公元前 87	54	300	5.56	5000	92.59	
5	光武帝	公元 25—57	32	120	3.75	1800	56.25	
6	魏明帝	公元 226—239	13	13	1.00	190	14.62	限曹魏统治区域
7	东吴大帝	公元 229—252	23	39	1.70	800	34.78	限孙吴统治区域
8	晋武帝	公元 265—290	25	200	8.00	472	18.88	
9	北魏道武帝	公元 386—409	23	50	2.17	600	26.09	北方地区

---

① 本表根据杜光庭《历代崇道记》（《中华道藏》第45册，第61—67页）中所提供的数据自制而成。另：1.年代越久远，数据的准确度越低。2.秦始皇的在位时间按照嬴政登秦王位的时间也计算在内。3.魏明帝、吴主孙权、北魏道武帝、北魏太武帝、隋文帝和隋炀帝六项数据的统计区域有一定的特殊限定，所得数据的参考性较低。

10	北魏太武帝	公元 423—452	29	275	9.48	1300	44.83	北方地区
11	隋文帝	公元 581—604	23	36	1.57	2000	86.96	大兴城京畿区
12	隋炀帝	公元 604—618	14	24	1.71	1100	78.57	洛阳京畿区
13	唐代	公元 618—907	289	1900	6.57	15000	51.90	

第二节　唐代佛道二教理论及其与政治关系的消长

一、唐代佛道二教理论的争辩与融合

佛教和道教经历了南北朝时期激烈的"夷夏"之辩的争论之后，在隋唐时期，理论水平，尤其是道教的理论水平有了很大的提升。特别是在道教重玄学学者的探索中，道教理论的思辨性和哲理性都进入了新的阶段。卢国龙认为："盖其时之道教学术，实即重玄学，道士开题立论既本其学，释子非难亦针对其说，是则唐初二教的义理论争，实即重玄学者于各宗派佛学者之理论对话。"[1]在参与政治的实践中，佛教和道教凭借着与政治的合作，发展到官方宗教的阶段，从这一点上来说，道教与佛教存在着一定的竞争关系。李唐王朝对于任何一方的偏袒支持，都会令这一方所获得的社会资源和发展环境相对较好。在世俗的实践中，佛道的发展随着与政治关系的变化而消长不一。而在教义理论方面，佛教和道教又保持着在竞争中互

----

[1]　卢国龙：《道教哲学》，北京：华夏出版社，1997年，第287页。

相融合借鉴的关系。

在教理教义上，佛教和道教的论辩围绕着道教的最高信仰"道"展开。对于道教而言，"道"是万物之本源，也是世间万物运行消长的终极法则，即道体论。佛教对于"道法自然"之诘难，法琳《辨证论》认为："纵使有道，不能自生，从自然出。道本自然，则道有所待；既因他有，即是无常。"①如果"道"乃宇宙的最高准则，那么"道法自然"便不成立，如果道以自然为所持，那么"自然"之存在便在"道"之存在之上，"道"便不是独立的绝对的存在。佛教中观学派的本体论则认为万物性"空"，"众因缘生法，我说即是空"，否认宇宙性质之实有。佛教如此诘难道教的道本体论，促使道教对于"道"的性质进行了重新的解释。于是重玄学在吸收了佛教的哲学理论之后，回归到老庄学之中，提出"道"的性质是"虚"，成玄英提出道之"虚通"，李荣也提出道之"虚寂"，"不可以有无分其象，不可以上下极其真"②，在空间和逻辑上没有有无上下之分别，不能被定义和限制，同时在时间上也"不存不亡"。这使得道教在本体论上进一步深入，与佛教之本体论相抗衡。从这一点上来说，道教一方面为了与佛教理论相辩驳而激发了哲学思辨水平的发展；另一方面，道教的理论发展也离不开对佛教理论的融合和启发。

二、武德年间傅奕排佛

高祖武德年间，李唐王朝大一统的大势已定，处于四处平定混

---

① （唐）法琳：《辨证论》，（清）董浩等编《全唐文》卷九〇三，北京：中华书局，1983年，第9426页。

② （五代）强思齐撰：《道德真经玄德纂疏》卷一，《中华道藏》第10册，第2页。

乱的稳定统治的时期。这一时期也是佛教与道教在争夺统治者青睐的关键时期。一方面，在隋末混乱时期，道教与佛教就已经取得了与李唐王朝的合作与同盟，尤其是道教以老子谶纬为李唐氏建立了舆论上的统治合法性方面的优势；唐初时期正是进一步巩固合作的最佳时机。另一方面，二教都需要争取未来掌权者的认可和支持，为后来更好地发展环境奠定基础。

在此背景之下，武德四年（621年），傅奕向唐高祖李渊提出诽毁佛教《请废佛法表》云：

> ……降斯以后，妖胡滋盛，大半杂华。搢绅门里，翻受秃丁邪戒；儒士学中，倒说妖胡浪语。曲类蛙歌，听之丧本；臭同鲍肆，过者失香。兼复广置伽蓝，壮丽非一；劳役工匠，独坐泥胡。撞华夏之鸿钟，集蕃僧之伪众，动淳民之耳目，索营私之货贿。女工罗绮，剪作淫祀之幡；巧匠金银，散雕舍利之冢。粳粱面米，横设僧尼之会；香油蜡烛，枉照胡神之堂。剥削民财，割截国贮，朝廷贵臣，曾不一悟。良可痛哉！……请胡佛邪教，退还天竺，凡是沙门，放归桑梓。令逃课之党，普乐输租，避役之曹，恒忻效力，勿度小秃，长揖国家，自足忠臣，宿卫宗庙。则大唐廓定，作造化之主；百姓无事，为牺皇之民。臣奕诚惶诚恐，谨上益国利民事十有一条如左。谨言。武德四年六月二十一日上。①

傅奕在奏表中列出了佛教的诸多罪状，条分缕析了佛教骄奢、耗费财力人力营建华丽的寺庙，佛教徒虚伪而煽动百姓，私收贿赂，

_____

① （唐）傅奕：《请废佛法表》，（清）董浩等编《全唐文》卷一三三，第1345—1346页。

剥削百姓甚至导致国家税收和财政储备的减少。故而请求高祖在李唐境内驱逐佛教，让僧人还俗；并严厉惩戒那些以出家为借口逃避徭役赋税的人。这样才能稳定江山社稷，保证李唐王朝统治的长治久安。傅奕在表中不仅是对佛教进行抨击，更是借踩低佛教来抬高儒、道。他强调高祖驱逐佛教的同时更应该"布李老无为之风，而民自化；执孔子爱敬之礼，而天下孝慈"[①]，用道教无为之思想和儒家伦理来治理国家，才能使"民自化"而社会建立起"乡人化其风，少长皆孝慈"的风俗。当然，佛教徒立即对此进行了反驳，以保护自己的信仰。僧人法琳反驳傅奕而作《破邪论》，对于傅奕在表中列出针对佛教的十一条罪责进行反驳，其《对傅奕废佛僧事启》首先反驳了傅奕指责佛教对于李唐王朝社稷之害，这是统治者最为看重的问题，以降低皇帝的疑虑和戒心：

> 圣上兴吊俗之心，百姓顺昊天之命，爰举义旗，平一区宇。当时道俗蒙赖，华戎胥悦。……方欲重述九畴，再敷五教，兴石渠之学，布庠序之风，远绍轩羲，近同文景，功业永隆，不知手之舞之，足之蹈之者矣。[②]

李氏在隋末仁政不显之时救天下百姓于水火，平定天下乱局而建立安定的社会生活和伦理秩序，佛教徒对此是抱着感激之心，在社稷稳定之事上，佛教与李唐王朝并不是站在对立面的。然后法琳质疑了傅奕的人品和学识水准，还指责傅奕故意挑衅意图激起宗教冲突：

---

① （唐）傅奕：《请废佛法表》，（清）董浩等编《全唐文》卷一三三，第1345页。

② （唐）法琳：《对傅奕废佛僧事启》，（清）董浩等编《全唐文》卷九〇三，第9421页。

　　窃见傅奕所上之事，披览未遍，五内分崩；寻读始周，六情破裂。呜呼！邪言惑正，魔辩逼真，犹未足闻诸下愚，况欲上干天听！但奕职居时要，物望所知，何容不近人情，无辜起恶？……观奕所上之事，括其大都，穷其始末，乃罔冒阙庭处多，毁辱圣人甚切。如奕此意，本欲因兹自媒，苟求进达，实未能益国利人，竟是或弄朝野。……无识之徒，非违造罪，致令傅奕，陈此恶言，擗踊痛心，投骸无地。然僧尼有罪，甘受极刑。恨奕轻辱圣人，言词切害，深恐邪见之者，因此行非。[①]

认为傅奕乃是"邪言惑正，魔辩逼真"，傅奕身为朝中身居要职之官员，所言佛教之事只是囫囵吞枣，言其大概，不求甚解；是颠倒黑白，企图混淆上听的"恶言"。而傅奕这样做的目的只是"苟求进达""或弄朝野"，请求高祖不能听其一家之言。值得探究的是，法琳同时向当时还是秦王的李世民上书一封，并他所作《破邪论》，向李世民"申冤"，以表明佛教的态度和立场：

　　窃见傅奕所上诽毁之事，在司既不施行。奕乃公然远近流布，人间酒席，竟为戏谈。有累清风，实秽华俗。长物邪，见损国福，理不可也。……伏愿折邪见，幢然正法炬。像化被寄，深幸兹乎。[②]

相较于向高祖上奏的正式，法琳向李世民申诉傅奕更像告状之语气。法琳不平朝廷对于傅奕诽谤之事的不作为，此后傅奕竟然还

① （唐）法琳：《对傅奕废佛僧事启》，（清）董浩等编《全唐文》卷九〇三，第9421—9422页。
② （唐）法琳：《上秦王破邪论启》，（清）董浩等编《全唐文》卷九〇三，第9421页。

于宴席之上引为戏言，有失士大夫之风范。希望李世民能为佛教"折邪见"以"正法炬"。此书写于武德四年（621年）的九月，同年二月，李世民刚率兵平定了窦建德、王世充的反叛，七月活捉王世充返回长安，军功卓卓，势如中天。傅奕上奏毁佛之事虽然在当时被驳回了，但是也没有受到惩罚，甚至反而在私下的态度变本加厉。这在一定程度上表明了高祖的态度，法琳见形势不在己方，便向李世民诉苦，希望李世民为佛教美言。可见当时李世民的势力已经非常了得，而法琳也看出了李世民在政局中的优势更甚于太子李建成。此时的"诉苦"不失为一种投诚的态度，一旦李世民在朝堂上为佛教言好，或者在私下反驳傅奕，形势便变成了佛教"站"李世民一方。然不巧的是李世民在当时于上清派宗师茅山道士王远知处得预言"方作太平天子，愿自惜也"[1]，让其奉为真言，对于此事并没有发表明确的立场。武德七年（624年）二月，高祖召集儒佛道三教之人论义，之后傅奕再次上奏请除释教；武德八年（625年）高祖下诏定了三教之先后："老教孔教，此土先宗。释教后兴，宜崇客礼。令老先、次孔、末后释宗。"[2]将佛教排在了三教之末。到了武德九年（626年）傅奕先后七次上疏：

　　……不察根源，信其矫诈，乃追既往之罪，虚规将来之福。布施一钱，希万倍之报；持斋一日，冀百日之粮。遂使愚迷，妄求功德，不惮科禁，轻犯宪章。其有造作恶逆，身坠刑网，方乃狱中礼佛，口诵佛经，昼夜忘疲，规免其罪。……今之僧

---

① （五代）刘昫等撰：《旧唐书》卷一九二，第5125页。
② （唐）释道宣：《续高僧传》，《大正藏》第50册，台北：新文丰出版公司，1983年，第634页。

尼，请令匹配，即成十万余户，产育男女，十年长养，一纪教训，自然益国，可以足兵。[①]

这个时候李唐王朝对于叛乱的处理基本结束，只有突厥在边境骚扰，经过长期的战争，李唐王朝的经济处于恢复和休养阶段，租庸调制初行两年。傅奕旧事重提，称佛教不仅愚昧迷信，还包庇罪犯，甚至使国家徭役户口减少，造成严重的赋税损失，而这些损失的财富可以供养国家之兵马用于抵御外族入侵。高祖"恶沙门、道士苟避征徭，不守戒律，皆如奕言"[②]，并下诏"命有司沙汰天下僧、尼、道士、女冠，其精勤练行者，迁居大寺观，给其衣食，毋令阙乏"[③]，并且对于寺庙和道观的营建都做了限制和规定。

直到唐太宗继位，他对于道教的扶持力度加大，颁布了一系列提高老子地位的政策。贞观十一年（637 年）"诏道士女冠，宜在僧尼之前"[④]，进一步巩固了道教的地位。傅奕在太宗朝仍然任职太史令，他是老庄之学和道教的拥护者，并亲为校定《道德经》，为后世作范本。他常和太宗讨论佛教，太宗问傅奕佛教之思想甚是玄妙，其理也常有验证，为什么不相信？傅奕对曰："佛是胡中桀黠，欺诳夷狄，初止西域，渐流中国。遵尚其教，皆是邪僻小人，摹写庄老玄言，文饰妖幻之教耳。于百姓无补，于国家有害。"[⑤]傅奕对于佛教

---

① （唐）傅奕：《请除释教疏》（清）董浩等编《全唐文》卷一三三，第1347页。

② （宋）司马光编：《资治通鉴》卷一九一，第6002页。

③ （宋）司马光编：《资治通鉴》卷一九一，第6002页。

④ （宋）王溥撰：《唐会要》卷四十九，第589页。

⑤ （五代）刘昫等撰：《旧唐书》卷七十九，第2717页。

的态度一以贯之，认为是胡夷之教流传进中原后，借助老庄的语言体系来宣扬自己的理论，于国于民都没有益处。唐太宗对此也是赞同的。直到傅奕临终前，也对其后代云："老庄玄一之篇，周孔《六经》之说，是为名教，汝宜习之。妖胡乱华，举时皆惑，唯独窃叹，众不我从，悲夫！汝等勿学也。古人裸葬，汝宜行之。"[①]认为儒家道教都是可以修习的，只有佛教是胡言，但是"众不我从"，说明当时虽然统治者在政策上倾向于道教，但是佛教理论依然受到大家的认可，修习佛教的人依然很多。当然，在李唐王朝的政策倾斜之下，道教发展迅速，佛教的发展在一定程度上受到了影响。例如《唐会要》中记载长安丰乐坊开业寺，隋代时本是仙都宫，武德元年（618年）改宫为寺，到贞观九年（635年）"废寺立为高祖别庙，号静安宫"，直到高宗仪凤元年（676年）才重新改为寺庙。另有静安坊崇敬寺，也是隋朝废弃寺庙，高祖崩后被改为了道宫，作为别庙使用。

三、武周时期的崇佛抑道

高宗执政晚年到睿宗时期，武则天不断掌握更多的政治权力，载初元年（689年）"依周制建子月为正月，改永昌元年十一月为载初元年正月，十二月为腊月，改旧正月为一月，大酺三日。神皇自以'曌'字为名，遂改诏书为制书"[②]。通过改元、改历法、改名等一系列对于李唐氏传统的替换，以展示自己武周新王朝的诞生。李氏政权为了自己的正统地位，在道教中重点塑造了太上老君的先祖神仙形象，相应的，为了武周统治的合法性，武则天试图利用和扶持

---

① （五代）刘昫等撰：《旧唐书》卷七十九，第2717页。
② （五代）刘昫等撰：《旧唐书》卷六，第120页。

佛教，同时淡化李氏在道教中树立的君权神授的存在感，首先需要将佛教的地位提升，改变以往崇道抑佛的状况。

> （载初元年，689 年七月）有沙门十人伪撰《大云经》，表上之，盛言神皇受命之事。制颁于天下，令诸州各置大云寺，总度僧千人。

> （载初二年，690 年）夏四月，令释教在道法之上，僧尼处道士女冠之前。①

> （长寿二年，693 年）罢举人习《老子》，更习太后所造《臣轨》。②

武则天请十位僧人为她伪造了佛教《大云经》，如谶纬之作用，言武周统治之正统，并颁布到天下，各州都建造大云寺，度僧人上千人。载初二年（690 年），下令佛教位在道教之前，改变了之前李氏统治所认定的道教在佛教之前的状况，提升佛教徒的地位，以取代李唐统治"君权神授"在宗教上的舆论。同时在科举上减轻《老子》的考试分量，削弱道教在士大夫群体中的影响力。为了确保李氏在道教中的神化地位和太上老君在现世权力中的宗法地位，李唐帝王将具有道教色彩的称号加入皇帝的封号中，封老子为"太上玄元皇帝"。武则天也为了加强自己在佛教中的神化地位，为自己的尊号加"金轮""慈氏"等具有佛教色彩的名称：

> （长寿二年，693 年）秋，九月……魏王承嗣等五千人表请加尊号曰"金轮圣神皇帝"。乙未，太后御万象神宫，受尊号，

---

① （五代）刘昫等撰：《旧唐书》卷六，第121页。
② （宋）司马光编：《资治通鉴》卷二〇五，第6490页。

赦天下。作金轮等七宝，每朝会，陈之殿庭。[①]

（延载元年，694年）五月，魏王承嗣等两万六千余人上尊
号曰"越古金轮圣神皇帝"。甲午，御则天门楼受尊号，赦天
下，改元。[②]

（证圣元年，695年）正月，辛巳朔，太后加号"慈氏越古
金轮圣神皇帝"，赦天下，改元证圣。[③]

（证圣元年，695年）九月，甲寅，太后合祭天地于南郊，
加号"天册金轮大圣皇帝"，赦天下，改元。[④]

武则天为自己加尊号曰"金轮"，乃是佛教中"转轮王"之意，
与道教太上老君在世俗权力中的意义类似，转轮王也是世俗君权在
佛教中相对应的角色和象征意义。[⑤]并"作金轮等七宝"，是转轮王的
装备和信物，皆具有一定的世俗君权的象征性。"越古"即超越既往
之帝王，从"金轮圣神皇帝"到"越古金轮圣神皇帝"再到"慈氏
越古金轮圣神皇帝"再到"天册金轮大圣皇帝"，武则天不断地在加
重其在宗法上和佛教中的分量以确立和强调武周对于江山统治的合
法性。在这期间，佛教得到了更好的发展机会，在寺庙的营建和僧
人的入度上都进入上佳之境地。久视元年（700年），"则天又将造大

---

①　（宋）司马光编：《资治通鉴》卷二〇五，第6492页。

②　（宋）司马光编：《资治通鉴》卷二〇五，第6494页。

③　（宋）司马光编：《资治通鉴》卷二〇五，第6497页。

④　（宋）司马光编：《资治通鉴》卷二〇五，第6503页。

⑤　孙英刚的《武则天的七宝——佛教转轮王的图像、符号及其政治意涵》
（《世界宗教研究》2015年第2期，第43—52页）和《转轮王与皇帝——佛教对
中古君主概念的影响》（《社会科学战线》2013年第11期，第78—88页）两篇
文章都谈到了武则天在加封尊号时关于金轮和七宝的佛教内涵。

像，用功数百万，令天下僧尼每日人出一钱，以助成之"①。武则天欲大肆营造佛教造像和寺庙，耗费大量的财力和人力，最后被狄仁杰劝阻了。到了唐玄宗开元年间，佛教的势力更加壮大，很多地方僧人入度泛滥，大量的寺庙建造和滥度僧侣严重影响到了国家的赋税。宰相姚崇因此上疏唐玄宗要求严厉整顿佛教为了逃避税责而私自入度的行为，"上乃令有司精加铨择，天下僧尼伪滥还俗者，三万余人"②。这一整顿直接查处三万多佛教僧尼私自入度，皆令还俗。

面对这一时期统治者的大力扶持佛教发展，道教对此并不屈服。一方面，佛教的发展在一定程度上打压了道教在上层政治和世俗民间的生存空间，使得道教失去了一部分的发展资源；另一方面，道教长期与李唐政权的合作，对太上老君的塑造与武周所寻求的统治合法性很大程度上是冲突的，对于道教内部的教义和神仙谱系是很大的冲击。《混元圣纪》中就曾记载睿宗文明元年（684年），武则天废中宗为庐陵王之后，便有道士受太上老君神降的故事：

> 豫章人邬元崇以诏诣阙，至虢州阌乡县龙台乡皇天原……须臾，五色云中见一道士，着浅黄衣，鬓发皆白，头戴花冠，作金色，乘白兽似骡，发尾皆赤，俯谓元崇曰："我是太上老君，汝帝之元祖。"元崇即拜，老君曰："汝随我来，我与汝语。"元崇不觉已在云中，去地数丈。老君令传言天后，说我国

---

① （五代）刘昫等撰：《旧唐书》卷八十九，第2893页。
② （宋）王溥撰：《唐会要》卷四十九，第837页。

家历数绵远，不得辄立异姓。……斯须，元崇不觉已在地上。既至长安，通具奏。天后不悦，遂遭禁锢。寻以阌乡行宫为奉仙观，后亦终惧此言，不敢立武三思，竟复辟于中宗，故改元神龙，二年复改元景龙，敕天下诸州各置景龙观，又改为中兴观，三年再改为龙兴观。至明皇开元中，降敕曰：洪州人邬元崇往在文明年中，传玄元皇帝真诰于天后，曰我国祚无穷，当千万君。遂遭禁锢，因兹沦丧。自非忠义之士感激过人，孰能不避死亡之诛，竟违神灵之命，宜与追赠，以慰泉壤。其子琼亦依资授一官。……[1]

武则天文明元年（684年）废中宗后，欲立武三思为嗣。便有江西道士邬元崇称在虔州阌乡县龙台乡皇天原遇见太上老君降临，并言自己是李唐帝王的祖先，李唐帝国福泽绵延，不能立异姓王。邬元崇于是前往长安，将这一事件转述给武则天。武则天非常生气并将其囚禁，亲自派人去阌乡奉仙观。后来竟然因害怕此谶纬故事，不再立武三思，而将皇位还给中宗，改元神龙，后改元景龙，并在天下各州置道观。到了唐玄宗开元年间，听闻此事的唐玄宗为道士邬元崇正名，追赠并封赏其后人，以示对此事的肯定。这个带有宗教色彩的故事，表达了当时道教对于武周代唐的不满，同时也是道教势力被佛教势力压制而作的反抗尝试。可见不论是道教还是佛教，在那一时期都在一定程度上依靠着政治的青睐和扶持来发展自己的宗教实力，扩大宗教影响力。王权政策的倾向性很大程度上影响了道教和佛教发展的社会环境和发展速度。同时道教和佛教为了配合

---

[1] （宋）谢守灏撰：《混元圣纪》卷八，《中华道藏》第46册，第96页。

政权的发展，也会对自身的教义理论进行一定的探索和改变，对所信奉的神灵赋予一定的世俗君权之色彩与内涵。

四、唐武帝"会昌毁佛"

唐武宗的统治，后人所研究的最多的便是"会昌毁佛"[①]事件。对于"会昌毁佛"的原因，一部分学者认为是政治斗争或者经济矛盾导致了这一场佛教浩劫，另一部分学者则认为是唐代的佛道二教

---

① 关于"会昌毁佛"的研究，方胜、孙丹丹的《新中国成立七十年来唐武宗"会昌毁佛"研究综述》（《安徽理工大学学报（社会科学版）》2019年第5期）一文中对七十年来的"会昌毁佛"研究做了详细的学术综述。其中，对于"会昌毁佛"过程的详细论述的研究成果主要有：汤用彤《隋唐佛教史稿》（北京：中华书局，1982年）第一章《隋唐佛教势力之消长》第六节"会昌法难"，论述了自会昌元年（841年）至会昌六年（846年）间逐步禁佛的历史经过；傅璇琮《李德裕年谱》（石家庄：河北教育出版社，2001年）详细叙述了李德裕作为会昌时政的重要决策者，会昌毁佛的历史进程；孙昌武《中国佛教文化史》（北京：中华书局，2010年）等著作中也专门讨论了会昌灭佛；张箭博士论文《"三武一宗"灭佛研究》（成都：四川大学博士学位论文，2001年）第三章"唐武宗之禁佛"讨论了唐代反佛思想的影响、唐武宗禁佛运动的进行情况和会昌禁佛的特点与影响。此外，美国学者斯坦利·威斯坦因《唐代佛教》（上海：上海古籍出版社，2010年）、日本学者镰田茂雄《中国佛教简史》（上海：上海译文出版社，1986年）、法国学者戴密徽《中国历史上的"会昌灭佛"》[《法国汉学》丛书编辑委员会：《法国汉学》（第七辑）北京：中华书局，2002年]等海外学者对会昌毁佛的经过和原因等都有着独到的见解。

矛盾导致的。[①] 依照当时佛教和道教对于政治支持的需求，唐武帝的崇道灭佛确实与佛道之争有一定的关系，至少，从结果上来看，唐武宗对于佛教的打击间接促进了道教发展空间的扩大。

唐武宗继位以来一直宠信道士赵归真，对佛教持排斥的态度。会昌四年（844 年）时便下令：

> 令毁折天下山房兰若、普通佛堂、义井村邑斋堂等，未满二百间、不入寺额者。其僧尼等尽勒还俗，充入色役。具令分析闻奏。且长安城里坊内佛堂三百余所，佛像、经楼等庄严如法，尽是名工所作，一个佛堂院，敌外州大寺，准并除罄尽。诸道天下佛堂院等，不知其数，天下尊胜石幢、僧墓塔等，有

---

① 方胜、孙丹丹的《新中国成立七十年来唐武宗"会昌毁佛"研究综述》一文中总结了诸多这一事件发生原因方面的研究，包括：1.政治方面：一种观点认为佛教的发展过于壮大，严重威胁到唐朝统治，唐武宗为了维护政权稳定和巩固统治，如牛致功《试论唐武宗灭佛的原因》（《唐史论丛》1998年第1期）等文章；另一种观点认为唐武宗得到宣宗遁入佛门躲避追杀的消息，为了杀宣宗灭口而灭佛，如于辅仁《唐武宗灭佛原因新探》（《烟台师范学院学报（哲学社会科学版）》1991年第3期）等文章。2.经济方面：佛教经济迅速发展，占有了大量的田地，僧尼的增加导致纳税人口的减少等原因，如谢和耐《中国五至世纪的寺院经济》（兰州：甘肃人民出版社，1987年）、张建华《隋唐时期佛教寺院经济的膨胀与"会昌废佛"》（《天中学刊》2002年第6期）等文章。3.文化方面：一则认为儒佛道三教思想的冲突导致了这场运动，如牛致功《试论唐武宗灭佛的原因》等文章；二则认为佛教自身在发展过程中受到当时社会流俗的影响，对国家和社会造成了严重危害，如魏晓燕《"达玛灭佛"与"会昌法难"比较研究》（《青海民族学院学报（社会科学版）》2007年第1期）等文章；三则认为唐末本土文化自信的丧失是武宗毁佛的诱因，如静贤《"会昌毁佛"原因与反思》（《世界宗教研究》2013年第5期）一文。4.统治者信仰因素：唐武宗因为崇道而毁佛，宠信道士赵归真，如何灿浩《会昌朝省官、废佛与大中朝增官、兴佛析论》（《宁波师范学院学报》1986年第2期）、李文才《会昌毁佛原因之再认识》（《淮阴师专学报》1997年第2期）等文章。

皆令毁拆。①

拆毁全国私人的山房兰若和普通的佛堂以及村中所建斋堂，下令还俗了一部分僧人，充国之徭役，寺庙包括寺中佛像、经楼无数，皆拆毁。如此浩大的工程表明武帝毁佛之决心和大动作。会昌五年（845 年）四月：

> 敕祠部检括天下寺及僧尼人数，大凡寺四千六百，兰若四万，僧尼二十六万五百。②

命令祠部统计全国寺庙数量和僧尼人口，寺庙四千六百座，兰若四万间，僧尼一共二十六万五百人。如此庞大的数字说明当时佛教在全国的发展势头非常强盛，这也是令统治者忌惮之处。唐武宗下令统计为拆毁寺庙、还俗僧尼做准备。七月进一步"敕并省天下佛寺"③，到了八月，武帝下敕通报了这一次毁佛行动的结果：

> ……朕博览前言，旁求舆议，弊之可革，断在不疑。而中外诸臣，协予至意，条流至当，宜在必行。惩千古之蠹源，成百王之典法，济人利众，予何让焉？其天下所拆寺四千六百余所，还俗僧尼二十六万五百人，收充两税户；拆招提兰若四万余所，收膏腴上田数千万顷，收奴婢为两税户。十五万人隶僧尼属主客，显明外国之教，勒大秦穆护祆二千余人还俗，不杂中华之风。於戏！前古未行，似将有待；及今尽去，岂谓无时。驱游惰不业之徒，已逾十万，废丹艧无用之室，何啻亿千。自此清净训人，慕无为之理；简易齐政，成一俗之功。将使六合

---

① ［日］圆仁：《入唐求法巡礼行记》卷四，上海：上海古籍出版社，1986年，第178页。

② （五代）刘昫等撰：《旧唐书》卷十八上，第604页。

③ （五代）刘昫等撰：《旧唐书》卷十八上，第604页。

黔黎，同归皇化；尚以革弊之始，日用不知。下制明廷，宜体予意。宣布中外，咸使闻知。[1]

武宗先控诉了一番佛教造成的混乱局面，然后将所拆毁的寺庙、令还俗的僧尼通报，与之前祠部统计的数据一致。这一次毁佛所得包括寺庙实际的财产、田产和纳税户口，仅是田产就有上千万顷，房产也不计其数，大大增加了国家的财政收入。其中逃避赋税的人口超过十万，对于国家来说，这是最为实际的长期的赋税收入的增加，大大缓解了国家财政用费紧张的问题，包括多年对突厥用兵和平叛藩镇所支出之军费，对于国家治安也是有益的。

不仅如此，在全国范围内雷厉风行的毁佛运动同时，宽猛相济，唐武帝采纳了李德裕关于毁佛政策的后续配套措施：

悲田养病坊，僧尼还俗，无人主持，恐残疾无以取给，两京量给寺田赈济。诸州府七顷至十顷，各于本管选耆寿一人勾当，以充粥料。[2]

对部分老弱病残、生存能力差的还俗僧尼给予相应的赈济和帮助，各州拿出七到十顷的土地专门供给这些人作为粮食"低保"，保证他们基本的生活。可见，武帝朝对于毁佛一事并非一腔盲目地排斥，对于后续所产生的一系列社会问题都有详细的考量。

佛教经此一事，受到极大的打击，道教却在此期间有了一定的发展，唐武帝身边赵归真、刘玄靖等道士为唐武帝营建道场、为统治阶层做法箓等活动频繁地进行着，上清派衡山道士刘玄靖也是上

---

① （唐）李炎：《毁佛寺勒僧尼还俗制》，（清）董浩等编《全唐文》卷七十六，第802页。

② （唐）李炎：《选耆寿勾当悲田养病坊敕》，（清）董浩等编《全唐文》卷七十七，第806页。

清派时隔几代唐帝王再次被封为银青光禄大夫并赐号的道士。

第三节　唐代道教的发展特点

一、各道派与政治关系密切

随着道教在南北朝发展的成熟，唐代大一统的社会发展环境下，道教各派开始向"上层路线"发展，与统治者保持着密切的交往，走向官方宗教的阶段。Kirkland Russell 在其论著 Ssu-ma Ch'eng-chen and the Role of Taoism in the Medieval Chinese Polity[①] 中指出唐代是一个道教与政治形成紧密联盟的时期，道教内部没有明显的宗派冲突，儒家学者对道教的价值观也多为肯定。就各个宗派而言，除了本书即将详细论述的上清派以外，其他道派也以各种各样的方式积极参与到政治实践之中。楼观道在唐代建立之初便以谶纬相助于唐。楼观道士岐晖就曾在隋末唐初之际与弟子有一段对话：

> 隋大业七年，炀帝亲驾征辽，晖谓门弟子曰："天道将改，吾犹及见之，不过数岁矣。"或问曰："不知来者若何？"曰："当有老君子孙治世，此后吾教大兴。"[②]

早在大业七年（611年），隋炀帝亲自北上征辽，岐晖就对弟子预言不过几年的时间天下将大乱，君权将易主。弟子便问谁是继承江山王权之人，岐晖说是太上老君的子孙，此后道教将有大发展之

---

① ［美］柯克兰（Russell Kirkland）.Ssu-ma Ch'eng-chen and the Role of Taoism in the Medieval Chinese Polity.Journal of Asian Studies.1997（2）.

② （元）赵道一撰：《历世真仙体道通鉴》卷二十九，《中华道藏》第47册，第413页。

机会。可见当时楼观道已经将未来之局势锁定在了李氏集团身上。李唐王朝建立之后，岐晖也得到了唐帝王的尊崇，专门为其修建道观供其修行。天师道在唐代的传承也非常受到皇帝的重视。天宝年间，唐玄宗下诏追封上清茅山宗师陶弘景的同时，也追封天师道"后汉张天师，教达元和，德宗太上，正一之道，幽赞生灵。……天师册为太师，贞白册赠太保"①。甚至天师册封为太师，较之陶弘景的太保封号还要尊贵。灵宝派在唐代虽然不以人显，但其宗派所重视的斋醮科仪之法皆成为官方道教祭祀中最为常用的规范。

　　一方面，李唐王朝为了巩固统治的合法性，太上老君作为李氏祖先在道教内部的神仙等级不断提高，以楼观道为代表的道教派别创造出老子神化、老子西游、老子授经等宗教故事。《混元圣纪》中记载："武德二年（619 年）己卯，老君降于羊角山，语吉善行，令奏闻云：'我帝祖也，今唐得圣治，社稷延长。'"②高祖武德二年（619 年），太上老君即历史先祖老子神降于羊角山，并称李唐王朝是圣治，乃是"君权神授"的合法统治，可以保江山社稷长治久安。不仅是高祖时代，在高宗、则天、玄宗、肃宗等各个唐帝王的统治时期都有类似的故事，以重复地强调李唐王朝统治"君权神授"的性质。这种强调其合法性存在的行为贯穿整个唐代统治的始终。在提高老子的神仙等级地位方面，上清派一直以元始天尊为最高神，而太上老君在上清派信仰中的地位不断提升。到了唐末杜光庭时期，太上老君已经取代了元始天尊在最高境界"大罗天"的神格地位，

① （唐）李隆基：《加应道尊号大赦文》，（清）董浩等编《全唐文》卷三十九，第429—430页。
② （宋）谢守灏撰：《混元圣纪》卷一，《中华道藏》第46册，第25页。

成为统领下属各个小境界的最高主宰。

另一方面，道教为了保持与政治的密切关系，老子作为道教神仙的神化色彩在李唐统治中不断被强调。正如本章第一节中所论述的，唐代帝王通过给老子加封尊号，为老子建太庙，提高老子在官方祭祀中所享有的待遇，来达到老子在李唐王朝宗法性地位的提升；老子即太上老君在道教中地位的超然，正是对"君权神授"合法地位的强调。在道教和李唐王朝双方紧密的合作联盟下，李唐王朝稳定和巩固了自己的统治，而道家也在上层统治者的扶持中获得更多的发展资源。

二、道教理论的大发展

道教理论在唐代相对稳定的社会环境中获得了极大的发展，特别是以成玄英、李荣和上清道士司马承祯为代表的重玄学的兴盛，为道教理论带来了哲学思辨上的质的飞跃。[①]"纵观重玄学的发展历程，魏晋是重玄学的奠基期，唐代是重玄学的鼎盛期，也是道教教

---

① 卢国龙的《中国重玄学》中认为重玄学在唐代的发展经历了从重视精神超越，到道性论和心性论的泰伦，再到体道修性复归于修仙的发展过程。张岂之主编《中国思想学说史（隋唐卷）》（桂林：广西师范大学出版社，2008年）中对隋唐重玄学的理论发展和代表人物思想都有着详细的论述。刘固盛教授的《道教老学史》一书中详细阐述了唐代重玄学的代表成玄英、李荣等人的重玄学思想。李大华等人的《隋唐道家与道教》一书中也对此有论述。罗中枢《重玄之思——成玄英的重玄方法和认识论研究》（成都：巴蜀书社，2010年）对成玄英为代表的唐代重玄学有详细的论述。类似的研究还有刘固盛教授《唐代重玄学派道论的特点》（《西南民族大学学报（人文社科版）》2007年第2期），认为唐代重玄学派道论的重要特点是"虚通妙理"和用心性思想重新阐释老子之道。

理教义和道教哲学发展的重要时期。"① 重玄学作为一种哲学思想学说，具有很高的哲学思辨水平，以注解《老子》《庄子》为文本基础，自然与道教的修炼思想产生联结。从道教理论而言，重玄学对其修炼思想的理论水平提升起到了重要的作用。

重玄学从"玄之又玄"出发，通过南北朝时顾欢等人对于"有无""体用"等一系列哲学概念的阐发，追求重玄双遣的道教修炼的最高境界。到了唐代，为了在现实实践中更加适应政治统治的需要，重玄学从追求个人精神超越的思维中延伸出来，向着道教修行心性论的思路进行。"重玄学不仅在本体论的阐释上比魏晋玄学更加空灵而深奥，抽象而圆融，而且在阐释本体论的同时，又融入了心性论的内容。"② 重玄学中有两个重要的概念。一是"虚"的概念，"虚"是道的根本性质。成玄英在《老子道德经义疏》中云："至道虚寂，其体希夷。"③ 李荣也云："道者，虚极之理也。"④ "道本无形，理唯虚寂。"⑤ 道的本质是虚、虚寂，道以虚而通万物。这是对道的本体论表达。其次，"虚"同时也是道教修炼的重要法门。成玄英认为修道之理是使身、心和大脑（智）都虚空而没有执念。

> 圣人妙契重玄，迹不乖本，洞忘虚远，知则无知，至本虚凝，故称为上。……圣人能所两忘，境智双遣，玄鉴洞照，御

① 张崇富：《茅山宗与重玄学》，《四川大学学报（哲学社会科学版）》2008年第3期，第33页。
② 刘固盛：《道教老学史》，武汉：华中师范大学出版社，2008年，第101页。
③ （唐）成玄英：《道德经义疏》，蒙文通《蒙文通文集》第6册《道书辑校十种》，成都：巴蜀书社，2001年，第440页。
④ （唐）李荣撰：《道德真经注》卷上，《中华道藏》第9册，第295页。
⑤ （唐）李荣撰：《道德真经注》卷下，《中华道藏》第9册，第325页。

气乘云，本迹虚夷，有何病累？……言修道行人，必须处心无
系，不得域情狭劣，厌离所生。何者？夫身虽虚幻，而是受道
之器，不用耽爱，亦不可厌憎。故耽爱则滞于有为，厌憎则溺
于空见。不耽不厌，处中而忘中，乃真学道者也。[①]

圣人能够忘却内心之杂念和外在万物之所累，使内心达到虚空
宁远的境界，心神不为外在变化所动。身体之沉溺爱憎都是修道的
阻碍，只有身处繁琐之中却又摒弃心系，才能达到虚空，最终追求
"至道"之境界。

二是强调心性，认为道教修炼重在修心。"不常不断之心，而
为修道之要术。"[②] 成玄英认为修道最重要的是修习心性之"不常不
断"，即顺发自然、摈除外物之障碍，以达到"即心无心"之境界。
杜光庭亦认为："人之难伏，唯在于心。所以教人修道，即修心也；
教人修心，即修道也。"[③] 修心需要保持心性的虚空清静。这种心性论
的提倡不仅使道教的哲学理论水平更进一步，而且修心之法对于重
视精神而轻外物的士大夫来说更加值得欣赏。心性论讨论了人精神
上的、心的性质，较之于"假外物以自固"的金石外炼之术和需要
一定宗教活动场所的科仪法事而言，心性论的提出为道教修炼的普
适性提供了一定的理论基础。随之产生的对修心之道的阐释，既可
以是个体修行的以心体道，如司马承祯的"坐忘合道"之思想；也

---

① （唐）成玄英：《道德经义疏》，蒙文通《蒙文通文集》第6册《道书辑校
十种》，第520—521页。
② （唐）成玄英：《道德经义疏》，蒙文通《蒙文通文集》第6册《道书辑校
十种》，第388页。
③ （唐）杜光庭撰：《道德真经广圣义》卷八，《中华道藏》第9册，第604
页。

适用于世俗实践意义下的身国同构之治国理论。

重玄学对道教理论的哲理化，提高了道教教理教义的理论水平和哲学思辨能力。因此，道教教理理论在唐代获得了长足的发展，尤其是以上清派道士司马承祯、吴筠等为代表的对道教修炼理论和治国思想的探索，既提升了道教的哲学水平，促进了道教的学理化进程，又密切了道教与政治在理论上的联结与合作。

三、修炼之道由外丹向内丹转变

道教修炼理论的主流逐渐从外丹术向内丹炼养转变。唐代道教主流的道派对于内炼养气等内丹修炼之术越来越重视，内炼理论也越来越完善。一方面，金石外丹之术的弊端逐渐被更多人意识到；另一方面，道体论和心性论在重玄学派的探索下不断有更新和更完善的阐发。

首先，道教外丹术被人们所接受并普及使用，逐渐显现出了其弊端。因服用外丹而生病甚至死亡的案例越来越多，很多人便意识到了金石外丹的有害性。白居易有《思旧》一诗中提到了数位因服食外丹而亡的好友：

闲日一思旧，旧游如目前。再思今何在，零落归下泉。

退之服硫黄，一病讫不痊。微之炼秋石，未老身溘然。

杜子得丹诀，终日断腥膻。崔君夸药力，经冬不衣绵。

或疾或暴夭，悉不过中年。唯予不服食，老命反迟延。①

其中提到韩愈、元稹、杜元颖、崔玄亮诸位同朝为官，身居高

---

① （唐）白居易：《思旧》，（清）彭定求等编《全唐诗》卷四五二，北京：中华书局，1960年，第5114页。

位的好友，都是服食丹药而死亡或者重病缠身，只有自己不服药，反而活得久一些。韩愈在为太学博士李君写的墓志铭中曾愤然曰："余不知服食说自何世起，杀人不可计，而世慕尚之益至，此其惑也！"[①]这位李君也是服食药饵的受害者，因外丹之术而死。韩愈自己服食丹药"一病讫不痊"，也对世人多推崇服食丹药而不解。到了唐末便有诗人提出："何用梯媒向外求，长生只合内中修。"[②]

其次，道教的内炼之道也向着性命双修的理论发展。卢国龙在《中国重玄学》中认为："历史地看，内丹道是重玄之道的逻辑下篇。"[③]孙亦平指出："以'道性'作为人们修道的根本依据，而修道又成为一种心性修炼，这就在客观上促进了唐末五代道教的理论重心从宇宙本体论、重玄学向以性命双修为特色的内丹心性学的过渡。"[④]重玄学所完善的心性理论为道教内炼提供了重要的理论基础。外丹术秉着"假外物以自固"的原则，以阴阳二性分万物，顺应自然规则而于炉鼎之中炼制，具有朴素的宇宙观。而内丹学则在气本原的核心思想下，以性、命等形而上概念来阐释个体的存在，以个体生命为小宇宙之炉鼎，内炼性命，在实践上相对外丹来说于身体无害。

这一理论的发展离不开上清派的重要作用。上清派一直以来所重视的内养炼气、存思服气为核心的修炼法门，在唐代为司马承祯、

---

① （唐）韩愈：《太学博士李君墓志铭》，（清）董浩等编《全唐文》卷五四七，第5709页

② （唐）张辞：《谢令学道诗》，（清）彭定求等编《全唐诗》卷八六一，北京：中华书局，1960年，第9727页。

③ 卢国龙：《中国重玄学》，北京：人民中国出版社，1993年，第5页。

④ 孙亦平：《道教文化》，南京：南京大学出版社，2009年，第113页。

吴筠等上清派宗师所延续。他们并不是单纯地继承，在继承的同时也不断地在为内丹修炼理论创造更加哲理化和时代性的内容。吴筠便在内炼形神的基础上提出："是以炼凡至于仙，炼仙至于真，炼真合乎妙，合妙同乎神，神与道合，即道为我身。"①这一炼精化气、炼气化神、炼神合道的修炼理论，是吴筠以心性论为基础对上清派内炼理论的发展。在上清派的理论完善和现实影响力下，道教修炼从外丹术向内丹学逐渐转变，最终在唐末五代后占据了道教修炼的主流。到了五代钟吕学派初兴，对外丹术认定："认坎为铅，而离为汞，如何得抽添？四时浇灌，望长黄芽。一意不散，欲求大药。差年错月，废日乱时。不识五行根蒂，安知三才造化？"②以铅汞外丹为长生之法，将长生之希望寄托在草木时节上，皆是"旁门小法"，不值一提。"炼形止于住世，炼气方可升仙。……胎息以炼气，练气以成神。"③炼形只能止步于俗世，炼气成神方能升仙。这正是唐代道教外丹向内丹学转变的结果。

---

① （唐）吴筠撰：《宗玄先生玄纲论》，《中华道藏》第26册，第67页。

② 《修真十书钟吕传道集》卷十四，《中华道藏》第19册，第816页。

③ 《修真十书钟吕传道集》卷十六，《中华道藏》第19册，第835页。

第二章　理论影响
——上清派对唐王朝政治思想的渗透

经过魏晋六朝道教各个道派的建立和发展，道教经典得到极大地丰富。其中，以上清经系为教旨的道教上清派的发展随着李唐王朝的建立出现了新的机遇。在以王远知为代表的上清高道的努力下，上清派参与到李唐王朝的建立过程中，与政治建立了密切的合作同盟关系。这一关系的双方平衡并不是一成不变的，合作的"天平"会随着双方势力和影响的消长而"晃动"。在理论思想方面，双方都在寻求符合当下自身实力的调整办法，这些调整探索"砝码"都是为了保持双方的"天平"的平衡。上清派对自己修炼理论的探索和自身理论在政治语境下的阐释努力尝试新的探索和调整，李唐政府也在逐渐稳定的唐中前期统治和逐渐失衡的唐后期统治的不同情况下变化着不同的态度。这种调整不仅仅是有所谓的"屈服"和"妥协"，也有坚持和拒绝，"天平"的双方也并非是站在对立面上，而是在相互博弈与权衡中小心翼翼地保持的"平衡"。唐代上清派的各代宗师高道一直在用自己的思维逻辑去探索保持平衡、友好合作却又不失自我坚持的理论，以应对变幻莫测的时局。

第一节　唐代上清派理论概述

一、发展基础：六朝时期上清派的整清

六朝时期是道教上清派发展过程中奠定基础的重要时期。上清派与这一时期其他道派一样，经历了大规模的造经运动，而整个六朝乃至后续唐代的发展，都要从这场造经运动开始。

《上清大洞真经》《黄庭内景经》《真诰》等一系列经典的假托与创作①，不仅初步建立起了上清派系统的世界观，同时也完善了上清派关于内炼精气神的教义理论和修炼方法，并且通过整理，厘清了道教神仙体系的完整建构。《上清大洞真经》系统地阐述了上清派最主要的修炼法门——存思。《黄庭内景经》中认为："至道不烦决存真，泥丸百节皆有神。……六腑五脏神体精，皆在心内运天经，昼夜存之自长生。"②上清派认为，人生命和身体是由五官、五脏六腑、三田八景构成的，这一套相互联系的生命系统，每一部分都有各自主宰的"神"。存思正是通过一定的规则冥思以炼养这些"神"，使

---

① 宇汝松在其《六朝道教上清派研究》中详细研究了六朝上清派所尊崇的《黄庭内景经》《上清大洞真经》和《真诰》三部经典，认为这三部经典集中阐释了上清派合气、存思、宝精等内炼精气神的教义理论及修行法术，具有典型代表意义。陈国符《道藏源流考》（北京：中华书局，1963年）详细考证了《大洞真经》《真诰》等上清诸经的渊源与传授，以及上清派的传承谱系。胡百涛2013年博士论文《六朝道教上清派存思道法研究——以〈上清大洞真经〉为中心》也详细论证了六朝时期上清派经典《上清大洞真经》，以《上清大洞真经》为中心的一系列上清经系构建了一个完整的存思道法的修炼理论体系。

② （宋）张君房辑：《云笈七签》卷十一，《中华道藏》第29册，第102—103页。

之不断强大且和谐归一，以达到养生长命的目的，追寻到终极的"道"。在此生命观的基础上，上清派提出了例如积液成精、房中、吐纳等向内探索的规则。而将自身生命体系与外在永恒之星辰日月相联系的向外探索的规则则在《上清大洞真经》中有所体现。此经将个体生命体系外向延伸，与宇宙产生对应联系，宇宙中人们所能看见和想象的每一"天体"都被赋予了人格化的神灵和相对应的身体部分。例如，上清派存思星斗，将其与人体五脏联系：

表3　上清存思术星斗与五脏、四季对应关系[①]

季节（时间）	方位（空间）	星斗	星斗神灵	人体部位
春	东向	岁星	太岁元神木公九元阳华玄元	肝
夏	南向	荧惑星	南上元神火阳四光重离丹火	心
秋	西向	太白星	西上太玄金精七道玉元二帝	肺
冬	北向	辰星	北玄紫辰金车水元龙胎化灵	肾

时间、空间及宇宙星辰都被纳入了上清派的生命体系之中，东西南北中五方之气、日月、二十四星宿都成为存思术向外探索的对象，成为上清派修炼体系中的重要内容。《真诰》中也有存服日月之法，同时试图"洗白"当时被污秽化的房中修炼术。

与此同时，陶弘景还整理了上清派创立、传承的谱系，祖师传记，高低有秩的神仙体系。《真诰》中对魏存华、许氏兄弟的生平与修道事迹进行了详细的考察和记述。传承对于一个道派来说，是确

---

① 张若雨：《上清派存思术与星斗信仰》，《道教与星斗信仰》（第三辑），香港：青松出版社，2019年，第55页。

立有别于其他道派的相对独立性和自我认同感的重要源头。上清派之所以称之为上清派，而陶弘景以降之茅山宗之所以自我认同为上清派之支派，正是因为陶弘景等上清道徒对于魏、许等上清先师的所授经典，传承体系以及生平故事的认可和重视，并进行整理与记录，然后世——无论是上清道徒、其他道派门人还是道外人士——皆以此为上清一派之宗派特点。在有唐一代，延续着陶弘景之传承，其下徒子徒孙皆以上清派自居，后世修《茅山志》时，甚至还将每代传承中最能代表上清派、最为优秀的上清弟子封为宗师。

以造经运动为表象，当时的道教内部掀起了整清的风潮。在这一风潮之中，上清派抓住机会，将自身的教理教义系统化。系统化的过程同样也是扩大自身精英高道和提高自身理论水平的过程，将道派在各个方面与民间淫祠等混乱现象剥离开来、划清界限①，以便确立自己更纯洁的道教之"正统"。当然，关于"正统"道教的讨论并非此刻重点，更重要且毋庸置疑的是上清派在此番风潮中掌握着主动权，结果也是上清派在当时乃至此后的唐代都成为道教诸多教派中的"主流"。

二、潘师正："援佛入道"

唐代上清派理论得益于重玄学的兴盛，也有了长足的发展。上

---

① 法国学者石泰安（Rolf A.Stein）在《二至一七世纪的道教和民间宗教》中介绍了当时道教与民间信仰之间的关系。李平2010年的博士论文《晚唐五代道教修道变迁研究》中也提道："南方上清系对'帛家道'的压制可算作其代表。从现有的文献中看到的是道教对民间淫祠、俗神以及围绕之而展开的宗教组织与活动的排斥与改造。然而由于所能凭借的文献几乎均出自后世成为'正统'的道教的成员的创作，故其间的意识形态与话语倾向无疑是在刻意引导得出上述的结论。"（第29页）

清派最负盛名并著作颇丰且有幸留存下来的高道，便是司马承祯。司马承祯在修炼理论方面有非常大的建树。吴筠与司马承祯同出于潘师正门下，也是上清派少有的著作繁多的高道。唐代的道教学者"为道教理论的发展做出了各自的贡献，其共同的特点是将道教的神仙信仰与老庄道家哲学更加紧密地结合在一起"①。在此影响下，上清派道士也结合自己道派教理的特点，将重玄学的思维理论引入上清派的修炼理论之中，提高上清派的理论水平。那么司马承祯、吴筠等人则是用老庄道家哲学丰富和提升了上清派修炼的理论水平。②

在司马承祯之前，其师潘师正对于上清派修炼理论已经有了初步的哲学思考。《道门经法相承次序》中记载了唐高宗问潘师正的关于道教修炼和神仙谱系的问题。唐玄宗问道三一法、九宫、六合宫等上清存思术的具体方位，潘师正另外总结了五苦、六根、六尘等概念，这些概念借鉴了佛教之中相应的概念。

何为名六根？一耳根，二眼根，三鼻根，四舌根，五心根，六身根。根者，外未有对，内未有应，宜谓之根。

何为名六尘？眼以贪色为尘，耳以耽声为尘，鼻以香臭为尘，舌以察味为尘，身以细滑为尘，心以贪触为尘。其六根过度即为六尘。浊失其正性，又名六贼。由人方便用之。③

① 刘固盛：《道教老学史》，武汉：华中师范大学出版社，2008年，第98页。
② 张崇富《茅山宗与重玄学》一文认为茅山宗的思想受到重玄学的影响非常大，司马承祯、吴筠、杜光庭等上清高道的理论都吸收了重玄学的思想特点。顾春《唐代道教重玄学对道体的解构和心体的建构》（《宗教学研究》2002年第4期）认为唐代道教重玄学解构了道本体论并重建了心本体论。
③ 《道门经法相承次序》，《中华道藏》第5册，第582页。

相应的，佛教中也有六根和六尘的概念：

> 六根：眼耳鼻舌身意之六官也，根为能生之义，眼根对于色境而生眼识，乃至意根对于法境而生意识，故名为根。[①]

> 六尘（六镜）：色声香味触法之六境也，此六境有眼等六根入身以坌污净心者。故谓之尘。[②]

所谓六根就是眼、耳、鼻、舌、身、心（意），潘师正认为"根者，外未有对，内未有应"，是独立于外物又虚于内的存在；而佛教根是对外物之虚妄境地所相应产生。六尘便是因为六根蒙尘，过度而失去了本质。不论是六根、六尘、五蕴六识、八苦等，都是佛教中的哲学概念，是佛教用自己的思维逻辑对整个宇宙和人体内在进行解构的结果，是佛教所创的世界观体系。潘师正在解释道教教义之时，借鉴了这一解构逻辑，并将其恰当地安置于道教修炼的理论之中。《道德经》中也有云："五色令人目盲，五音令人耳聋，五味令人口爽，驰骋田猎令人心发狂，难得之货令人行妨。"[③]眼之所见，耳之所听，舌之所尝，一切过分妄为都是于修道而言不利的存在。潘师正用这一解构世界的思维，试图构建一个关于"道"与神仙的关系、存思的法门等上清派独特的修炼体系，提出了"三阶十心""十转"等修道理论，作为一个完整的修道法门：

> 尔时，天尊告海空智藏："汝等当知，十方大圣，初进道三阶十转，次第阶梯。汝今审听十转，以前三阶进趣。何等为三阶？以前不同，一者信阶，二者行阶，三者回向阶。信膈之中，

---

① 丁福保编：《佛学大辞典》，北京：中国书店，2011年，第648页。
② 丁福保编：《佛学大辞典》，北京：中国书店，2011年，第657页。
③ 陈鼓应注：《老子今注今译》，北京：商务印书馆，2003年，第118页。

有十心。何等为十？一者信心，二进心，三念心，四慧心，五定心，六戒心，七回向心，八护法心，九舍法心，十愿心。

行阶之中有十行，信、进、念、慧、定、戒、回向、护法、舍法、愿心等是十行。回向阶中有十回向：信心，进心，念心，慧心，定心，戒心，回向心，护法心，舍法心，愿心等是十回向，三阶发心。

进趣入道方便，依凭胜心，进入十转，与已前十转全别。一者证实转，二离障转，三光明对治转，四智火烧然转，五权魔胜转，六现前显德转，七远行光惠转，八相无相不动转，九定慧相应转，十法地究竟转。[①]

修道之行分为三阶，分别为信阶、行阶、回向阶，其中每一阶都有十心，乃修道者内心所本有，需要通过修炼，排除外界杂念，虚静内心才能得到。有了"十心"便可进入"十转"，即逐渐达到的十个境界，悟得道性的真实妙理，得到清净而远离尘世之烦恼，自得善法而修习，自觉而渡人，使"法身具足，众德圆满，毕竟自在"[②]，是最高之境界。这一体系的思维极具朴素的佛教修行理论的影子，开始强调心性论；语言风格也具有一定的佛语色彩，如"进趣""方便""离障"等，皆是佛教中经常使用的词语。

同时，他也没有脱离道教本身的理论经典。道教所讲"清静无为""见素抱朴"本就是其最为朴素基本的修炼理论。潘师正认为《道德真经》应该得到更高的重视和更深的理解，"其老子《道德经》，乃是大乘部摄正，当三辅之经，未入三洞之教。今人学多浮浅，唯

---

① 《道门经法相承次序》，《中华道藏》第5册，第599—560页。
② 《道门经法相承次序》，《中华道藏》第5册，第600页。

诵道德，不识真经。"①上清派要想在修炼理论上有所突破，必须要重视道教初始时的这些经典，对《道德经》等道教早期经典的研究有利于上清派修炼理论的发展。

三、司马承祯："坐忘合道"

承袭潘师正的这一道派理论发展思路，司马承祯对上清派的修炼理论体系做出了新的诠释和阐发。如前文所述，上清派修炼的核心思想是存思理论，而存思理论初始，主要是向外部世界探索，将身体的各个实际存在的或者想象中存在的部位与世间的日月星辰相联系。司马承祯在存思理论的基础上，更加关注老庄哲学所带来的思辨内涵，提出了一套以元气本体论为基础，养气存形、坐忘合道的修炼体系②，具体提出了"五渐门""七阶次"的修炼方法。

---

① 《道门经法相承次序》，《中华道藏》第5册，第581页。
② 卢国龙在《论司马承祯的道教思想》（《中国道教》1988年第3期，第26—33页）一文中提出，司马承祯的道教思想可归结为"养生"二字，养生之法包括养气存形和坐忘合道两种，是建立在元气本原论的宇宙观基础上。李大华等人的《隋唐道家与道教》（广州：广东人民出版社，2003年）中第五章论述了司马承祯在其不同的人生阶段不同的形神兼修的修道理论，第七章论述了吴筠的道治论和神仙可学论，第十章论述了杜光庭的重玄哲学思想。张敬梅《司马承祯——从服气炼形到坐忘虚心》（北京：华文出版社，2008年）以有关司马承祯的生平和著述的相关考证作为研究起点，梳理司马承祯道教思想的主要来源、核心思想以及其对内丹学理论发展的影响。卿希泰《司马承祯的生平及其修道思想》（《宗教学研究》2003年第1期）论述了司马承祯守静去欲的长生成仙修炼方法。汤其领的文章《司马承祯的修道思想》[《河南科技大学学报（社会科学版）》2007年第1期]中认为司马承祯在继承茅山上清派服气养神内炼传统理论的基础上，吸收了佛教禅定学说和儒家正心诚意的思想，提出了以坐忘炼神，以"五时""七候"炼形的修道成仙理论，这一理论既丰富发展了上清派的修炼理论，又为晚唐两宋的内丹学产生奠定了基础。

司马承祯认为，"道本虚无"①，是一种"灵而有性，虚而无象，随迎不测，影响莫求"②的状态。道的虚无不可测却又有灵性，是老子所言的"恍兮惚兮"而"其精其真"的特性。道产生了元气，元气是万物的本源。

> 夫气者，道之几微也。几而动之，微而用之，乃生一焉，故混元全乎太易。

> 夫一者，道之冲凝也。冲而化之，凝而造之，乃生二焉。故天地分乎太极。是以形体立焉，万物与之同禀；精神着焉，万物与之齐受。③

气是道之用，产生"一"，气之聚散而造化万物，包括外在形体和内在精神，都是由气之冲凝而形成的。

司马承祯认为，人亦如是，"夫气者，胎之元也，形之本也"④。人之本源、形体都是由气而产生，"夫万物，未有有气而无形者，未有有形而无气者"⑤。气和形相应而生，相辅相成。所以"神仙之道，以长生为本。长生之要，以养气为先"⑥。在气本原论的基础上，司马承祯提出了养气以存形的修炼方法。人身体诞生之时，身体的元气逐渐消散，随着尘世的生活而形体本质逐渐被外物所蒙蔽侵蚀。"是故须纳气以凝精，保气以炼形，精满而神全，形休而命延，元本既

---

① （唐）司马承祯撰：《天地宫府图并序》，《司马承祯集》，北京：社会科学文献出版社，2013年，第44页。
② （唐）司马承祯撰：《坐忘论》，《司马承祯集》，第145页。
③ （唐）司马承祯撰：《服气精义论》，《司马承祯集》，第64—65页。
④ （唐）司马承祯撰：《服气精义论》，《司马承祯集》，第69页。
⑤ （唐）司马承祯撰：《服气精义论》，《司马承祯集》，第69页。
⑥ （唐）司马承祯撰：《天隐子》，《司马承祯集》，第329页。

实，可以固存耳。"①修炼摄生之术需要纳气凝精、保气炼形，不断地通过吸收本元之气而保持精神的饱满和身体的不衰，从而达到长生成仙的修道终极目的。

司马承祯在上清修道理论上更重要的创新之处在于他对修炼法门的心性论层面的探索，全然贯彻了老庄清静无为、顺其自然的哲学思想。陶弘景云"教人修道即修心也"。司马承祯在《太上升玄消灾护命妙经并序》中曰：

太上本来真，虚无中有神。若能心解悟，身外更无身。②

虚无含有象，有象复归无，心若分明了，知权呼有无。③

道本虚无，万物也是虚无与有象的辩证统一，只有分辨表象与虚无才能悟道，司马承祯强调了"心"对于修炼悟道的重要性。心之虚静才能得道之大乘。针对修心，司马承祯提出了坐忘合道的修炼方法。《庄子·大宗师》云："堕肢体，黜聪明，离形去知，同于大通，此谓坐忘。"④去除外在诚实的欲望和巧智，忘却生理上的欲望和外在的智巧，便可通大道，即是坐忘。司马承祯对庄子所谓坐忘做了进一步的探索和解释。提出坐忘具体的法门，即敬信、断缘、收心、简事、真观、泰定、得道之"七阶次"。从纷繁的外俗世界脱离出来，远离尘世，心中对外界的探知和欲望渐弱，对神仙之事也顺其自然而不执着迷恋。跳出尘世而观世界，便能得到"离境之心"

---

① （唐）司马承祯撰：《服气精义论》，《司马承祯集》，第69页。

② （唐）司马承祯撰：《太上升玄消灾护命妙经并序》，《司马承祯集》，第12页。

③ （唐）司马承祯撰：《太上升玄消灾护命妙经并序》，《司马承祯集》，第15页。

④ 陈鼓应注：《庄子今注今译》，北京：商务印书馆，2007年，第240页。

而"了见是非",从而心方能虚静至极,最后"凝神宝气,学道无心。神与道合,谓之得道"[①]。司马承祯的修炼理论充分发挥了老庄学中精神与修道的思辨,并将这一思辨完美地适用到了以存思为基本修炼法门的上清派修炼思想之中。

至此,司马承祯将修道即修心之理论完善成一套具体的修炼体系,给予了存思、导引等术法层面上的清修炼方法更加具有思辨性的哲学理论基础。同时,这种较高水平的哲学理论也更加容易获得唐代士大夫的认可和赏识,使上清派在统治阶层中更加如鱼得水。

四、吴筠:"心静气动"

吴筠的年代大约稍晚于司马承祯,经历了玄宗、肃宗、代宗朝。他善于著述,留下了大量的道教作品。在他的作品中,鲜明地表达了他对于修道求仙的看法。[②]

首先,吴筠也认可道本原论,认为道是虚无的。"道者何也?虚无之系,造化之根,神明之本,天地之源。"[③]道的性质是虚无,是天地万物之源泉。同时他也认为:"生天地人物之形者,元气也。授天地人物之灵者,神明也。"[④]元气产生万物的形体,而神明授予万物之

---

① (唐)司马承祯撰:《坐忘论》,《司马承祯集》,第146页。

② 关于吴筠的研究主要有,詹石窗的《吴筠师承考》(《中国道教》1994年第1期)考证了吴筠师承潘师正的上清派系,同时也接受了"正一之法"的授经。尹志华的《吴筠的生命哲学思想初探》(《宗教学研究》1996年第2期)认为吴筠的生命哲学围绕长生成仙,主张唯有修炼自身精气神而成仙的理论对内丹学发展具有重要意义。李静《论唐代道士吴筠》(华中师范大学2013年硕士论文)详细介绍了吴筠道论、人性论等哲学思想和特点。

③ (唐)吴筠撰:《宗玄先生玄纲论》,《中华道藏》第26册,第59页。

④ (唐)吴筠撰:《宗玄先生玄纲论》,《中华道藏》第26册,第60页。

精神。所以他提出了"心静气动"的修炼法门。

> 然则夫道与神，无为而气自化，无虑而物自成，入于品汇之中，出乎生死之表。故君子黜嗜欲，惰聪明，视无色，听无声，恬淡纯粹，体和神清，虚夷忘身，乃合至精。①

道之无为清静才会生养万物，故而修道者也要去除欲望，坚守内心的纯粹，身体和精神和谐清明，才能"合至精"而达到至道。所以吴筠曰："故心不宁则无以同乎道，气不运则无以存乎形，形存道同，天地之德也。"②内心的宁静，元气运行通畅，才能保证身体的长视久生。

同时，吴筠还对修道者的资质提出了要求。他认为神仙可学，个体的资质却有不同。

> 故禀阳灵生者为睿哲，资阴魅育者为顽凶。睿哲惠和，阳好生也；顽凶悖戾，阴好杀也。或善或否，二气均合而生中人。三者各有所禀，而教安施乎。教之所施，为中人尔。何者？睿哲不教而自知，顽凶虽教而不移，此皆受阴阳之纯气者也。③

人的修道资质有三种类型：两个极端分别是睿哲和顽凶，睿哲不用教其修炼之法，自然便知晓如何心静气动，感知大道之存在；顽凶则是不可教者，他们没有灵气去体悟修道法门；而第三种则是处于睿哲和顽凶之间的"中人"，这类人便是需要道教去教导修炼的对象。之所以会有三种不同类型的修道资质的产生，正是因为元气之清浊动静不同而生出阴阳，阴阳相分而有不同的资质。

吴筠不仅在上清派修炼理论的基础上重新解释了道本原、道生

---

① （唐）吴筠撰：《宗玄先生玄纲论》，《中华道藏》第26册，第60页。
② （唐）吴筠撰：《宗玄先生玄纲论》，《中华道藏》第26册，第61页。
③ （唐）吴筠撰：《宗玄先生玄纲论》，《中华道藏》第26册，第60页。

气等理论，并通过对修道者资质的定义，肯定了成仙之道的可实现性，同时也肯定了人的主观能动性。这是上清派对于修炼理论上的新探索。

第二节　唐代政治语境下的上清派理论

唐代上清派道士如司马承祯、吴筠等对于修炼理论的探索和创新在道教修炼理论的发展史上有重要的地位。同时，在修炼理论体系的创新和完善过程中，他们也没有与政治断绝联系。在现实中他们同样会积极与唐帝王保持道学和道术上的交流与联系。这些实践上的密切联系需要建立共同的话语体系来维系，在一些问题上达成共识。对于统治者和道教徒来说同样重要的，是"君权"和"道"的自洽。如果说李唐王朝和上清派分别是"天平"的两端，那么李唐王朝统治所需要的"君权"至上和道教徒所信仰的道本原就是使"天平"摇晃的根本因素。为此，无论是上清派的高道还是李唐王朝统治者都曾做出了一些尝试，探索试图通过对"尊君"和"崇道"在"尊道"理论上的自洽，从另一个角度来看，也是道教世俗化探索了一些新的尝试。①从潘师正、吴筠、杜光庭、唐玄宗等人对于上

---

① 周德全《道教与封建王权政治交流研究》（北京：人民出版社，2015年，第50页）认为从王远知到潘师正的"上层路线"，再到吴筠倡导"天地道德帝王一也"、杜光庭的"玄统说"，唐朝的政道关系超越宗法关系，达到了政治、文化、信仰的高度认同，王权尊道与道教尊王成为政道交流的基础。唐朝道教成为帝王意识形态和朝廷官僚制度的重要构成，道教正式成为中国传统政治和文化的正统。马良怀《唐代〈老〉学对内在权威的建构》［《华中师范大学学报（哲学社会科学版）》1996年第6期］认为唐代开始利用《老子》的理论来指导修身、治心，进行内在权威的构建，即用伦理道德约束人们的行为。

清派道教理论的政治阐释也可看出唐代道教与政治在理论上的天平博弈。

一、初步尝试：潘师正对上清理论与政治的调和

潘师正，赵州赞皇人也。隋代大业年间入道，跟随王远知学习道术。王远知非常看重他，"尽以道门隐诀及符箓授之"[①]。潘师正一生修道清静寡欲。在嵩山逍遥谷隐居了二十多年，每日"松树清泉"相对，不觉简陋，深得高宗、武则天等位高权重者的推崇。唐代诗人陈子昂为其作文颂曰：

> 圣人以万机为贵，而我以天下为累；圣人以大宝为尊，而我以天下为烦，是以冥居于峻崿，寄遗迹于轩辕。[②]

正表达了上清派清静无为的思想主张。潘师正的著作流传不多，但他的思想很多都被记载在《道门经法相承次序》中。这本道经中，我们通过唐高宗与潘师正的问答可以了解潘师正的政治态度和对上清派与政治关系的思考。

首先，从神仙体系的解释入手，阐释君权和最高信仰的可兼容性。潘师正依然认为道为本原，是由无到有、由一到万物的产生过程。同时，道之体乃三气也：

> 其三气者，玄、元、始三气是也。始气青，在清微天；元气白，在禹余天；玄气黄，在大赤天。故云玄元始三气也。又从玄元始变生阴阳和，又从阴阳和变生天地人。[③]

---

① （五代）刘昫等撰：《旧唐书》卷一九二，第5126页。

② （唐）陈子昂：《续唐故中岳体元先生潘尊师碑颂》，（清）董浩等编《全唐文》卷二一五，第2177页。

③ 《道门经法相承次序》，《中华道藏》第5册，第580页。

玄、元、始三气乃同一本质的不同表现，自此三气中产生阴阳，继而产生天、地、人。在《道门经法相承次序》中，潘师正向唐高宗解释了道教的一套完整的世界观，即三界—四天—三清—大罗天由低到高的层层世界，而元始天尊便是"道"之化身，是统天下所有的最高神。随后潘师正又借鉴了佛教的说法补充道：

> 天尊有法身、本身、道身、真身、迹身、应身、分身、化身。……法身天尊者，谨按《升玄经》曰："吾以三气周环八极，或号元始，或号老君，或号太上，或为帝师，或为玄宗，出幽入冥，待应无方，随人所好，为作法身。"①

元始天尊有多重身，其中法身便是变幻各种称号和形象，包括人间的帝王和李唐王朝认定的祖先太上老君，都是道教所尊崇的最高神，是同一体。这就在一定程度上解释了道教最高神信仰和君权至上之间的关系。对于道教徒也好、君王也好、百姓也好，不需要去面对"君""道"二者择一的选择，上清派不希望面对、李唐王朝也不允许有的选择。将两种信仰阐释成本质相同的唯一信仰。

其次，潘师正在修炼理论上，提高君王的地位。唐高宗问三一法，即上清派存思术中的存三守一之法。在人体经络之运行中，分别有上、中、下三丹田，每处丹田有一神仙真人护卫。修炼者存思三丹田，抱朴守一，以合于道。潘师正将其对于"一"的诠释，充分放置于政治语境之下：

> 真人曰："子能守一万事毕。一者，身之帝君也。守帝则帝在，帝在则三万六千神皆莫敢不在也。思之可以却百鬼众精，五兵水火，众灾五毒，虎狼蛇蝗，蛟龙魍魉，山精鬼魅，不得

---

① 《道门经法相承次序》，《中华道藏》第5册，第588页。

近人耳。"①

他主张，守住"一"便可存思万物。"一"即是身体的主宰，类比于人间之帝王。天地万物皆以帝王为主宰，帝王在则天下皆在。隐喻着唐帝王、李唐王朝对于天下百姓的重要性。这种充满政治色彩的解释，是潘师正在面对唐高宗时，刻意为之的，自觉将上清派修炼的理论放入政治语境下，以期宽慰李唐王朝对于上清派"忠诚"和"尊君"的疑虑。

从伦理治国的角度入手，将儒家伦理援入道教理论。毋庸置疑，即使唐代极度推崇道教，唐帝王信仰道教，但是唐朝的基本治国思想还是以儒家为核心，儒家伦理依然是社会公序良俗之基础。各代唐帝王都不会违背基本的儒家伦理而治国。高宗时也不例外：

> （龙朔二年六月）乙丑，初令道士、女冠、僧、尼等，并尽礼致拜其父母。②

龙朔二年（662年）高宗喜得皇子李旭轮（即后来的唐睿宗李旦），体会了为人父的喜悦，便下令不论是道教还是佛教，都不能因为已经踏破红尘而枉顾伦理伦常，需要礼敬父母。事实上，《旧唐书》潘师正传记中记载，潘师正"少丧母，庐于墓侧，以至孝闻"③。潘师正在入道之前丧母，便住在墓前为母亲守孝，本就是众所周知的孝子，他的思想也是饱受儒家伦理思想熏陶的。正是在这种政治背景和个人受教育的情况下，潘师正在向高宗解释道教世界观中的一组组概念时，主张人间有"六行"，即六种行为，包括孝、慈、爱、

---

① 《道门经法相承次序》，《中华道藏》第5册，第583页。
② （五代）刘昫等撰：《旧唐书》卷四，第83页。
③ （五代）刘昫等撰：《旧唐书》卷一九二，第5126页。

贞、忠、谦。其中慈、爱、谦乃道教本有之概念，正如老子云："我有三宝，持而保之：一曰慈，二曰俭，三曰不敢为天下先。"①而孝、贞、忠，孝是孝敬父母长辈，贞是忠于信仰和原则，忠是忠于君王和国家。三者皆为儒家伦理中的概念，却被潘师正所认可并自觉的融入了上清派的理论中去。

正是潘师正通过从修炼理论、神仙体系和援入儒家伦理三个方面入手，初步阐释和调和了道教之"尊道"与李唐王朝所需要的"尊君"之间的关系，为上清派与政治的合作"天平"放上使之平稳的"砝码"。但是潘师正的阐释并没有真正深入到上清派思想理论的深处，还局限在"术"和帝王本身的层面，为后来的"砝码"探索提供基本的理论方向。

二、联系建立：吴筠从个人修炼到国家治理的理论探索

高宗后，唐帝国经历了武周篡权和外戚、太平公主等乱政。一方面，李唐王朝自顾不暇，相对来说，上清派与政治的合作关系问题显得微不足道；另一方面，武则天掌权之后，对于道教的扶持相对渐弱，佛教势力成长，道教的发展进入相对低调的时期。上清派在政治语境中的理论探索也显得不那么急迫。直到唐玄宗继位，为了巩固李唐王朝的政治统治，大力整顿朝政，休养生息，减少了佛寺道观的建造，同时又制定《开元礼》，从官方祭祀的层面匡正李唐统治，再次强调李唐政治的合法性。唐玄宗甚至亲自注解《道德真经》，这一点将在本章第三节详细论述。在这个时候，李唐王朝再次需要道教来神圣化其合法的执政地位，故而对道教的扶持力度再

---

① 陈鼓应注：《老子今注今译》，第310页。

次加大。包括前文所提到的"追尊玄元皇帝为大圣祖玄元皇帝"和"亲祀玄元庙以册尊号，制追尊圣祖玄元皇帝"①，从官方祭祀上提高太上老君的"宗法"地位；设置崇玄学博士，以《老子》《庄子》《文子》《列子》为道举经典，从文化教育方面提高道教的地位。道教的政治地位再次得到官方认可，上清派与政治的关系必须要更进一步地探索和提升。

吴筠正是玄宗时开始崭露头角的上清派高道。他曾是儒生，善作诗文而得到赏识，后来入道拜入潘师正门下。吴筠年少学儒和后来入道的双重学识背景，使得他在阐释上清派道教理论和以儒家思想为核心的王权政治关系的时候，可以更好的兼顾双方立场，在"天平"的中间调整着"砝码"的位置。

吴筠认为："夫道者，无为之理体，玄妙之本宗，自然之母，虚无之祖。"②道本虚无，是性质自然、玄妙，尚无为。而道生气而分阴阳，阴阳之气动静运转而生万物。国家的治理和时运的好坏都是根据阴阳变化而来。他主张："道德、天地、帝王一也。"他在《玄纲论·化时俗章》中云：

> 道德者，天地之祖；天地者，万物之父；帝王者，三才之主。然则道德、天地、帝王，一也。而有今古浇淳之异。尧桀治乱之殊者，何也？夫道德无兴衰，人伦有否泰，古今无变易，性情有推移。故运将泰也，则至阳真精降而为主，贤良辅而奸邪伏矣；时将否也，则太阴纯精升而为君，奸邪弥而贤良隐矣。

---

① （五代）刘昫等撰：《旧唐书》卷九，第216页。
② （唐）吴筠撰：《守道》，（清）董浩等编《全唐文》卷九二六，第9653页。

天地之道，阴阳之数，故有治乱之殊也。所以古淳而今浇者，
亦犹人幼愚而长慧也。婴儿未孩，则上古之含纯粹也；渐有所
辨，则中古之尚仁义也；成童可学，则下古之崇礼智也；壮齿
多欲，则季世之竞浮伪也。变化之理，时俗之宜，故有浇淳之
异也。核其所以，源其所由。子以习学而性移，人以随时而朴
散。①

吴筠将帝王与天地、道德并与一个层次，都是主宰。自古君王
之道德之所以有差别，社会的发展之所以有兴衰之分，皆是因为阴
阳精气之分。至阳之精气降临主宰则时运好转，君王也有贤良之臣
辅佐，可治太平盛世；而太阴精气压到阳气时，则奸邪当道，时运
不济。国家的治理和个人的成长是一样的，幼儿时纯粹未染，稍长
则可以辨别仁义，儿童时可以学习礼仪智慧，到了少年长成便因外
界的欲望过多而浮躁虚伪。国家也有随着世俗礼教的纷扰和时间的
推移而逐渐从纯粹到浮躁的过程。故而吴筠认为要想国家长治久安、
千秋万代，便需要去欲去伪，回归到如人幼儿时的纯粹。这就将上
清派的气本原论与治国之道融合在一起，用修炼理念和过程来比喻
返璞归真的治国理念。

其次，吴筠还认为，治国需要道德教化。或者说治理国家想要
影响子民，必须建立一个朴素的、良好的环境，潜移默化的影响。
让百姓在良好的公序良俗中不需要过分的欲望和诉求。

父不可不教于子，君不可不治于人；教子在乎义方，治人
在乎道德。义方失则师友不可训，道德丧则礼乐不可理。虽加
以刑罚，益以鞭楚，难制于奸臣贼子矣！是以示童蒙以无诳，

---

① （唐）吴筠撰：《宗玄先生玄纲论》，《中华道藏》第26册，第61页。

则保于忠信；化时俗而以纯素，则安于天和。故非执道德以抚
人者，未闻其至理者也！①

他认为，君和父确实承担着教化治理之责任，教化治理百姓仁
义道德之伦理。如果仁义道德丧失了，即使是用刑罚来鞭策惩罚，
也难以穷尽奸邪之辈。所以在儿童时期就需要开始教化，社会需要
逐渐形成纯良朴素的风俗和社会环境，国家在治理的时候就需要建
立并保持着一个纯粹的状态。正如《心目论》中所言："故君人者制
理于未乱，存道者克念于未散，安有四海分崩而后伐叛，五情播越
而能贞观者乎？"②君王治国要在问题还没有产生之前，修道者克制
自己的欲望也要在抱朴守一之时。这样就不会有国家分裂和战乱，
李唐王朝也不会衰落。如此修道，个体才能长生久视；如此治国，
国家才能长治久安。

吴筠不仅在理论上提出了十分具体的治国之道，同时，面对极
力想要神化太上老君地位的李唐王朝，吴筠也表示认可。《旧唐书》
记载："帝问以道法，对曰：'道法之精，无如《五千言》，其诸枝词
蔓说，徒费纸札耳。'"③肯定了老子《道德经》在道经中的地位，也
从这一侧面肯定了老君的神仙地位。同时吴筠还认为帝王不应该过
分的关注和留意求仙长生之"道术"层面的修炼方法，而是应该理
解修炼理念中深层的"至道"之理和治国之智慧。

相较之潘师正的尝试性阐释，吴筠对于修道和治国的理论阐释
更加深入，将二者联系得更加紧密且在理论的高度上给予了更加合

---

① （唐）吴筠撰：《宗玄先生玄纲论》，《中华道藏》第26册，第61页。
② （唐）吴筠撰：《心目论》，《中华道藏》第26册，第69页。
③ （五代）刘昫等撰：《旧唐书》卷一九二，第5129页。

理的展开。在上清派和李唐政权之间，建立起了从修炼到治国、从个人到国家、从理身到理国的完整联结，巩固了上清派与政治之间的合作与同盟。

三、彻底认同：杜光庭对"理身理国"理论的集大成

杜光庭，字宾圣，号东瀛子，京兆杜陵人。唐懿宗时因为应试不中而入道，师从天台山应夷节。应夷节精通正一法箓和上清经法，是司马承祯的三传弟子。杜光庭于天台山司马承祯一脉承袭而来，并在天台山道元院博览群经，收集整理了大量的上清天台山道书。[①] 上清经法作为当时所认可的最高道品的经法，与统治阶层的关系密切；其中天台山所传上清经法以司马承祯为先师。"天台山道教具有重视道教理论建设，重视炼气养生之道，重视经箓传授，重视符箓招神驱鬼之术等特点，这些特点所表现出的圆融精神、开放精神和进取精神从不同的方面对杜光庭的道教思想和实践产生了重要的影响。"[②] 这些上清经法的特点影响了杜光庭的道教理论探索之路。

乾符年间，各地起义频发，唐王朝的江山风雨飘摇。杜光庭随着

---

① 孙亦平《杜光庭评传》中关于杜光庭的生平事迹和著作有详细的介绍。她认为，杜光庭在天台山的隐居时间里，因天台山道元院藏经殿所藏道书非常丰富，使杜光庭饱览众经，为后来编纂《道藏》等各类道经辑典奠定了扎实的基础。王瑛《杜光庭事迹考辨》（《宗教学研究》1992年Z1期）也详细考证了杜光庭的生平和入蜀的时间与事迹。砂山稔博士论文《隋唐道教思想史研究》（东京：平河出版社，1990年）第十一章《杜光庭的思想在道德、古今、寰宇之中》论述了杜光庭理身理国的道教思想和道统意识。坂内荣夫《〈道德真经广圣义〉中所见的儒道一致思想》（［日］吉川忠夫编：《唐代的道教》，京都：朋友书店，2000年）认为吴筠的儒道调和理论和杜光庭的儒道一致等思想在中国思想史上具有重要位置，为后来的三教一致思想的形成奠定了基础。

② 孙亦平：《杜光庭评传》，南京：南京大学出版社，2005年，第72页。

唐僖宗入蜀，希望通过道教在谶纬、修道求仙方面的影响力来挽救唐王朝的颓势。上清派一直以来信奉最高神元始天尊，自潘师正之后，都试图将最高神元始天尊与李唐先祖太上老君联系起来，以表示"尊君"与"尊道"的一致性。唐玄宗注《道德经》，推崇李唐所奉圣祖太上老君，杜光庭所作《道德真经广圣义》也随之跳过了元始天尊，直接将太上老君作为道的化身，即宇宙万物产生的本源。

> 起无始者，所言老君也。老君生于无始，起于无因，为万道之先，元气之祖也。……大道之身，即老君也。万化之父母，自然之极尊也。
>
> 大道元气，造化自然，强为之容，即老君也。
>
> 老君乃天地之根本，万物莫不由之而生成。
>
> 太上老君乃阴阳之主首，万神之帝君，元气之父母，天地之本根，先王之师匠，品物之魂魄。[1]

在杜光庭的理论中，老君成为了万物之始，元气之祖，生于元气、天地之前。通过这一体系，李氏祖先老君已经成为了道教世界观中的大道化身、万物之主，而李唐王朝正是这造物主的后人，老君在神仙谱系中的地位得到了空前的提高，其"神化"程度空前，随之提高的当然还有老君的"宗法"地位。从杜光庭的这一理论可以看出，在当时，统治阶层对李唐王朝的衰败有了强烈的意识，这种过于"明目张胆"的抬高地位，甚至作为道教宗师不惜"推翻"先师祖所代代坚持崇奉的最高神的行为，何尝不是李唐王朝对于权力丧失的心虚表现呢？

---

[1] （唐）杜光庭撰：《道德真经广圣义》卷二，《中华道藏》第9册，第567—568页。

　　另一方面，杜光庭还强调人的重要性。吴筠曾提出"神仙可学论"，就是肯定了人在修道成仙一事上的主观能动性。而杜光庭则进一步提出人在天地之间的作用举足轻重。他认为："人者，三才之中最灵之智，用天法地，无所不能，亦自妙本分气而生。"①人在天地大道中，由气而生成，可凌驾于天地之上，无所不能。而君王是人主，更应是这天地与人间的主宰。可见，杜光庭在道教神仙方面，将李唐王朝的先祖太上老君塑造成了天上大道之境的绝对主宰，又在现实世界中论证了人间君王对天地人间的主宰权。两者相结合，构建了一个完整的宗教上和政治上相连的李唐王朝统治合法性的理论链条。

　　同时，杜光庭还详细论述了从人间主宰到三清之境至高神的修炼和治国的理论法则，这也正应和了唐玄宗在《御注道德真经》中提出的"理身理国"的想法。杜光庭认为，不论是个体之修炼与国家的治理，法门都是相通的。首先是"道德"，道德是无形的，《纪道德赋》云：

　　　　道德清虚元默，生帝先为圣则，听之不闻，搏之不得。至德本无为，人中多自惑，在洗心而息虑，亦知白而守黑。百姓日用而不知，上士勤行而必克，既鼓铸于乾坤品物，信充牣于东西南北。②

　　道德是先验的、绝对的、独立的存在，性无为，自在人们的心中。凡人所不见的道德"于天地也有逾绳墨"，在天地之上，与至道

----

① 　（唐）杜光庭撰：《道德真经广圣义》卷十九，《中华道藏》第9册，第658页。
② 　（唐）杜光庭：《纪道德赋》，（清）董浩等编《全唐文》卷九二九，第9679页。

相应。所以杜光庭曰："吾所以思去奢灭欲，保道德为规箴。"①以道德为修道的准则，清静寡欲。其次，继承和发挥了上清派修炼理论，认为修道即修心：

> 理身之道，先理其心。心之理也，必在乎道。得道则心理，失道则心乱。心理则谦让，心乱则交争。②

炼形养神，修长生之法，需要先修心。心达到道之境界，身体自然长生。强调修道中"心"的重要性，"道果所极，皆起于炼心"③，炼心之去欲去烦，以无为而自化。由修心理身拓展开去，为君者治国亦如是：

> 修道之法则有万殊，其致道者在于守一尔。守一不失者，理身则得道，理国则无为。无为化物，物自宁泰。故圣人抱一为天下法矣。理身不欲多其事，修道不欲多其门。④

修道在术法层面有着千万种，但最终能达到至道之境界的都在于修心守一，治国之道也需要守一，即保持或回归原本纯粹的模样，以朴素无为的姿态让万物顺自然而生长，百姓顺天地自有的道德而生活。理身理国的具体术法再多，万宗归一不过是抱朴守一而已。他的《纪道德》中云：

> 以心体之者为四海之主，

---

① （唐）杜光庭：《纪道德赋》，（清）董浩等编《全唐文》卷九二九，第9679页。
② （唐）杜光庭撰：《道德真经广圣义》卷十九，《中华道藏》第9册，第660页。
③ （唐）杜光庭撰：《道德真经广圣义》卷四十九，《中华道藏》第9册，第828页。
④ （唐）杜光庭撰：《道德真经广圣义》卷十九，《中华道藏》第9册，第661页。

以身弯之者为万夫之特。

……

故可以越圆清方浊兮不始不终，

何止乎居九流五常兮理家理国。

岂不闻乎天地于道德也无以清宁，

岂不闻乎道德于天地也有逾绳墨。①

这首诗非常明确地表达了其"理身理国"的思想主张，以修心之道可以为世间万物之主宰，修道之法不仅可以使身体长生不灭，亦可以于家国长治久安，道德对于天地来说就是绝对的准则。这首诗很好的总结了杜光庭以理身之法寓治国之道的重要思想，也是上清派在唐代适应政治需要的最终总结。

第三节　个案分析：唐玄宗《道德真经》注及疏与上清派的呼应

在上清派与政治的关系中，理论方面的建设和探索一直没有停止过。如果说前文所述潘师正、司马承祯、吴筠、杜光庭的理论都是在为双方的关系增加分量，那么在李唐王朝方面，理论探索的代表便是唐玄宗的《御注道德真经》四卷和《御制道德真经

① （唐）杜光庭：《纪道德》，（清）彭定求等编《全唐诗》卷八五四，第9668页。

疏》十卷。[①]

一、唐玄宗注疏《道德真经》的历史背景

自唐王朝建立以来，统治者对于道教的扶持和推崇几乎没有中断过。尤其在潘师正、司马承祯、李含光这几代上清派宗师与统治阶层的交往十分密切。唐高宗对潘师正礼遇有加，睿宗时期更是屡屡诏司马承祯问道讲经，为其于天台山营建宫观。对于李唐王朝来说，道教为其神化太上老君之形象，而奉太上老君为先祖是其统治合法性的重要来源。而在武周时，武则天为了巩固武周统治，对于道教太上老君在政治中的宗法形象极力淡化，甚至扶持佛教来制衡道教。颁布"令释教在道法之上，僧尼处道士女冠之前"[②]的政令，试图颠覆之前道教在佛教之上的状态，从而淡化李唐统治的影响。虽然对道教依然有推崇，但这种推崇是政治制衡的决策，于扶持和信仰的李唐帝王相比，这种关系不够稳定和长久。武周统治短暂而尚未稳定，李唐皇室也在蠢蠢欲动，彼时的上清派在这样混乱的朝局中明哲保身，低调隐居。上清派与李唐王朝的合作关系也因此暂时蛰伏。睿宗复位后，李唐王朝亟待在政治舆论上拨乱反正，将太上老君的宗法地位重新提升上来，上清派与李唐王朝的关系也需要

---

① 熊铁基先生等人著《中国老学史》中论述了唐玄宗"理身理国"的老学思想。周德全《唐玄宗、宋徽宗、明太祖与清世祖御注〈道德经〉及其"政道"观研究》[《四川大学学报（哲学社会科学版）》2010年第1期，第62—67页]、卢璐《试论唐玄宗〈道德真经〉注疏中的帝王理身与无为理国思想》（《山东青年政报》2014年第2期，第145—149页）、黄俊《唐玄宗道家思想研究》（华中师范大学，2011年）、程卫平《唐玄宗老学思想研究》（西藏民族学院，2010年）对于唐玄宗注解《道德真经》的思想都有详细的论述。

② （五代）刘昫等撰：《旧唐书》卷六，第121页。

升温。景云二年（711 年），睿宗令司马承祯之兄司马承祎亲自前往邀请司马承祯入朝，并且为司马承祯修建天台山桐柏观，供其修炼。

从整体的社会背景来看，唐玄宗刚继位，便任用姚崇为宰相，整顿朝政，恢复李唐统治。从姚崇提出的著名的《十事要说》略可窥见当时唐朝统治的诸多问题：

> 垂拱以来，以峻法绳下，臣愿政先仁恕，可乎？朝廷覆师青海，未有牵复之悔，臣愿不幸边功，可乎？比来壬佞，冒触宪纲，皆得以宠自解，臣愿法行自近，可乎？后氏临朝喉舌之任，出阉人之口，臣愿宦竖不预政，可乎？戚里贡献，以自媚于上，公卿方镇，寝亦为之，臣愿租赋外一绝之，可乎？外戚贵主，更相用事，班序荒杂，臣请戚属不任台省，可乎？先朝褒狎大臣，亏君臣之严，臣愿陛下接之以礼，可乎？燕钦融韦月将以忠被罪，自是诤臣沮折，臣愿群臣皆得批逆鳞、犯忌讳，可乎？武后造福先寺，上皇造金仙、玉贞二观，费巨百万，臣请绝道佛营造，可乎？汉以禄莽阎梁乱天下，国家为甚，臣愿推此鉴戒为万代法，可乎？①

"十事"包括修仁政、不求边功、严行律法、不亲近宦官外戚、严格遵守官吏选拔制度、除了租庸赋税之外杜绝地方进贡、禁止营造寺庙宫观、听谏言于群臣。从这些向唐玄宗指出的未来执政方针可以看出，一是边境并不太安宁，姚崇认为唐玄宗在对外政策上以和为主，给国家休养生息的时间；二是统治阶级内部从前朝遗留下来的宦官外戚势力需要彻底的肃清，唐玄宗的臣属势力还需要加强；

---

① （唐）姚崇：《十事要说》，（清）董浩等编《全唐文》卷二〇六，第2085页。

三是官吏选拔和地方进贡情况都非常混乱，律法的执行也不甚顺利。由此看来，唐玄宗继位后的李唐政权的统治环境不算良好，政局也还未稳定下来。

就唐玄宗个人而言，在他的执政前期，他确实是一位励精图治的明君。事实上，姚崇所提出的建议和唐玄宗执政时的一些政策正体现了上清派所倡导的虚静无为的治国理念。[①]"开元前期，玄宗在运用老子学说施行宽刑简整、任臣民之力等方面，是做得很成功的。……个人的思想观点和施政的良好效果，使唐玄宗进一步确认运用老子清静无为理论治理国家人民的可行性。"[②]从史料上来看，唐玄宗执政早期对道教神仙之说并不感兴趣。《资治通鉴》记载：

> （开元十三年725年）夏，四月，丙辰，上与中书门下及礼官、学士宴于集仙殿。上曰："仙者凭虚之论，朕所不取。贤者济理之具，朕今与卿曹合宴，宜更名曰集贤殿。"[③]

集仙殿乃武则天所造，晚年居于此。唐玄宗将此殿名改为集贤殿，一方面表明自己对神仙之事无兴趣，同时表达自己求贤若渴、对政事励精图治的意志；另一方面也不乏对武周政权的抹杀和嘲讽之义。当是时，吴筠在朝之时，曾与唐玄宗有这样的对话：

> 帝问以道法，对曰："道法之精，无如《五千言》，其诸枝词蔓说，徒费纸札耳！"又问神仙修炼之事，对曰："此野人之

---

① 高世瑜于1985年发表的《唐玄宗崇道浅论》（《历史研究》1985年第4期）中认为，唐玄宗的崇道行为受到当时社会环境的影响、有个人经历的因素和出于对当时政治格局的考量；其早年与晚年在道教行为和任用道士方面的差异折射了唐王朝由兴向衰的趋势。

② 卢国龙：《中国重玄学》，北京：人民中国出版社，1993年，第175页。

③ （宋）司马光编：《资治通鉴》卷二一二，第6764页。

事，当以岁月功行求之，非人主之所宜适意。"①

唐玄宗问吴筠道法，吴筠认为《道德经》是道法之精华，其他道经都是细枝末节。而当问起神仙修炼时，吴筠却否定道：神仙修炼之事是世俗之人的误解，求仙不应该刻意追求，而是在世间行走中一点一滴的累积功德，自然而然便可触及大道之理。吴筠的回答深得唐玄宗之意，全然就是唐玄宗所想。

相对来说，当时的唐玄宗确实对神仙之事不屑一顾，却对收集和整理天下道经有野心。早在继位之初，唐玄宗便开始命人收集道教经典，编纂成《一切道经音义》，"恭惟老氏，国之本宗，虔述玄经，朕之夙好，详其乖舛，深可吁嗟"②。老子是李唐氏所认定的先祖，也是他们政治合法性成立的关键人物，故而唐玄宗希望通过整理和向全国推广道教经典这一方式向世人传达推崇和重视的官方立场。开元年间甚至编成了近四千卷的《开元道藏》。不仅是李含光往茅山，司马承祯的另外一名弟子薛季昌也从京城归南岳衡山。临行赋诗于唐玄宗云："洞府修真客，衡阳念旧居。将成金阙要，愿奉玉清书。"③意思是想要回衡山旧居，编纂道经并奉献给唐玄宗。薛季昌会南岳之后，果然"尝撰道德玄枢，以总颐真妙，注九真降圣"④。编纂了大量的道教经书，盖亦受唐玄宗之命。与此同时，和李含光、

---

① （五代）刘昫等撰：《旧唐书》卷一九二，第5129页。
② （唐）史崇玄等编撰：《一切道经音义妙门由起》，《中华道藏》第5册，第602页。
③ （元）赵道一撰：《历世真仙体道通鉴》卷四十，《中华道藏》第47册，第480页。
④ （元）赵道一撰：《历世真仙体道通鉴》卷四十，《中华道藏》第47册，第480页。

薛季昌一同被召见入京城的还有当时天师道第十五代天师张高。唐玄宗于天宝七载（748年）颁布了《加应道尊号大赦文》中册封正一道天师张道陵："后汉张天师，教达元和，德宗太上，正一之道，幽赞生灵。……并令有司审定子孙，将有封植，以隆真嗣。天师册为太师，贞白册赠太保。"①将张道陵册封为太师，并"令有司审定子孙"，这里的子孙便是第十五代天师张高，《历世真仙体道通鉴》中张高传记中载："唐明皇召见于京师，置坛受箓，降赐金帛，仍免租税，册封汉祖天师之号。"②正是天宝七载（748年）被玄宗召见观礼先祖之册封。唐玄宗召集了道教各派影响力较大的高道，对他们进行加封、赏赐，要求他们将道派的经书贡献出来供自己修撰道经。天宝七载，唐玄宗下敕颁布了《一切道经》，"宜令崇元馆即缮写，分送诸道采访使，令管内诸郡转写"③。这正是他同时召集道教各派高道的重要原因，同时也是为了控制道教为自己的统治所用。

唐玄宗对《道德经》的理论也十分感兴趣：

> 承祯颇善篆隶书，玄宗令以三体写《老子经》，因刊正文句，定著五千三百八十言为真本以奏上之。④

司马承祯擅长书法，他的书法"须静其心，后澄其心"⑤，颇具仙风道骨。开元九年（721年）三月，唐玄宗不仅让他用三种字体书写

---

① （唐）李隆基：《加应道尊号大赦文》，（清）董浩等编《全唐文》卷三十九，第429—430页。

② （元）赵道一撰：《历世真仙体道通鉴》卷十九，《中华道藏》第47册，第347页。

③ （唐）李隆基：《加天地大宝尊号大赦文》，（清）董浩等编《全唐文》卷四十，第432页。

④ （五代）刘昫等撰：《旧唐书》卷一九二，第5128页。

⑤ 徐灵府：《天台山记》，《司马承祯集》，第214页。

《道德经》，还让他对《道德经》的文本进行刊定，最终刊定了5380字的《道德经》。另外，唐玄宗将一些研究《老子》的学者聚集在一起，听讲《老子》：

> 开元初，诏中书令张说举能治《易》《老》《庄》者……始，行果、会真及长乐冯朝隐同进讲。朝隐能推索《老》《庄》秘义，会真亦善《老子》，每启篇，先熏盥乃读。①

除了行果、会真，还有道士尹愔"博学，尤通老子书。"②可以说这些皆是唐玄宗为注疏《道德真经》做的准备工作。但是，唐玄宗《御注道德真经》的序言中解释他要亲自注解《道德经》的理由："遗文诚在，精义颇乖。撮其指归，虽蜀严而犹病，摘其章句，自河公而或略。其余浸微，固不足数。"③唐玄宗并不满意现有的《道德经》的注疏，认为它们对经典的解释都违背了文本的内涵，没有抓住《道德经》之精髓，即使是河上公的注本也有不足，杜光庭解释唐玄宗认为河上公注本"有失大圣无为广大之趣"④，所以不甚满意。唐玄宗亲自注解的《御注道德真经》始自开元十一年（723年），《唐玄宗御制道德真经疏外传》中载"开元十一年（723年）躬为注

---

① （宋）欧阳修、宋祁撰：《新唐书》卷二〇〇，第5701—5702页。
② （宋）欧阳修、宋祁撰：《新唐书》卷二〇〇，第5703页
③ （唐）李隆基：《唐玄宗御注道德真经》卷一，《中华道藏》第9册，第361页。
④ （唐）杜光庭撰：《道德真经广圣义》卷一，《中华道藏》第9册，第561页。

解"①，颁布于开元二十一年（733年）的元旦。②二十一年（733年）正月下敕曰：

> 其《老子道德经》，宜令士庶家藏一本，仍劝习读，使知指要。每年贡举人，量减《尚书》《论语》一两道策，准数加《老子》策，俾敦崇道本，附益化源。朕推诚与人，有此教诫，必验行事，岂垂空言。今之此敕，亦宜家置一本，每须三省，以识朕怀。③

开元二十一年（733年）元旦所下敕文，正是唐玄宗完成了《道德经》的注文，并让每家士庶家藏一本，研习其要旨，并在每年的科举中增加《老子》策，以御注为官方版本，"以识朕怀"。可见唐玄宗一方面，统一颁布的《道德经》之解释便于他更好的控制道教以及天下道士乃至士大夫的思想；另一方面对于自己所注疏的《道德真经》倾注了自己的执政理念，是其治国思想的表现。

---

① 《唐玄宗御制道德真经疏外传》，《中华道藏》第9册，第835页。
② 《唐玄宗御注道德真经》的颁布时间研究有很多不同的成果。李斌城《敦煌写本唐玄宗〈道德经〉注疏研究》（《世界宗教研究》1987年第1期）中认为唐玄宗注成《道德经》的年代是开元二十一年（733年）。董恩林《〈道藏〉四卷本〈唐玄宗御制道德真经疏辨误〉》（《宗教学研究》2005年第1期）中也认为唐玄宗注《道德经》后下诏征求意见是开元二十年（732年）的十二月，随后开元二十一年元旦又下诏。《唐玄宗御注道德真经》的时间大约在开元二十年（732年）。日本学者麦谷邦夫《唐玄宗道德真经注疏之撰述与其思想特征》（《道家文化研究》第15辑，北京：三联书店，1999年）则认为《御注道德真经》的完成时间是开元二十三年（735年）。
③ （唐）李隆基：《命贡举加老子策制》，《全唐文》卷二八四，第2880—2881页。

二、唐玄宗《道德真经》注及疏的理论

（一）"理身理国"的核心思想

唐玄宗在《唐玄宗御制道德真经疏释题》中谈论了其关于理身理国思想的总体看法：

> 明道德生畜之源，罔不尽此，而其要在乎理身理国。理国则绝矜尚华薄，以无为不言为教。……理身则少私寡欲，以虚心实腹为务。……此其大旨也。①

《道德经》五千言所阐述的便是道德这一宇宙绝对存在的本源、产生和表现。唐玄宗认为达到道德之最高境界最根本的方法便是"理身理国"。理国就是要不骄纵，返璞归真，无为以使民自化；理身则是要少私寡欲，虚心为上。唐玄宗认为，理身以修道，理国以治天下，理身和理国是一对可以类比的概念，修道与治国之法门是可以互通的。

> 修之身，其德乃真。修道于身，德乃真纯。修之家，其德乃余。一家尽修，德乃余美。修之乡，其德乃长。一乡尽修，德乃长久。修之国，其德乃丰。一国尽修，德乃丰盈。修之天下，其德乃普。若天下尽修，其德施乃周普矣。……吾何以知天下之然哉？以此。以此观身等观之，则可知尔。②

修身—修家—修乡—修国—修天下，由小至大，从个体的修炼

---

① （唐）李隆基注：《唐玄宗御制道德真经疏》，《中华道藏》第9册，第394页。

② （唐）李隆基注：《唐玄宗御注道德真经》卷三，《中华道藏》第9册，第383页。

到天下之治理，唐玄宗认为其实都是可一以贯之的。同时，他又指出修身之法在于真纯，修身即是修心性，这正是上清派修炼理论中所提倡的"修道即修心"的理念。由此在上清派修炼理论的基础上，构建了一个"身国同治"的理论体系，将理身和理国联系在一起，用上清派所建立的存思、虚静之法理身，同时，又将这一修炼理论划归人君治国的范畴中，予以更加政治化的诠释。又《道德经》所谓的"圣人之治"，唐玄宗认为：

> 圣人治国理身，以为教本。夫理国者，复何为乎？但理身尔。故虚心实腹，绝欲忘知，于为无为，则无不理矣。①

圣人治国以理身为蓝本，心性虚静则身体充盈，忘却欲望和智巧，治国也应该以无为之法使民自化，便可以无为而无不为。

唐玄宗所注之《道德经》，既言个体，又言家国，既言修炼，又言治国，既言长生久视，又言长治久安。在当时李唐王朝政权稳定的情况下，唐玄宗的理念事实上就是李唐王朝的官方立场，理身、理国二者联系在一起，事实上是将上清派的修炼理论与李唐王朝的治国之道联系在了一起。唐玄宗期望通过"身国同治"的官方立场，来控制上清派与政治之间"天平"的平衡，相互达到双方的目的。

（二）虚静抱朴以理身

唐玄宗构建的"理身理国"的核心思想之后，进一步说明理身之法与治国之道。此"身"并非单纯上清派理论中的修道者个体，而是"人君"、统治者。就理身而言，受到上清派修炼理论的影响，

---

① （唐）李隆基注：《唐玄宗御制道德真经疏》卷一，《中华道藏》第9册，第397页。

唐玄宗认为作为君王，自身的执政方针正如修道一般，需要虚静、质朴。

《道德经》云圣人之治，需要"虚其心"，唐玄宗释云："夫役心逐境，则尘事汩昏，静虑全真，则情欲不作。情欲不作，则心虚矣。"[1] 修行内心之清静，保全内心的纯粹，如此统治者才能在权力与财富之中平息内心的欲望，这种欲望既是修道时的凡尘俗世，也是掌权时对权力的贪念和控制欲。故而"人君虚心玄默，淳化均一，则无屈挠，日用不知，动而愈出也"[2]。君王只有保持虚静之心性，以真纯真性一以贯之，便可以"清静无为，而化万物"[3]。在虚静内心的基础上再进一步，就是要保持谦和处下的心态。

> 帝王既受历数，临御万方，若能守雌静，则其德明白，如日之照四达天下，功被于物不以为功，所谓忘功若无知者，故云能无知乎?[4]

帝王掌握天下权柄，却应该守虚静，保持谦和的心态，才能明了"君德"之真谛。正如太阳照耀四方，却不被万物所觉察，也不以为功劳。君王应该忘记所谓的功绩政绩，只关注于君王这个身份与生俱来的职责。

其次，唐玄宗还主张君王质朴勤勉。《道德经》云："是以圣人

---

① （唐）李隆基注：《唐玄宗御制道德真经疏》卷一，《中华道藏》第9册，第397页。

② （唐）李隆基注：《唐玄宗御制道德真经疏》卷一，《中华道藏》第9册，第399页。

③ （唐）李隆基注：《唐玄宗御制道德真经疏》卷三，《中华道藏》第9册，第414页。

④ （唐）李隆基注：《唐玄宗御制道德真经疏》卷一，《中华道藏》第9册，第401—402页。

去甚、去奢、去泰。"① 唐玄宗疏云：

> 是以理天下之圣人，睹行随之不常，知矜执之必失，故约
> 己检身，割贪制欲，去造作之甚者，去服玩之奢者，去情欲之
> 泰者。论名数，且为三目。征其实，乃同其一条。甚奢泰者，
> 皆过分尔。②

君王治理国家，需要时时反省检查自身之过失，克服自身的贪
念和过度的欲望，凡过分、奢靡、欲望皆不是理身之道。"欲求绝圣
弃智，则常见真素。欲求绝仁弃义，则怀抱质朴。欲求绝巧弃利，
则当少私寡欲。"③ 修道需要绝圣去智，君王的绝圣去智便是保持日常
生活和心态上的朴素、质朴，少私寡欲。正如唐玄宗所言，他也如
此实践，例如在他执政期间颁布了《禁厚葬制》，云：

> 自古帝王，皆以厚葬为诫，以其无益亡者，有损生业故也。
> 近代以来，共行奢靡，递相仿效，浸成风俗，既竭家产，多至
> 凋敝。……宜令所司，据品令高下，明为节制：明器等物，仍
> 定色数，及长短大小；园宅下帐，并宜禁绝；坟墓茔域，务遵
> 简俭；凡诸送终之具，并不得以金银为饰。如有违者，先决杖
> 一百。州县长官，不能举察，并贬授远官。④

禁止皇帝和官员奢靡的丧葬行为，下令严格规定丧葬礼仪及陪

---

① 陈鼓应注：《老子今注今译》，第188页。
② （唐）李隆基注：《唐玄宗御制道德真经疏》卷三，《中华道藏》第9册，
第418页。
③ （唐）李隆基注：《唐玄宗御制道德真经疏》卷三，《中华道藏》第9册，
第409页。
④ （唐）李隆基：《禁厚葬制》，（清）董浩等编《全唐文》卷二十一，第
245页。

葬品的规格，一切从简，不能使用金银器。如果有违反规定的，将有严格的惩罚。

（三）无为止战以理国

理身理国者，除了君王的以身作则以外，对君王治国之术，唐玄宗也提出了一些思考。依老子所言，圣人治国之道，"无为而无不为"也。"夫得其性而为之，虽为而无为也。"[1] 顺应自然之道，顺着众姓民心之所向，看似是在治理国家，实际上并没有过分的绳规之。"言人君善能以道建邦立本者，因百姓之不为，任兆人之自化"[2] 善于治国的君王，以无为而使百姓自化。百姓在生活中自觉的遵守乡党之公序良俗，却又不自觉自己有律法之束缚，乡风民俗在君王的无为之中自然就形成，并无声地教化民众。具体来说：

> 爱民者，使之不暴卒，役之不伤性。理国者务农而重谷，事简而不烦，则人安其生，不言而化也。此无为也，能为之乎？[3]

君王爱护百姓，不过分的征收苛捐杂税，在百姓可承担的范围内实施徭役政策，作为国之根本的农业需要重视，简化施政过程，百姓便能安居乐业，自然就形成了良好的社会风俗。这便是君王治国所应该遵循的"无为"之道。同样，选择有能力的大臣才能更好

---

[1] （唐）李隆基注：《唐玄宗御制道德真经疏》卷一，《中华道藏》第9册，第398页。
[2] （唐）李隆基注：《唐玄宗御制道德真经疏》卷七，《中华道藏》第9册，第438页。
[3] （唐）李隆基注：《唐玄宗御制道德真经疏》卷一，《中华道藏》第9册，第407页。

地执行"爱民"之道。故云：

> 为人臣者，当量能受爵，无速官谤。若矫迹干禄，饰诈祈荣，躁求若斯，祸败寻至，坐招窜殛，焉得事君？①

君王所选择的属下，应该有足够的能力去胜任管理的职责和承担的责任，才有足够的名分去享受所赐的官职爵位。不干实事只领俸禄，只注重名利和地位，急于求政绩而没有相匹配的能力，则会生祸事，于国无益，于君无益。

另外，唐玄宗也主张治理以德，反对没有必要的战争。一则战争本身就是危险之事，"兵者凶器，战者危事。抗兵加使，彼必应之，其事既好还报，则胜负之数，未可量矣"②。不论是发起战争的一方，还是被迫反抗战争的一方，都是伤害。战争一旦发起，没有哪一方是赢家。二则，"军师所处，战则妨农，农事不修，故生荆棘。兵气感害，水旱继之，农废于前，灾随其后，必有凶荒之年"③。战争会践踏农田，耽误农业生产。农业是国之根本，如果农田被荒废，没有百姓去耕种，战争之人祸便会招致天灾，水灾旱灾，饥荒流民都不利于国家的安定与发展。三则，如果是"前敌来侵，事不得已"的情况，不可恋战，应战的目的在于"止战"：

> 夫用兵之善，果于止敌。止敌自矜，未名善胜，故虽止敌，慎勿矜夸。矜夸则伤于取功，故虽果于止敌，戒云勿伐其功。

---

① （唐）李隆基注：《唐玄宗御制道德真经疏》卷三，《中华道藏》第9册，第415页。

② （唐）李隆基注：《唐玄宗御注道德真经》卷二，《中华道藏》第9册，第374页。

③ （唐）李隆基注：《唐玄宗御注道德真经》卷二，《中华道藏》第9册，第374页。

伐取其功，是则自为骄泰。骄泰则乐杀，故败不旋踵，此为炯戒，可不慎乎？①

"以战止战"，用兵的目的在于阻止敌人无休止的侵犯。即使反抗战争赢得了胜利，也不能因此自满，自满容易导致贪功，导致更多的祸患。故而战争需要谨慎，打了胜仗也不能恃强凌弱，"是谓不合于道，当须早止不为"②。不论是对外用兵还是过分的还击，都是不符合治国之道，实不可取。

三、上清派道士对唐玄宗的呼应

唐玄宗的《道德真经》注疏完成后，陆续颁布天下，并为科举增加了道学考试。宫川尚志《唐玄宗与道教》③中认为唐玄宗所接触的道士中，上清派茅山宗的道士是主流，如上清道士司马承祯，不仅参与唐玄宗朝的官方祭祀，其思想更是为唐玄宗治国思想所吸收融合。事实上，早在睿宗时期，司马承祯就已经提出了初步的"理身理国"之概念。《旧唐书》中记载：

> 景云二年，睿宗令其兄承祎就天台山追之至京，引入宫中……帝曰："理身无为，则清高矣！理国无为，如何？"对曰："国犹身也。《老子》曰：'游心于淡，合气于漠，顺物自然而无私焉，而天下理。'《易》曰：'圣人者，与天地合其德。'

---

① （唐）李隆基注：《唐玄宗御制道德真经疏》卷四，《中华道藏》第9册，第419页。

② （唐）李隆基注：《唐玄宗御注道德真经》卷二，《中华道藏》第9册，第374页。

③ ［日］宫川尚志：《唐玄宗与道教》，东海大学文学部《纪要》30，1979年。

是知天不言而信，不为而成。无为之旨，理国之道也。"①

睿宗问司马承祯如果说以无为之道理身可以达到清高之境界，那么用无为之道治国会怎么样？司马承祯回答道"国犹身也"，国家和身体是一样的，治国便如同修身。司马承祯举例的这句话出自《庄子·应帝王》："游心于淡，合气于漠，顺物自然而无容私焉，而天下治矣。"②《旧唐书》误出自《老子》，《新唐书》和《资治通鉴》中有类似记载，无《老子》之误。庄子此言是说修道需要调整自己的心态，保持淡泊无欲，炼养自身之气归于虚空，这样便可以顺其自然而没有私心和私欲，国家的治理也是如此。司马承祯通过庄子这句话进一步解释了治国和理身是一样的。接着又引用了《周易》中语："夫大人者，与天地合其德，与日月合其明，与四时合其序，与鬼神合其吉凶。"③治国之君，与天地道法相合，万物宇宙、人鬼神仙所遵循之规律皆相契合。故而理国之根本在于无为不言之道，使民自化。司马承祯所提出的这一上清理论正与唐玄宗的理身理国相应。可见唐玄宗在对《道德经》、对道法的理解在很大程度上都受到上清派修炼理论和司马承祯修身治国之理论影响。在这种理论的影响下，唐玄宗将其运用到自己的治国思想中。正如他在执政初期，任用姚崇等人为相，休养生息；在对待突厥、契丹的混乱政局也采取较为宽容的对外政策。开元九年（721 年），一直挑起战争的默啜可汗继承人毗伽可汗请求与唐王朝重修旧好，唐玄宗也不愿意继续战争，以和亲为主。后来祠部郎中崔尚在睿宗为司马承祯新修桐柏

① （五代）刘昫等撰：《旧唐书》卷一九二，第5127—5128页。
② 陈鼓应：《庄子今注今译》，第251页。
③ 高亨：《周易大传今注》，济南：齐鲁书社，1979年，第72页。

观时颂文曰："我皇孝思维则，以道理国，协帝尧之用心，宠许由之高志。故得放旷而处，逍遥而游。"①唐帝王以道理国，融合儒道，推崇上清派修道之法，正是李唐王朝对于上清派的治国理念的融合。司马承祯之后，其弟子李含光也被唐玄宗问过《道德经》的问题。李含光回答："《道德经》者，君王师也。汉文行，而跻民于仁寿。"②李含光认为《道德经》可以教授帝王治国之策，汉文帝曾如《道德经》之法实施休养生息，从而让百姓享受到仁政，安居乐业，而圣人修道之法也寓于家国之中。

到了后来，真正对唐玄宗所推崇的"理身理国"思想给予高度回应的是唐末时杜光庭。唐王朝的实力与唐玄宗执政时相比大不如前，杜光庭在此时将唐玄宗的"理身理国"思想提出来再度进行阐释，借助唐玄宗治下之盛世来激励当时的统治者和民众，试图让他们更好地去接受，只要在治国理论上多多效仿唐玄宗之法，李唐王朝似乎还有挽救的余地。杜光庭认为，《道德经》中道德之意"经国理身之妙"③教导理身理国的很多种意义和方法，包括"教以无为理国""教以修道于天下""教以道理国""教以无事法天""教不以尊高轻天下""教化人以无事无欲""教以谦下为基"④等理国之道理，同时也包括"教人修身曲己则全，守柔则胜""教人理身保道，养气

---

① （唐）崔尚：《唐天台山新桐柏观颂（并序）》，（清）董浩等编《全唐文》卷三〇四，第3090页。

② （宋）吕太古撰：《道门通教必用集》卷一，《中华道藏》第42册，第486页

③ （唐）杜光庭撰：《道德真经广圣义》卷一，《中华道藏》第9册，第564页。

④ （唐）杜光庭撰：《道德真经广圣义》卷一，《中华道藏》第9册，第564页。

以全其生""教人理身崇善去恶""教人理身不贪世利"①等理身之法门。唐玄宗的每一条注疏，杜光庭都进一步解释和扩展，并加之具体典故予以阐释。孙亦平认为杜光庭在引用唐玄宗注疏之后，兼采众说，抒发了自己的观点，表达了自己的宇宙观、心性论、修道论等思想。②确实如此，杜光庭在《道德真经广圣义》的注解过程中，不仅融入了自己的道教理论的表达，更具有当时的时代特点。衰败的李唐政权不再辉煌，对于上清派实力和影响力的提升作用依然不大，动乱的社会环境也不利于道教的发展。杜光庭在这样的历史时期中，在其著作中极力地提高太上老君的地位，极力地将君王治国之道融入上清修道之法中，无非是想要在混乱的环境中寻求一支力量，将上清派与政治岌岌可危的合作关系抓的更牢固，显然李唐王朝更具有长期的合作基础。

第四节 上清派理论与政治关系的衍变分析

一、政治语境中的上清派理论的衍变

从潘师正到吴筠和司马承祯再到杜光庭，上清派道士在平衡上清派与政治之间的"天平"中做出了大量的理论尝试。在上清派与李唐王朝之间不断地加上理论连接的"砝码"，一方面，通过加深上清派理论在王权与宗法体系中的参与度，提高李唐王朝托名的先祖太上老君的神格和地位，使得双方的联系更加紧密，合作同盟的关

---

① （唐）杜光庭撰：《道德真经广圣义》卷一，《中华道藏》第9册，第565页。

② 孙亦平：《杜光庭评传》，第91页。

系千丝万缕难以斩断；另一方面，上清派在政治社会领域的地位和影响力、李唐王朝在宗教和社会生活领域的统治力和稳定性，都是双方在调整加"砝码"偏向的位置中相互博弈。在"天平"的缓慢"摇晃"中——李唐王朝统治势力上升所带来的——双方都在做出尝试，李氏在它所统治的政治、教育、宗法、科举等方面做出相应的扶持道教成长的政策，包括唐玄宗在理论上的亲自探索。而上清派在理论方面有了相应的探索，潘师正初步尝试了在道教信仰和李唐王朝统治需要之间建立理论联系。他关于君王与道之间的崇拜初步从术法向理论层次过渡，在神仙谱系中将太上老君的地位提高。而到了杜光庭时期，他则直接将太上老君认定为最高神：

> 故于九万九千九百九十九亿万气之初，运玄元始三气而为天，上为三清三境。即始气为玉清境，元气为上清境，玄气为太清境是也。又以三清之气，各生三气三境，合生九气，为九天。……每天立一天帝，每地立一地皇，七十二君同禀命于老君矣。[1]

杜光庭所描述的道教的神仙世界中，同样有大罗天、三清境界、九天等层层的等级世界。而主宰这一世界的最高神却变成了太上老君。道教神仙谱系向来繁杂，难以统一厘清，但对于一种宗教来说，最高神的改变足以产生翻天覆地的变化。它将带来的是宗教科仪的修改和创新、教徒信仰分流等一系列的影响。在道教斋醮中的斋醮词、祭祀文甚至是仪式器具、祭拜神像都需要改变，而教徒对于信仰元始天尊或是信仰太上老君都是信仰力量的分散。庆幸的是，显

---

[1] （唐）杜光庭撰：《道德真经广圣义》卷二，《中华道藏》第9册，第568页。

然这一变化是发生在李唐王朝执掌天下这一特殊的政治语境之中的，为政治所服务的，或者说是为"天平"双方的平衡关系所服务的。而杜光庭所处之时代显然已经是唐王朝的末路。

此外，修炼理论的探索与创新，也在不断地被纳入唐王朝的政治语境之下。从司马承祯清静坐忘，倡导心性、精神修炼开始，到吴筠将修道之理论加入了治国之法，提出"道德天地帝王一也"，建立起从修道到治国的联结，再到杜光庭将理身和理国之理论体系发挥到极致。上清派的理论已经完全在李唐王朝的政治话语之中，或者可以这样说，李唐王朝政治语境中的上清派高道所创新的道教理论在一定程度上已经脱离了上清派的理论宗旨。换而言之，在唐统治末期，以上清经系为中心、存思守静为基本理论的上清派也在这一过程中逐渐模糊了自身的派系边界，向着其他的道派组成形态转变，唐末至宋时期的道教也由此在变革中走过。

正如"天平"一般，双方绷紧的平衡才会有稳定的发展环境，任何一侧势力过重或者过轻都会导致另一方走向极端，这种极端预示着整个发展环境和稳定状态的崩盘。对于这种理论创造，影响"砝码"偏向的主要因素，正是李唐政权的逐渐衰败，尤其是安史之乱后。经历了大大小小的动乱的唐王朝，终于在杜光庭所处的懿宗、僖宗及以后的朝政里逐渐分崩离析。唐王朝对于地方政权、军权乃至经济大权的统治空间均在各种节度使独立和民间起义中迅速被压缩。"天平"一端的陷落便导致了另一端的压力，以杜光庭为代表的上清派道士在理论探索中不断地给太上老君神化、给李氏统治合法性增加筹码，以妄图将"天平"拉回平衡状态。而正是这种妄图致使上清派在政治语境中的理论走向了极端。政权的交迭和道教内部的变革由此而起。

二、唐后期上清派理论的断层和转向

天宝十四载（755 年）安史之乱爆发，标志着唐王朝的统治进入了衰落的进程中。李含光于大历四年（767 年）冬天仙去，距离安史之乱平息（763 年）刚刚过去四年。吴筠于大历十三年（778 年）仙去。吴筠留下了大量的道教论著，其"道德天地帝王一也"等理论对上清派的理论创新做出了重要的贡献，进一步密切上清派与政治的理论联系。

按照元代刘大彬所撰《茅山志》的继承顺序，李含光的继任者是茅山第十四代宗师韦景昭。韦景昭是王远知的五传弟子，天宝年间跟随李含光修习上清经法。按照《茅山志》中记载："肃代以来，天下丧乱，师独以道为己任。"①肃宗、代宗以来，政局不稳，社会动乱，韦景昭只专注于道法研究，传载：

> 孩季通而抚子玄，师仇公而祖黄太，教戒示乎传授，服饵见乎延长，侍杖屦者，迹遍于江湖，传经箓者，事同乎洙泗。②

子玄即苏子玄"受炼气益命之道"③。仇公善"服气之法，还神守魂之事"④，季通即紫阳真人周季通，曾师从仇公，黄太乃中黄太一真君，是上清存思法中重要的神仙。可见韦景昭所修之法依然是上清经法，以炼气养神为核心。然后世未见其论著，只唐人陆长源为

---

① （元）刘大彬撰：《茅山志》卷十一，《中华道藏》第48册，第422页。

② （元）刘大彬撰：《茅山志》卷二十三，《中华道藏》第48册，第471页。

③ （元）赵道一撰：《历世真仙体道通鉴》卷七，《中华道藏》第47册，第274页。

④ （元）赵道一撰：《历世真仙体道通鉴》卷十四，《中华道藏》第47册，第314页。

其撰《华阳三洞景昭大法师碑》，其中有云"法师上编仙箓，旁契道枢"①，说明韦景昭于修道期间可能编撰了一些道书。他在跟随李含光修习时，李含光曾因茅山道观旁生长出几十株灵芝而为唐玄宗炼制仙药。仙方虽不知晓，但《华阳三洞景昭大法师碑》中也记载李含光和韦景昭"遂于炼丹院传黄素之方，修斋醮之法，翔云瑞鹤，飞舞于坛场，甘露神芝，降生于庭院"②，是炼丹服食之道法。韦景昭之后洞真先生黄洞元，"尝受行中黄服日之法"，"日诵《大洞经》"③，于茅山中隐居近二十载，也无著作传世，无从知晓其修炼之思想。另有三个弟子：

> 苏州龙兴观道士皋洞虚，得冲虚之妙用，蹑上真之玄踪，梁市之客胥来，华阳之人间出矣。道士韦崇询，主修斋醮祭，俯仰节度。道士朱惠明，掌法箓经书，修真秘诀。④

苏州龙兴观皋洞虚修上清静虚无为之法得道，韦崇询主修斋醮祭祀，而朱慧明则掌管法箓经书，均无所记载。黄洞元弟子瞿柏庭、孙智清，孙智清弟子吴法通等皆不见其思想理论之文章传世。

司马承祯另有薛季昌一脉，常居天台山一带，传田虚应，再传冯惟良、徐灵府，至应夷节。薛季昌有撰著：

> 季昌尝撰道德玄枢，以总颐真妙，注九真降圣。⑤

天宝初，蜀人薛季昌，昔在峨眉山注《道德经》二卷，后

---

① （元）刘大彬撰：《茅山志》卷二十三，《中华道藏》第48册，第471页。
② （元）刘大彬撰：《茅山志》卷二十三，《中华道藏》第48册，第471页。
③ （元）刘大彬撰：《茅山志》卷十一，《中华道藏》第48册，第422页。
④ （元）刘大彬撰：《茅山志》卷二十三，《中华道藏》第48册，第471页。
⑤ （元）赵道一撰：《历世真仙体道通鉴》卷四十，《中华道藏》第47册，第480页。

隐居衡岳首华盖峰，撰《玄微论》三卷并《大道颂》一首。[①]

薛季昌曾经编撰了《道德玄枢》，可能是集诸家注解《道德经》之著作[②]，另外还有《玄微论》[③]《大道颂》，皆不见流传。其中徐灵府也坚持了上清派的修道理论，他有诗《自咏二首》云：

寂寂凝神太极初，无心应物等空虚。

性修自性非求得，欲识真人只是渠。

学道全真在此生，何须待死更求生。

今生不了无生理，纵复生知那处生。[④]

道生而虚静空寂，修身即修性命，修道即全性保真，这正是上清派在唐代发展的重视心性论和性命双修的修炼理论。直到杜光庭，其思想前文已详述，盖不赘述。从韦景昭至杜光庭一百多年的时间里，上清派不再有丰富的理论著述传世，一则后代道士宗师并未有所创新，难以超越前人水平，二则后代道士的修道不再深思上清派理论，转向了其他的修道方法。不论如何，上清派理论发展在此一百多年间出现了明显的断层。

---

① （宋）陈田夫撰：《南岳总胜集》，《中华道藏》第48册，第535页。

② 杜光庭在《道德真经广圣义》序中提到自古注解《道德经》有六十余家，其中就包括衡岳道士薛季昌。薛季昌乃杜光庭之经师田虚应的老师，是一脉师承而下，应可信。

③ 《南岳总胜集》"九真观"条记载"蜀人薛季昌"天宝初有著作《玄微论》，薛季昌乃"汉州绵竹人"（今四川绵竹），但是《历世真仙体道通鉴》则称"蒲州宝鼎人"（今山西荣河），名曰薛幽栖者，于天宝年间游南岳后向唐玄宗进献《玄微论》。《玄微论》的作者不得确认。

④ （唐）徐灵府：《自咏二首》，（清）彭定求等编《全唐诗》卷八五二，第9639—9640页。

　　杜光庭作为上清派理论在唐代发展的集大成者和总结者，为上清派唐代的理论发展画上了圆满的句号。回顾上清派理论的起点，是在道本原论、修道即修心等基础理论上建立起来的，以存思、炼气养神等修道方法为核心。被上清经系的各种经典记载最多的存思术，便是以人脑九宫、日月、北斗七星等具象为存思对象的存思之法。相比较而言，杜光庭所记载的修炼之术，依然有存思的基本概念，但更多的已经是抽象的神灵和心性论的理论。其渊源更多承袭了唐代重玄学理论的特点，重视心性、性命双修等思辨内容，这些内容从哲学层面上来说比上清派初建之理论已然有了质的飞跃。从另一个角度来说，杜光庭的修道思想已经较之上清派原本的存思炼气的基础理论渐行渐远。

　　上清派乃至整个道教的修炼理论在这种飞跃中自然而然地迎来了修炼思想的转向。就其理论而言，单纯的内炼养气已经无法满足道教在修炼上的需要，也无法适应快速发展的社会环境。上清派在李唐王朝为其提供的安定良好的发展环境和社会资源中，不断的建构和完善理论体系，从道本原到气本原再到道气论的宇宙观建立，从司马承祯的坐忘合道到性命论和心性论的修炼体系的跨越，这其中的每一步都可以说与上清派理论有关，也可以说每一步都在与最初的上清派相离，这是一个螺旋上升的过程和转向。同时，上清派理论转向的最终方向便是以陈抟学派、钟吕学派等为代表的宋元道教理论的新发展。这一发展不仅体现在道教内丹理论的创新与成熟，更影响了宋元道教教派的新的组成形式，以哲学理论为核心和以家族传承为纽带的新道派逐渐取代了如上清派这种以经法为核心的

"旧"道派。

当然，上清派在理论上的转向虽然有所断层，但是逐渐完成的也并非只有理论的单线发展。上清派与漫长的李唐王朝的统治发展有着密切的联系，在实践参与政治的过程中完成着漫长的螺旋上升过程。

第三章　实践参与
——唐前期上清派道士与政治的互动

　　上清派道士对于道教修炼、治国理论的研究，既有自己的独特性，又在一些特定的历史时期适应了政治发展的需求。事实上，上清派的高道之所以使得上清派获得唐代统治阶层的青睐，不仅仅是因为他们对于自己道派理论性和学术性的坚持，对于更新和深入自身理论的坚持，更是因为他们在理论的学习、传承和宣扬的过程中，始终坚持作为上清修炼理论的践行者，或者说在个人修炼上决不懈怠地与"道"合一；甚至，在获得统治者支持的同时，将上清派的修炼理论与政治实践联系起来，尽可能地保持"践行教理"与"政治正确"的协调一致。首先，在李氏王朝建立的过程中，上清派高道王远知便以卓越的政治眼光，识得天下之形势，站在了会取得最终胜利的李唐势力一边。其次，在唐朝的皇权更迭过程中，上清派领袖屡次站在了胜利的一方，为道派的发展和延续提供了安全的政治保障。另外，在政局风云变幻的各个时间节点，上清派道士及时把握住局势变化，进退有度，既不高调地参与朝政斗争，也不会让自己落于时局之外，以虚静之心、"不争而天下莫能与之争"之举保持着道派与统治阶层的持续联系。

第一节　上清派道士参与王朝建立初期

一、直接利用老子的谶纬助唐

　　唐王朝建立之前，天下战乱纷争，四方势力各相争斗。李唐集团除了在政治、军事上获取自己的最大利益，同时也利用谶纬、道教预言等舆论宣传，不断扩大李唐氏的政治影响力，逐步确立李唐王朝的政治合法地位。[①]

　　最早传播开来的李氏图谶之说，是大约东晋时流传的，北方道教中如寇谦之在《老君音诵诫经》中云："但言老君当治，李弘应出，天下纵横，返逆者众，称名李弘，岁岁有之。"[②]这本身就是一部假托太上老君授经的经典，其中表达了乱世终结者是老君的后人、李氏传人。隋末政局动荡，"李氏为王"的谶言愈演愈烈。时李渊在

---

① 　周德全在《道教与封建王权政治交流研究》（北京：人民出版社，2015年）一书中认为："道教与李唐王权在宗法认同的基础上成为了政治与文化新同盟，进一步扩大了过去'王权—儒家'之间政治与文化同盟的社会基础。老君成为了道教校注和李唐皇帝的祖先，道教成为了唐皇室的'本家'。"李刚《唐高祖创业与道教图谶》（《宗教学研究》1998年第3期）探讨了唐高祖李渊在其创业过程中如何运用道教图谶为之夺取天下作神学证明，制造舆论，以取得政治宣传的心理效应。柏夷在《屡现的预言——道教末世论和唐王朝的建立》（柏夷著，孙齐等译：《道教研究论集》，上海：中西书局，2015年）认为青童的形象也与末日论密切联系在一起，李渊在唐朝建立之时，通过道教的末日论和青童等形象及其预言来"包装""展示"自己。谭敏的《唐代道教祥瑞神话故事的政治主题》（《学术论坛》2006年第11期）一文中认为道教祥瑞的世俗化和政治化用以巩固政治的稳定。
② 　（北魏）寇谦之：《老君音诵诫经》，《中华道藏》第8册，第564页。

太原，"自以姓名著于图篆，太原王者所在，虑被猜忌，因而祸及"[①]，李渊因为姓李而屡屡被隋炀帝猜忌。道教各派也参与到乱局之中，许多高道领袖对时局的"预言"，实际上可以说是在分析了天下大势之后对获胜概率更高的势力做出的判断，甚至于通过此种方式变相向自己所看好的政治集团示好或达成舆论同盟。如楼观道岐晖：

> 隋大业七年（611年）辛未，炀帝亲驾征辽，楼观道士岐晖谓门弟子曰："天道将改，吾犹及见之，不过数岁矣。"或问曰："不知来者若何？"曰："当有老君子孙治世，此后吾教大兴，但恐微躯不能久保耳。"后数年，隋果乱。[②]

大业七年（611年），隋炀帝挥兵亲征北上，下诏攻打高丽，岐晖便预言天下将要大乱，老子的后人将掌权天下，是道教发展的大好时机。同时，高士达、窦建德、翟让均于此年起兵反隋。岐晖看透了天下将乱之势。而彼时李密、李渊都还未彻底崭露头角，岐晖可能也是顺着当时流行的"李氏将王"的谶言大胆猜测。最终楼观道在岐晖正确的站队中在唐代获得了良好的发展资源和环境。李渊也认为隋朝气数已尽，对李世民说"隋历将尽，吾家继膺符命，不早起兵者，顾尔兄弟未集耳"[③]，认为起义已经是"天命有在""敬天之诚"。大业十三年（617年），李渊带领李世民、裴寂等人在太原正式起兵，打的就是"老君后人"的旗号。甚至外族朝见也需要先拜谒老君：

> （大业十三年，617年）丙申，突厥柱国康鞘利等并马而至，

---

① （唐）温大雅撰：《大唐创业起居注》，上海：上海古籍出版社，1983年，第4页。

② （宋）谢守灏撰：《混元圣纪》卷八，《中华道藏》第46册，第91页。

③ （唐）温大雅撰：《大唐创业起居注》，第4页。

舍之于城东兴国玄坛。鞘利见老君尊容皆拜。①

借老君谶纬之心可见一斑。同样把握住机会的还有道士李淳风：

> 大业十三年（617年）丁丑，老君降于终南山，语山人李
> 淳风曰："唐公当受天命。"淳风由是归唐。②

而"受天命"之言者，当然还是太上老君，即被神化的老子。

在道教各派纷纷以老君预言之名造作舆论之时，上清派的道士当然也不甘落后。陶弘景之徒，上清派第十代领袖王远知也有类似之言。王远知在当时的道教地位和统治阶层中的地位已经声名远扬。王远知常居江南，上清派更是在江南道教中影响巨大，南陈时便为陈主讲经。但隋炀帝远在北方也悉其名声，炀帝在晋王时便屡召见之，登基之后更是"亲执弟子之礼，敕都城起玉清玄坛以处之"③，可见王远知在隋末时名声已经南北皆知。但是后来隋炀帝再下江南时，王远知却拒绝随其北上。王远知关于李氏之预言的具体言论已无从查找，而《旧唐书·隐逸传》中提起当时，"高祖之龙潜也，远知尝密传符命"④《新唐书·方技传》在王远知的列传中记载更甚："高祖尚微，远知密语天命。"⑤依此记载，《新唐书》中所言"尚微"较之《旧唐书》所言"龙潜"的时间，李渊所显示出的势力可能更加不明显，而王远知都曾经密受天命，甚至与李渊集团已经有了联系。在唐建立政权后，"武德三年（620年），诏晋阳道士王远知授朝散大夫，并赐镂金冠子，紫丝霞帔，以预言高祖受命之征也"⑥。可见唐高祖对

---

① （唐）温大雅撰：《大唐创业起居注》，第4页。
② （宋）谢守灏撰：《混元圣纪》卷八，《中华道藏》第46册，第91页。
③ （五代）刘昫等撰：《旧唐书》卷一九二，第5125页。
④ （五代）刘昫等撰：《旧唐书》卷一九二，第5125页。
⑤ （宋）欧阳修、宋祁撰：《新唐书》卷二〇四，第5804页。
⑥ （唐）杜光庭撰：《历代崇道记》，《中华道藏》第45册，第62页。

于王远知当时的"密语天命"非常认可，授予其朝散大夫官职，并赐予了道士的最高赏赐。然而同样预言并站队的岐晖并没有受封的记录，高祖仅是敕令其造楼观，建宗圣观，主持祭祀。当然，在这里也没有以赏赐来将两位高道进行比较的必要。但是相较于楼观道岐晖掌握官方祭祀之实职而言，王远知接受的赏赐以及其只愿身在山林的请辞之态度，相当程度地保持了上清派重视个体修炼、以虚静存思修心的道派法宝，代表了上清一派在修炼守道上的特色与坚守。在唐王朝建立后统治的巩固和维持稳定上也一直有所参与。

二、间接参与唐王朝皇位承继

唐代上清派从王远知开始，不仅在唐王朝的建立过程中获得李渊的认可，在后来的皇位争夺与承继的复杂政局中，也正确地观察了政治形势，选择了在王位争夺过程中获得最终胜利的一位。

最为史家所称道的还是这位引领上清派在唐代建立之初，在政局中获得主动的高道——王远知。获得王远知之预言的不止有唐高祖李渊，还有唐太宗李世民。《旧唐书》记载：

> 武德中，太宗平王世充，与房玄龄微服以谒之，远知迎谓曰："此中有圣人，得非秦王乎？"太宗因以实告，远知曰："方作太平天子，愿自惜也。"太宗登极，将加重位，固请归山。[①]

武德年间，李世民和房玄龄曾微服私访王远知，并没有言明身份。王远知出迎相见，对两人说你们之中有圣人，并推测出李世民秦王的身份。李世民才以实相对，王远知便预言其以后会登顶高位，

---

① （五代）刘昫等撰：《旧唐书》卷一九二，第5125页。

一定要早做打算。王远知说出这一预言正值"太宗平王世充"之时，大约是武德四年（621年）左右：

> 四年（621年）二月，世充率兵出方诸门，与王师相抗，世充军败。……世充惶惑，不知所为，将溃围而出，南走襄阳，谋于诸将，皆不答，乃率其将吏诣军门请降。……秦王以世充至长安，高祖数其罪，世充对曰："计臣之罪，诚不容诛，但陛下爱子秦王许臣不死。"高祖乃释之。与兄苪、妻、子同徙于蜀，将行，为仇人定州刺史独孤修所杀。[1]

李世民受命率兵征讨王世充，获得胜利，擒获王世充。他将王世充带回长安交由李渊发落。李渊本想要杀王世充，李世民是没有当面求情的，但是王世充却说李世民已经答应放过他，也就是说李世民在抓到王世充之时就擅作主张赦免了王世充的死罪。而李渊因着李世民平叛有功而没有说什么，甚至还称赞：

> 上以秦王功大，前代官皆不足以称之，特置天策上将，位在王公上。[2]

李世民在这个时候对于皇位的态度就已经是势在必得，平叛之军功也是被天下人看在眼中。事实上，李世民对于皇位的企图早已萌芽，在《旧唐书·杜如晦列传》中的记载就已见端倪：

> 太宗平京城，引为秦王府兵曹参军，俄迁陕州总管府长史。时府中多英俊，被外迁者众，太宗患之。记室房玄龄曰："府僚去者虽多，盖不足惜。杜如晦聪明识达，王佐才也。若大王守藩端拱，无所用之；必欲经营四方，非此人莫可。"太宗大惊曰：

---

① （五代）刘昫等撰：《旧唐书》卷五十四，第2234页。
② （宋）司马光编：《资治通鉴》卷189，第5931页。

"尔不言，几失此人矣！"遂奏为府属。[①]

"太宗平京城"之时应该是唐王朝灭亡隋朝时，也就是大业十四年（武德元年，618年），当时李世民的太多幕僚被外迁做官，杜如晦是李世民府中参军。房玄龄向李世民推荐杜如晦时评价其是"王佐之才"，如果李世民只想看着兄长太子李建成成为皇帝，而自己老老实实当个藩王，就不需要杜如晦这样的人，但是如果李世民想要"经营四方"即登上皇位便需要杜如晦的辅佐。李世民当场大悟，留下了杜如晦。从这一段记录可见，李世民早就有意于皇位。而王远知彼时隐居于山中，"身在山林，心怀魏阙"，对于李世民的军功、实力和野心一定是有所了解，才会在李世民和房玄龄微服寻他之时说出"太平天子"之语。而王远知的话反过来更加激发了李世民对于登顶的野心。

李世民在继位之后便为王远知在茅山建太受观，并降诏书极力称赞王远知的高瞻远瞩和预言之功：

> 朕昔在藩朝，早获问道，眷言风范，无忘寤寐。[②]

李世民称自己早在龙潜之时就有幸得到王远知的指点，慕其仙风道骨，而那"太平天子，愿自惜"的忠言也时刻不敢忘记。正如第一章讲到的法琳在傅奕诽毁佛教之事上向李世民"诉苦"，希望李世民"拆邪见""正法炬"，在政局中站在佛教一方。从后人的角度来看，傅奕对于佛教之建议最终得到了高祖的肯定和执行，如果李世民在对王位争夺还没有完全准备好的当下站在了高祖和傅奕的对立面，那么之后的形势也难料。而王远知则告诫李世民"愿自惜"，

---

① （五代）刘昫等撰：《旧唐书》卷六十六，第2468页。
② （五代）刘昫等撰：《旧唐书》卷一九二，第5125页。

使得李世民在形势未明朗之前保持低调，乃是非常明智的忠言。于是李世民也加封了王远知官职：

> 太宗又加远知银青光禄大夫，并远知预言之故也。[①]

因着王远知的"预言"，李世民对王远知敬重有加，不仅封赏了官职，而且在王远知请求归山之时，特意为其敕造道观居所，以示尊崇。可见李世民在继位之前很多政事上的选择和处理是得益于王远知之预言的。而上清派也因此与统治者关系越发密切，教内地位也越发崇高。

第二节　唐王朝的征召与上清道士的回应

唐代帝王多崇道，常常召各派道士侍候左右，多做预言、问政、炼丹、修炼长生之术等活动，也为皇帝建造仙楼之类的修道场所。上清派道士如王远知、潘师正、司马承祯等高道也曾多次被召见。他们对于这些召见有的因为各种主观或客观的原因应诏了，而有的则在不利的政局中选择了请辞或者拒绝。[②]

① （唐）杜光庭撰：《历代崇道记》，《中华道藏》第45册，第62页。
② 汤其领《唐代茅山道论略》（《河南科技大学学报（社会科学版）》2008年第6期）略述了唐代茅山道重要的道士潘师正、李含光等人潜心修炼、著书立说、兴观传道、誉满朝野的现象来论证茅山道在唐代道教发展中的核心地位。雷闻《茅山宗师王远知的家族谱系——以新刊唐代墓志为中心》（黄正建主编：《隋唐辽宋金元史论丛》（第四辑），上海：上海古籍出版社，2014年）以王远知之侄王硕度的墓志为资料，研究王远知的家族关系。梁红仙的博士论文《思想与政治之间——唐玄宗时期政治思想研究》（西北大学2013年博士论文）中第四章第二节讨论了道家和道教的政治思想，论述了上清派道士司马承祯的无为治国的政治思想和吴筠以道德治国的政论、以儒济世的政治情怀及其政治见解。

一、"功成身遂天之道"：王远知的固执请辞

王远知在李世民的夺权之道上有预言之功，获得李世民的敬重。而在李世民登顶之后，他并没有留在京城之内。尽管唐太宗"欲官之，苦辞"[1]，想要授予其官职，将他留在身边时常问道，他却"固请归山"[2]。太宗身边不缺乏各种道派和修习各种道术的道士，甚至太宗还利用道士来为自己培养势力做伪装。这个时候，以王远知在道教之中的水平和地位，如若留在皇帝身边为其讲经论道，似乎更有利于上清派的发展。而王远知却执意要请辞归山。从关于当时政局事件的一些史料记载中我们可以窥探一些王远知和道教的境况。

在唐高祖的执政暮年，李世民和李建成、李元吉双方势力对于皇位的争夺已经到了白热化的阶段。李世民拥有军功，在军、朝两端皆有自己的势力。武德九年（626年），在李世民发动"玄武门之变"前，发生了重要的谶纬事件——两次"太白经天"。太白经天是金星于白天划过天空的天文现象，古人将其当成一种预测未来吉凶的天启之兆。当年六月初连续出现了两次"太白经天"，在第一次"太白经天"出现之后，李世民和李建成双方均认为这是一次绝佳的机会，不仅为此紧急部署了自己的势力，李建成和李元吉还向李渊进言，试图给李世民扣上一个"莫须有"的罪名，李世民也为自己筹谋已久的权变做最后的部署与确认。紧接着的第二次"太白经天"发生后，向李渊上奏者乃时任太史令的傅奕。

（626年）己未，太白复经天。傅奕密奏："太白见秦分，

---

[1] （宋）欧阳修、宋祁撰：《新唐书》卷二〇四，第5804页。
[2] （五代）刘昫等撰：《旧唐书》卷一九二，第5125页。

秦王当有天下。"上以其状授世民。于是世民密奏建成、元吉淫乱后宫，且曰："臣于兄弟无丝毫负，今欲杀臣，似为世充、建德报仇。臣今枉死，永违君亲，魂归地下，实耻见诸贼！"上省之，愕然，报曰："明当鞫问，汝宜早参。"①

史料记载傅奕上奏向李渊解释了两次"太白经天"所预示之意义："太白见秦分，秦王当主天下。"不论傅奕是否站队李建成势力，他对于"太白经天"预言李世民对皇位之野心的言论，事实上对李世民一方是不利的，如第一章所讨论的，秦王李世民应该早就与傅奕分属两个利益集团。李渊当场将这封奏折给李世民看，便有试探他是否有僭越之意。李世民便拿出早就准备好的对手的把柄，并让李渊回忆了一下他当年为唐王朝立下的汗马功劳。李世民在提醒李渊自己的军功的同时，实际上也在提醒高祖当时的边境局面。当时唐政权正处与突厥交战的重要时刻，李世民作为主战派，抵御突厥的主力是李靖等李世民一方的将领。以突厥战乱和边疆兵权为"要挟"是李世民提出军功的重要目的。而李渊的反应也是"愕然"，也算是认下了李世民所提的李建成等人的罪状。翌日，即六月初四便发动"玄武门之变"：

> 上（李渊）谓裴寂等曰："不图今日乃见此事，当如之何？"萧瑀、陈叔达曰："建成、元吉本不预义谋，又无功于天下，疾秦王功高望重，共为奸谋。今秦王已讨而诛之，秦王功盖宇宙，率土归心，陛下若处以元良，委之国事，无复事矣。"②

裴寂乃跟随高祖打天下之老臣，李渊问其事，史料却没有记载，

---

① （宋）司马光编：《资治通鉴》卷一九一，第6009—6010页。
② （宋）司马光编：《资治通鉴》卷一九一，第6011页。

而萧瑀和陈叔达等回答明显是偏向李世民的。事实上，傅奕在此之前也是一位非常坚定的反佛者，与萧瑀也有一番关于佛教的观点对立的辩论，后来高祖认为傅奕有"誉道毁佛"的私人目的，最后的结果是："上（高祖）亦恶沙门、道士苟避征徭，不守戒律，皆如奕言。"①而李世民在登基之后谓傅奕："汝前所奏，几累于我，然今后但须尽言，无以前事为虑也。"②虽然傅奕对于"太白经天"的预言陷其于不利，但是于傅奕本人并未有严惩。

可见，唐太宗在谶纬、佛道之事上更看重的是对自身统治的有利可图，至于是否真正有道教信仰于当时的唐太宗而言并不重要。贞观元年（627 年）时太宗也对道教神仙之术表达了不信任：

> 神仙事本虚妄，空有其名。秦始皇非分爱好，遂为方士所诈，乃遣童男女数千人随徐福入海求仙药，方士避秦苛虐，因留不归。始皇犹海侧踟蹰以待之，还至沙丘而死。汉武帝为求仙，乃将女嫁道术人，事既无验，便行诛戮。据此二事，神仙不烦妄求也。③

认为无论是秦始皇还是汉武帝，对于神仙事过分的热衷都不利于自己的统治。可见，当时的太宗并不相信道教的长生修炼之术，而上清派王远知之时在道教义理方面还没有很高的水平（至少王远知当时并没有留下可流传的理论论述）。事实上高祖朝对于佛道二教的态度就一直反复，沙汰两教的诏书时有下达。王远知深知太宗对道教的推崇并非出于对道教理论和修炼之术本身的认可，故而在太

---

① （宋）司马光编：《资治通鉴》卷一九一，第6002页。
② （五代）刘昫等撰：《旧唐书》卷七十九，第2717页。
③ （五代）刘昫等撰：《旧唐书》卷二，第33页。

宗想要授予官职留他在朝中时，选择了"功成身遂"推辞归山。一方面，从王远知自身来说，上清派秉持着清静虚心的修道理念，彼时正是"功成身遂"的时机，不为世俗名利所诱，毅然决然地回归修道之本心。另一方面，我们也可以从太宗登上皇位之过程以及其后之政策措施看出一些王远知对于政局的审时度势和统治者心理的揣摩。

二、"身在山林，心怀魏阙"：潘师正的隐居互动

两《唐书》中均有潘师正传记，起初潘师正以孝而闻名。隋代大业年间跟随王远知学道，深得王法主的真传，后来在嵩山逍遥谷隐居。唐高宗时期，高宗非常崇信道教，并且甚是喜爱服饵食药，耽于长生炼丹之术，身边不乏各种所谓擅长道术炼丹的道士。高宗在驾崩当日，皇庭下诏于全国各处建造道士观，"（永淳二年683年）仍令天下诸州置道士观，上州三所，中州二所，下州一所，每观度道士七人，以彰清净之风，伫洽无为之化"①，以完成高宗遗愿。

潘师正于嵩山逍遥谷隐居不出时，高宗曾多次拜访：

> 师正清静寡欲，居于嵩山之逍遥谷，积二十余年，但服松叶饮水而已。高宗幸东都，因召见与语，问师正："山中有何所须？"师正对曰："所须松树清泉，山中不乏。"高宗与天后甚尊敬之，流连信宿而还。寻敕所司于师正所居造崇唐观，岭上别起精思观以处之。初置奉天宫，帝令所司于逍遥谷口特开一门，号曰仙游门，又于苑北面置寻真门，皆为师正立名焉。时太常奏新造乐曲，帝又令以《祈仙》《望仙》《翘仙》为名。前

---

① （唐）杜光庭撰：《道德真经广圣义》，《中华道藏》第9册，第575页。

后赠诗，凡数十首。①

潘师正隐居山林二十多年，餐霞饮露，修炼上清道术。唐高宗去洛阳时，曾召见潘师正，向其询问隐居的生活情况。高宗和武后都十分地尊敬潘师正，多次拜访，并留宿山中，慕道而访。②并且在山中为其专门建造了崇唐观、精思观供其修道和居住。《新唐书·地理志》中记载在河南登封县，高宗于永淳元年（682年）建造了专门用于官方祭祀的奉天宫。在奉天宫的建筑中特别地为潘师正开造了一扇朝向逍遥居的大门，赐名"仙游门"，以示对潘师正的崇敬之情。同时也可以看出高宗希望请潘师正伴于左右，特意开一扇"仙游门"以示自己慕道之决心，即使潘师正拒绝了，依然以"仙游"之名遥敬之。不仅如此，还在自己住所的北面为潘师正设置"寻真门"，为其创作乐曲，可见其真心慕道之心，急切想要诏潘师正入京的心情，以及上清派高道在帝王心中和整个道界的地位。

潘师正与唐高宗的交往是非常密切的，特别是关于道教教义理论的问答和讨论。这一点，在《道门经法相承次序》一书中记载的非常详细。高宗对潘师正的提问包括几类，一类是三一法、九宫、六合宫等关于道教修炼方面的问题，潘师正因此讲述了上清派在存思修炼方面的理论总结。一类是关于元始天尊、太上道君、六十甲子星官等神仙谱系问题，在这方面问题的回答中，我们可以看出潘师正借鉴了佛教的一些理论，不仅将"道"与"尊道"的理论讲清

---

① 　（五代）刘昫等撰：《旧唐书》卷一九二，第5126页。

② 　神冢淑子《则天武后时期的道教》（［日］吉川忠夫编：《唐代的道教》，京都：朋友书店，2000年）一文中提出，茅山宗高道潘师正与唐高宗和武则天时期的封禅等政治活动保持着密切的关系，可见茅山宗在唐代道教中的地位之高。

楚，还隐喻地将"尊君"与"尊道"的关系解释了一遍①，表明了上清派在尊重王权上的立场与态度。王远知建立起与唐王朝的在舆论和政治层面的合作之后，由于李唐王朝权力逐渐加强和稳固，上清派与政权之间的合作与同盟因为双方势力的差距愈大而需要转型和转机来巩固和加强。对于处于弱势的上清派，这种合作不能再是浮于表面的舆论与修炼层面，也远不止依靠老君连接彼此双方，故而潘师正企图进一步在道教的教义和理论层面加入关于"君权"与"神权"关系的内容，这种层面的建立需要扎实的基础理论功底，也并非一代道士所能完成。正如前一章所述，重玄学兴起的理论环境和上清派自身较深的理论基础，加上司马承祯等理论水平高超的上清派道士的努力，对理论体系的完成非常有利。

　　尽管潘师正个人与高宗的交往非常频繁，但是他却并没有选择亲身入朝堂。从史料记载的当时的政治局面来看，他的这一选择相当正确。唐高宗时期，尤其是执政暮年，武后与李氏王朝之间的政治博弈已白热化。永隆元年（680年），当高宗再次拜谒潘师正时，高宗本人已经对长生服饵之道术非常痴迷了。潘师正以隐居生活清静自然为由不愿出山。在此之前，李唐王朝内外皆处于混乱之中。对外，突厥势力不断骚扰，调露元年（679年），突厥联合吐蕃侵犯安西边境，和亲吐蕃的文成公主身死异乡；对内，当时的皇太子李贤、英王李哲、武后等众多势力争权夺利，局面复杂。道士如明崇俨：

① 周德全在《道教与封建王权政治交流研究》一书中认为，潘师正试图从"经—教"统一的角度来解决"尊道"与"尊王"之间的政道合作关系问题，但是还局限在"术道"的层面，但是他个人与皇帝的交流，为其高徒司马承祯与吴筠的义理创新和进入李唐王权的宫廷创造了条件。

以厌胜之术为天后所信，尝密称"太子不堪承继，英王貌类太宗"，又言"相王相最贵"。天后尝命北门学士撰《少阳正范》及《孝子传》以赐太子，又数作书谯让之，太子愈不自安。①

明崇俨擅长符咒巫术，为武后所倚重。在高宗和武后身边却常进言太子（李贤）的不是，密助李哲，深得武后一方喜爱。这自然成为当时太子李贤的眼中钉。调露元年（679 年）四月，明崇俨在洛阳被杀，武后认为是太子所为，又引起了朝堂一番腥风血雨。而道士明崇俨只不过是参与纷乱政局过深的一个权力牺牲品。事实上，永隆元年（680 年）二月，高宗拜谒潘师正之前，还拜见了隐士田游岩。与潘师正的拒绝不同，田游岩选择了进入政局，拜崇文馆学士。紧接着的八月，太子李贤被唐高宗废黜，同时获罪的还有当时的太子洗马兼侍读刘讷言、苏州刺史等重臣，新立武后之子英王哲（唐中宗）为太子，政局巨变之际，翌年（681 年），田游岩出任太子洗马，可见田游岩初入局中便选择了立场。但史料所论其"在东宫无所规益"，被"右卫副率蒋俨以书责之"，而田游岩"竟不能答"②，最后只得还山继续隐居。

潘师正虽然希望通过常侍皇帝左右来巩固上清派与政治之间的密切关系，但是面对权力的诱惑和纷乱复杂的朝局环境，明智地选择了不参与其中。当彼之时，潘师正已经意识到，仅仅在政局中寻求存在感已经不能帮助深化上清派与政治的合作与同盟，与其在政局中深陷，不如在道教理论层面交好统治者，为未来上清派与政权

---

① （宋）司马光编：《资治通鉴》卷二〇二，第6397页。
② （宋）司马光编：《资治通鉴》卷二〇二，第6403页。

之间在理论层面创造更加深入、更加难以割裂的关系。

三、"青衫不染尘埃色"：司马承祯的出入朝堂

司马承祯，字子微，河内温（今河南省温县）人。"少好学，薄于为吏，遂为道士。事潘师正，传其符箓及辟谷导引服饵之术。"①司马承祯自小好学，对仕途不感兴趣，拜潘师正为师学道，修习符箓、存思长生之术，长居天台山。潘师正对其赞誉有加，谓："我自陶隐居传正一之法，至汝四叶矣。"②认为上清派从陶弘景传王远知再传潘师正，而司马承祯可以成为自己的继承人、上清派的宗师领袖。司马承祯主要经历了睿宗、武则天、玄宗等朝，为各代皇帝所推崇。相对于潘师正对参与朝堂事的保留态度，司马承祯对于朝局的参与更加积极。

武则天虽然依赖佛教势力巩固其皇位，但是对道教亦不是完全拒绝的态度。在她的《唐享昊天乐》组诗可以见得，其三云：

> 乾仪混成冲邃，天道下济高明。
>
> 阊阳晨披紫阙，太一晓降黄庭。
>
> 圜坛敢申昭报，方璧冀展虔情。
>
> 丹襟式敷衷恳，玄鉴庶察微诚。③

这首诗中蕴含的均是道教元素，在官方祭祀等重要场合，武则天还是会配合李唐王朝对于道教的"宗法"尊崇。对于司马承祯的敬重也是如此。"则天闻其名，召至都，降手敕以赞美之。及将还，

---

① （五代）刘昫等撰：《旧唐书》卷一九二，第5127页。

② （五代）刘昫等撰：《旧唐书》卷一九二，第5127页。

③ （清）彭定求等编：《全唐诗》卷五，第52页。

敕麟台监李峤饯之于洛桥之东。"①武则天久仰其道名，召其入京，亲手书诏赞美。司马承祯归山时，特令当时还是麟台监的李峤相送。李峤任麟台监之时大约在圣历元年（698 年）升迁凤阁鸾台平章事以前，司马承祯大约也是在公元 690 年左右入京面圣。

《唐文拾遗》中唐道士徐灵府所著《天台山记》中记载："频有诏命，先生（司马承祯）皆不就。至睿宗景云二年（711 年），令兄承祎就山邀迓。"②也就是说在睿宗景云二年（711 年）之前，当权者的诏命司马承祯都没有应承，或者说短暂地去长安，但是并没有长期侍奉皇帝左右，包括前文所述的武则天的召请。睿宗前后曾三次敕诏司马承祯，第一次睿宗路过天台山，想请司马承祯出山，但是被拒绝了。于是有了第二次的敕文邀请，这一次皇帝让其兄司马承祎前往：

> ……朕初临宝位，久藉徽猷。虽尧帝披图，翘心啮缺，轩辕御历，缔想崆峒，缅维彼怀，宁妨此顾。夏景渐热，妙履清和，思听真言，用祛蒙蔽。朝钦夕伫，迹滞心飞，欲遣使者专迎，或遇炼师惊惧，故令兄往，愿与同来，披叙不遥，先此无恙，故敕。③

"初临宝位"是指睿宗再次登位的景云年间，睿宗时想要"遣使者专迎"，却又怕唐突，所以让其兄司马承祎来邀请他前往京城。语言上的"客气"与着其兄亲自邀请的行为是相矛盾的，这一举动事实上已经有了以亲人相挟之逼迫意义。据史料所载，司马承祯答应

---

① （五代）刘昫等撰：《旧唐书》卷一九二，第5127页。

② 《唐文拾遗》卷五十，（清）董浩等编《全唐文》，第10946页。

③ （清）董浩等编：《全唐文》卷十九，第223—224页。

前往。睿宗询问其关于阴阳术数和治国之问题。然而司马承祯并没有在京城停留很久，不久便请辞。"承祯固辞还山，仍赐宝琴一张及霞纹帔而遣之，朝中词人赠诗者百余人。"①司马承祯在京城停留了三个月，便提出归山，睿宗不得不送别司马承祯，并赐琴和霞帔，与司马承祯交好的文人都以诗相赠。睿宗敕云：

> 先生道风独峻，真气孤标。餐霞赤城之表，驭风紫霄之上，遁俗无闷，逢时有待。暂谒蓬莱之府，将还桐柏之岩，鸿宝少留，凤装难驻。闲居三月，方味广成之言；别途万里，空怀子陵之意。然行藏异迹，聚散恒理，今之别也，亦何恨哉！白云悠悠，杳若天际，去德方远，有劳凤心。敬遣代怀，指不多及。故敕。②

这封敕文表达了睿宗对于司马承祯执意归山的不舍之情，聚散终有时，只能取道教之意"顺其自然"。另外，睿宗还为其在天台山重修桐柏观，以供司马承祯悟道修炼。

> ……宜令州县准地数亩酬价，仍置一小观，还其旧额。更于当州取道士三五人，选择精进行业者，并听将侍者供养。仍令州县与司马炼师相知，于天台山中辟封内四十里，为禽兽草木长生之福庭，禁断采捕者。③

除重修桐柏观以外，还允天台山授道士三五人，开辟方圆四十里，禁止采摘打猎，以养洞天福地，修福德。

睿宗送别司马承祯的两封敕文出于景云二年（711 年）的十月，

---

① （五代）刘昫等撰：《旧唐书》卷一九二，第5128页。
② （清）董浩等编：《全唐文》卷十九，第224页。
③ （清）董浩等编：《全唐文》卷十九，第224页。

换而言之，司马承祯是在大约六七月夏时入京，这与睿宗的邀请敕文中提到的"夏景渐热，妙履清和，思听真言，用祛蒙蔽"的时节相吻合，大约在十月离开京城返回天台山。从时间线上来看，睿宗景云元年（710年）五月便下诏：

> 元元皇帝，朕之始祖，无为所庇，不亦远乎。第八女西城公主，第九女昌隆公主，性安虚白，神融皎昧，并令入道，奉为天皇天后。宜于京城右造观，仍以来年（711年）正月令二公主入道。①

这一事件是道教史上非常著名的事件，近来学者多有研究，不再赘述。当时为太清观道士的张万福亲历并记载：

> 窃见金仙、玉真二公主，以景云二年（711年），岁次辛亥春正月十八日甲子，于大内归真观中，诣三洞大法师金紫光禄大夫、鸿胪卿、河内郡开国公，上柱国太清观主史尊师，受道破灵宝自然券……②

张万福作为金仙、玉真两公主入道事件的亲历者记录下了这一事件，两公主在景云二年（711年）的正月入道，拜当时的鸿胪卿、太清观主史崇玄为师。同时开始建造公主入道之观。司马承祯在这一时机，睿宗以其兄亲邀而被迫入京，面临的是睿宗进入执政暮年、重视道教，但是政局在太平公主、李隆基等各方势力竞争进入最后关头的风口浪尖之时。当时在朝局之中的很多道士都不能独善其身，也有人趁机为自己谋取前程。就两公主之师史崇玄为例，《新唐书》

---

① （清）董浩等编：《全唐文》卷十八，第216页。

② （唐）张万福撰：《传授三洞经戒法箓略说》，《中华道藏》第42册，第123页。

中有载：

> 崇玄本寒人，事太平公主，得出入禁中，拜鸿胪卿，声势光重。观始兴，诏崇玄护作，日万人。群浮屠疾之，以钱数十万赂狂人段谦冒入承天门，升太极殿，自称天子。有司执之，辞曰："崇玄使我来。"诏流岭南，且敕浮屠、方士无两竞。①

史崇玄乃太平公主势力，太平公主得势时一时权倾。不仅成为二位公主入道的尊师，更是负责为公主建造道观，道观兴动人甚众。不知收敛的行为遭到了佛教中人的忌惮，便有了狂人段谦陷害之事。事实上佛教徒的忌惮只是其中一方势力的动作。史载：

> （景云二年，711年）九月，庚辰，以窦怀贞为侍中。怀贞每退朝，必诣太公主第。时修金仙、玉真二观，群臣多谏，怀贞独劝成之，身自督役。②

窦怀贞也是太平公主之属下，在修建金仙、玉真二观时，和史崇玄一起支持修建，并亲自督建。而太平公主所办之事，自然会被当时为太子的李隆基一党所阻挠。当然在这件事之前，双方就已经在任命官职、谶纬等方面有了多次交锋。史料所记"群臣多谏"，群臣中包括右补阙辛替否：

> 造寺不止，费财货者数百亿，度人无穷，免租庸者数十万，所出日滋，所入日寡；夺百姓口中之食以养贪残，剥万人体上之衣以涂土木，于是人怨神怒，众叛亲离，水旱并臻，公私俱罄，享国不永，祸及其身。③

---

① （宋）欧阳修、宋祁撰：《新唐书》卷八十三，第3656—3657页。
② （宋）司马光编：《资治通鉴》卷二一〇，第6667页。
③ （宋）司马光编：《资治通鉴》卷二一〇，第6668页。

认为滥造寺观耗费国家财力，无异于在掠夺百姓的温饱，是害国害民之举。谏议大夫宁原悌：

> ……释、道二家皆以清净为本，不当广营寺观，劳人费财。梁武致败于前，先帝取灾于后，殷鉴不远。今二公主入道，将为之置观，不宜过为崇丽，取谤四方。又，先朝所亲狎诸僧，尚在左右，宜加屏斥。[①]

认为营造观宇劳民伤财，前车之鉴颇多，甚至明言高宗时所养的僧侣道士都在宫中，应该加以遣散。这一上疏更加直接地与司马承祯入京面圣有关系。

事实上，表面上是在京城的道教与佛教之争斗，其实都是被唐玄宗和太平公主政治斗争卷入的势力，利用佛教与道教的争端来争夺一些政治权力的掌控。一则睿宗执政已到暮年，盲目崇信道术，对于司马承祯的提问都与阴阳术数之类的道术有关，司马承祯固然会回答劝诫睿宗执政无为，事实上睿宗的想法已经与上清派的理念有了龃龉。二则当时朝堂争权夺势的各方党羽错综复杂，太平公主和太子李隆基的争斗已经白热化。不论是入道还是反对建造道观，都不过是被政局所利用的借口罢了。在这种风起浪涌的时期，司马承祯入京不愿久留也不愿过多地参与这场争斗。此时不留在京城政局中心更有利，请辞归山是最好的选择。

虽然在混乱的政局中应当选择明哲保身，但是上清派与政治的关系也不能因此而疏远，在统治者面前的"存在感"应适当保持。故而到了玄宗继位之后，开元九年（721年）玄宗朝政开始稳定，四方少数民族也逐渐安定，李唐统治渐入佳境。玄宗再次遣使迎接

---

① （宋）司马光编：《资治通鉴》卷二一○，第6659页。

司马承祯入京，并亲自受法箓，附带丰厚赏赐，《茅山志》中记载茅山崇禧观中保留了《唐明皇受箓碑》，茅山华阳洞保留有《唐玄宗授上清箓碑》，以及当时著名画家吴道子的名作《明皇受箓图》也可以窥见当时的盛况和对上清派的恩宠。司马承祯于开元十年（722 年）请还，唐玄宗于当年"诏两京及诸州各置玄元皇帝庙一所，并置崇玄学。其生徒令习《道德经》及《庄子》《列子》《文子》等，每年准明经例举送"[①]。十五年（727 年）又召至京都，此后一直保持着联系。玄宗还"令承祯于王屋山自选形胜，置坛室以居焉"[②]。司马承祯认为五岳之神各有不同，应该单独建造斋祠享祭祀。"玄宗从其言，因敕五岳各置真君祠一所，其形象制度，皆令承祯推按道经，创意为之。"[③]可见玄宗对司马承祯信任有加，五岳真君的形象都是按照他对道经的理解来完成，可以说司马承祯甚至上清派掌握了官方祭祀中对山川五岳祭祀的绝对话语权[④]。就道教而言，是一件地位提升的大事，对于上清派而言，更是在道教众派别中获得了更多的资源和更好的发展环境，地位更加超然。另外，"承祯颇善篆隶书，玄宗令以三体写《老子经》，因刊正文句，定著五千三百八十言为真本以奏上之"[⑤]。司马承祯还曾经向唐玄宗敬献《铸含象镜鉴图》。开元十五年（727 年）唐玄宗令已经入道的玉真公主和光禄卿韦绍跟随司马

---

① （五代）刘昫等撰：《旧唐书》卷二十四，第925页。

② （五代）刘昫等撰：《旧唐书》卷一九二，第5128页。

③ （五代）刘昫等撰：《旧唐书》卷一九二，第5128页。

④ 吴受琚在《司马承祯集》的前言《论司马承祯（代序）》中认为，司马承祯的这一事件"为道教取得了参与国家重要祭祀的权力，并与儒教祭祀仪式抗衡，这也就抬高了道教的地位，扩大了道教的影响"，是道教史上的一件大事。（北京：社会科学文献出版社，2013年，第2页）

⑤ （五代）刘昫等撰：《旧唐书》卷一九二，第5128页。

承祯修习金箓斋。值得注意的是，在此之前，玉真公主拜的是当时的太清观主史崇玄为师。而史崇玄因为是太平公主一党，在开元元年（713年）因太平公主谋反被杀而连坐处死。在唐玄宗的示意下，已授上清玄都大洞三景师的玉真公主于开元十五年（727年）跟随司马承祯修习。事实上，玉真公主后来游历山岳时还跟随上清道士焦真静学道："息驾太室，扪日阙，步玄门，挹上清羽人焦真静于中峰绝顶，访以空同吹万之始，丹田守一之妙。"①而这位焦真静道士乃是司马承祯之弟子，与李渤所撰《王屋山贞一司马先生传》中记载的司马承祯所传弟子焦静真乃同一人②。可见玉真公主与上清派有密切的联系，却在天宝三载（744年）自请玄宗收回公主号，着实耐人寻味。开元二十三年（735年）司马承祯进《阳台观内壁画事迹题目状》，均获得了唐玄宗的批示和答复。吴受琚先生在《司马承祯集》中有统计过《司马承祯年表》③，司马承祯和唐玄宗以及唐王朝的交流颇为频繁，多为道教事宜，皆不曾涉足政局，这也是司马承祯所保留的对于政局的适当距离，出入朝堂之间把握恰当的分寸。

四、"以文会友，唯道成邻"：吴筠的积极入世

吴筠与司马承祯师出同门，都是潘师正的弟子，比司马承祯稍晚一些，又大约比李含光稍长一些。他于上清派理论的创新是唐代

①　《玉真公主受道灵坛祥应记》，陈垣编纂：《道家金石略》，北京：文物出版社，1988年，第140页。

②　关于司马承祯弟子焦静真和玉真公主之师焦真静为同一人，日本学者土屋昌明在《李白之创作与道士及上清经》（《四川大学学报（哲学社会科学版）》2006年第5期）一文中有详细的论证。

③　吴受琚制：《司马承祯年表》，吴受琚辑释《司马承祯集》卷十三，第350—351页。

上清发展的重要部分，但是在政治实践上，他与司马承祯却略有不同。

　　吴筠最初入仕的理由并非如司马承祯一样是因高超的道学水平被皇帝推崇。"筠尤善著述，在剡与越中文士为诗酒之会，所著歌篇，传于京师。玄宗闻其名，遣使征之。"[①]剡、越中和会稽均在江南东道的越州。从吴筠的传记中我们可以感受到吴筠的性格相较于司马承祯更加开朗，乐于与文人墨客交往，并善作诗文，与官员士大夫群体的关系更加融洽，交际面也相对广泛。另外，在朝堂中任翰林，有实际官职，但他秉持的是"但名教世务而已"[②]的学术态度和修道态度，生性洒脱真实。"天宝中，李林甫、杨国忠用事，纲纪日紊。筠知天下将乱，坚求还嵩山。"[③]事实上，当是时李含光也被征召，不愿参与彼时之乱局，他以自己常年患有风疾，又有重修茅山之志请辞，唐玄宗依依不舍但是允许了。而吴筠却"累表不许，乃诏于岳观别立道院"[④]。唐玄宗为了挽留他，特意为其在岳观修建了道院供他修行。直到安禄山叛乱将至，才被允许返回茅山。安史之乱中原乱象丛生，江淮地区治理混乱，吴筠仍然"乃东游会稽。尝于天台剡中往来，与诗人李白、孔巢父诗篇酬和，逍遥泉石，人多从之。竟终于越中"[⑤]。可见吴筠面对当时的政治乱局没有参与，但是也没有如李含光一般隐居在茅山修上清经法为李唐王朝斋醮，他潇洒任性而为，与友人游玩作诗相会，留下了相当丰富的著作，不仅包括颇具

---

① （五代）刘昫等撰：《旧唐书》卷一九二，第5129页。
② （五代）刘昫等撰：《旧唐书》卷一九二，第5129页。
③ （五代）刘昫等撰：《旧唐书》卷一九二，第5129页。
④ （五代）刘昫等撰：《旧唐书》卷一九二，第5129页。
⑤ （五代）刘昫等撰：《旧唐书》卷一九二，第5129页。

文采的诗文，还有专业的思辨性强的上清理论研究著作。以文才而非道学被召入朝，在政局混乱的时候一样选择退而避之。在高力士因佛道之分歧"尝短筌于上前"时，吴筠也宁摧不折地向皇帝请辞。可见吴筠是一位高洁放达之士，他的积极入世不是表现于他对于中心朝局的参与度，而是他与士大夫官员的积极交往（本章的第四节将详述）。如果说司马承祯让上清派与皇帝的关系更加紧密，那么吴筠便是让上清派与官员士大夫群体的交往更加频繁。

最初，王远知积极参与李唐王朝建立和继统斗争，通过预言、谶纬的方式展开与李唐王朝的合作，这段同盟关系的开始是实力相对相当的状态。其次，随着唐王朝对江山统治的稳定，上清派与李唐王朝的合作已经不能期望对等，更多的是扶持与服从，从老君在唐王朝宗法体系和道教神仙体系中地位的提升到潘师正企图融合"尊王"与"尊道"的概念，上清派在双方的关系中开始积极寻求新的出路。到了司马承祯之时，通过以司马承祯为代表的上清派高道在道教教义和理论上的努力，上清派适应了当时唐王朝治国之需要，以及政治中的进退得当，受到了更大的尊重，地位进一步提高，上清派与李唐王朝的合作同盟关系进入新的阶段。之后的传承者李含光，是上清派与李唐王朝合作关系的高潮与成熟阶段。

第三节　个案分析：唐玄宗与李含光修葺茅山

一、唐玄宗与李含光的交往

在潘师正、司马承祯的努力下，上清派和李唐王朝的关系走向更加成熟的理论与政治层面并重的阶段。然而，潘师正和司马承祯传道的一生大部分时间都在嵩山、王屋山和天台山，而李含光则多居住于茅山，①这对于上清派宗坛茅山宗在江南的发展和扩大影响更加有利。

李含光，广陵江都人。父亲孝威，号贞隐先生，精黄老之术，和司马承祯是方外好友。神龙年间在龙兴观入道。

> 开元十七年（729年），从司马先生于王屋山。一见，目之曰："真玉清之容也。"居嵩阳二十余年。司马仙游，玄宗召诣阙与语，叹曰："吾见含光，知司马真人犹然在世。"②

> 玄宗知先生偏得子微之道，乃诏先生居王屋山阳台观以继之。岁余，请归茅山，纂修经法。频征，皆谢病不出。③

李含光开元十七年（729年）拜司马承祯为师，居王屋山，深得司马承祯的真传。开元二十三年（735年）司马承祯西游，唐玄宗评价李含光继承了司马承祯的风范，让其在王屋山阳台观继承司马承祯的衣钵继续修行。但是仅一年多的时间，李含光便主动要求归

---

① 袁志鸿《茅山乾元观承传与道教上清派和全真教》中认为潘师正和司马承祯非驻茅山，而是在嵩山、王屋、天台，茅山上清派本山宗师缺位，是危机之时。收录于尹信慧主编：《茅山乾元观与江南全真道国际学术研讨会论文集》，桂林：广西师范大学出版社，2013年，第20—24页。Kirkland Russell在1986年发表的文章 The Last Taoist Grand Master at the Tang Imperial Count：Li Han-kuang and Tang Hsuan-sung（Tang Studies.1986年第4期）论述了李含光作为唐代的"最后一位"道教宗师，在其之前，上清派宗师在唐代的社会和政府中扮演着精神导师的角色，但在其之后，官员（或者说官方）希望皇帝与上清派保持距离，而皇帝个人也比起扶持宗教本身更关心个人的世俗权力和长生成仙，上清派与政治的"联盟"不再。这不仅是上清宗师的个人品质高低所决定的，更是社会政治条件的变化所决定的。

② （元）刘大彬撰：《茅山志》卷十一，《中华道藏》第48册，第422页。

③ （元）刘大彬撰：《茅山志》卷二十三，《中华道藏》第48册，第469页。

茅山修葺茅山经法。直到天宝四载（745 年）方应诏再次来到京城。
在此期间，史料记载了几条关于道教和政治之间的线索。

（1）（开元二十一年，733 年）制令士庶家藏《老子》一本，
每年贡举人量减《尚书》《论语》两条策，加《老子》策。①

（2）（开元二十九年，741 年）制两京、诸州各置玄元皇帝
庙并崇玄学，置生徒，令习《老子》《庄子》《列子》《文子》，
每年准明经例考试。②

（3）（天宝元年，742 年）二月丁亥，上加尊号为开元天宝
圣文神武皇帝。辛卯，亲享玄元皇帝于新庙。……庄子号为南
华真人，文子号为通玄真人，列子号为冲虚真人，庚桑子号为
洞虚真人，其四子所著书改为真经。崇玄学置博士、助教各一
员，学生一百人。③

（4）（天宝二年正月，743 年）追尊玄元皇帝为大圣祖玄元
皇帝，两京崇玄学改为崇玄馆，博士为学士。④

从有限的线索可以看出，唐玄宗对于道教的重视和推崇日益。
即使李含光称病请辞茅山，在茅山修葺道观和蒙尘的经书。在此期
间，唐玄宗频繁地征召，但李含光都以疾病为理由拒绝了。这一时
间段的记载寥寥数语，并不多，可见上清派与李唐王朝的关系稍落
低谷。

直至天宝四载（745 年）以后，李含光虽然大部分时间仍然在茅
山，但与李唐王朝的交流开始增加。

---

① （五代）刘昫等撰：《旧唐书》卷八，第199页。
② （五代）刘昫等撰：《旧唐书》卷九，第213页。
③ （五代）刘昫等撰：《旧唐书》卷九，第215页。
④ （五代）刘昫等撰：《旧唐书》卷九，第216页。

天宝四载（745 年）冬，乃命中官赍玺书征之。既至，延
入禁中，每欲咨禀，必先斋沐。他日请传道法，先生辞以足疾
不任科仪者数焉，玄宗知不可强而止。①

天宝四载（745 年）年末，唐玄宗命人以"玺书"征召李含光。
"玺书"乃是以玉玺封印之诏书，秦汉时多见其用，唐代已经不常使
用了，也可见唐玄宗的郑重，皇帝的郑重实际上就代表了一种强势。
于是在这次征召后，李含光暂时离开茅山，前往京城。唐玄宗每每
向李含光问道，都要先沐浴斋戒。"先时，玄宗将求大法，请先生为
师，竟执谦冲，辞疾而退。"②唐玄宗一心向道，想要拜李含光为师，
但李含光谦虚自敛，以疾病为由推辞了。以后人的眼光来看，唐玄
宗"求大法"，表面上对于道教可能有利，但是一个治世明君在李唐
王朝蒸蒸日上之际一心向道，对于天下百姓来说并非益事。而对于
当时与统治者关系密切的上清派来说，唐帝王无心政事、李唐王朝
的衰微、权力下移的乱世都是不利的发展环境。李含光作为"臣"，
既要代表上清派依靠唐帝王的恩宠，同时也要在政局中保持清醒。
故而，在唐玄宗提出"请传道法"之时，谓自己"足疾不任科仪者
数焉"。从这一句可以看出，唐玄宗所求的不仅仅是问道之道法，更
需要在科仪甚至斋醮上希望李含光来主持。李含光在茅山也经常为
唐玄宗和李唐王朝做科仪法事，例如《茅山志》记载：

十又一载，先生奉诏与门人韦景昭等于紫阳之东郁冈山别
建斋院，立心诚肃。是夜仙坛林间遍生甘露，因以上闻，特诏

---

① （元）刘大彬撰：《茅山志》卷二十三，《中华道藏》第48册，第469页。
② （元）刘大彬撰：《茅山志》卷二十三，《中华道藏》第48册，第469页。

嘉异。①

天宝十一载（752 年），李含光奉诏和弟子韦景昭在茅山紫阳洞建造斋院。按照李含光的进言：

> 臣含光言："季夏毒热，伏惟圣躬起居万福。去月八日，中使啖庭瑶至山宣口敕，以所脐缣二百匹并香三合，令臣于茅山用施斋醮，并赐臣衣两副。臣谨承圣旨，于紫阳观东郁冈山右，别立静院，克取今月二十七日人定启斋，二十八日寅时为正斋之始。自此之后，以渐遵行。计至冬间，法事乃毕，务尽心力，以求感通。但臣无功，每蒙赐及，伏增战栗。今供拟已办，谨遣弟子唐若倩随中使齐令诜奉表以闻。"②

李含光应唐玄宗的圣旨和赏赐，连续几日为皇帝斋醮法事，从夏季一直持续到冬日，态度诚恳而恭敬。但是对京城的法事，李含光却拒绝了这一殊荣。事实上，在京城甚至是在禁中的法事，更加具有政治意味。一则京城作为权力和政治的中心，任何一场科仪法事都无法摆脱政治的左右。二则，很多官方祭祀和皇帝命令的仪式，主持者都意味着来自权力的压力，受到多方政治势力的制约。三则，正如前文所提及的史崇玄就是最好的例证，不仅是太清观观主，更是属于其中一方政治势力。处在其中，没有人可以独善其身。天宝四载（745 年），政局相对平稳，但是安禄山已然进入政治中心，权力逐渐扩大；李林甫权倾朝野，深得皇帝倚重，高力士甚至因妄言李而为皇帝所不喜；杨贵妃逐渐获得恩宠，外戚权力逐渐增加。

天宝四载（745 年）之后，李含光依然向皇帝请辞，"以茅山灵

---

① 　（元）刘大彬撰：《茅山志》卷二十三，《中华道藏》第48册，第469页。
② 　（清）董浩等编：《全唐文》卷九二七，第9661页。

迹剪焉将坠，真经秘篆亦多散落，请归修葺"①。但是于史料记载来看，李含光与唐玄宗的交往明显增多。先是"赐绢二百匹、法衣两副、香炉一具、御制诗及叙以饯之"②。御制诗云：

序：玄静先生禀和清真，乐道虚极。顷来城阙，善利同人，缅思林泉，洗心外俗，予嘉焉重焉，式遂其意。言念于迈，赋诗宠行。

杨许开真篆，夫君密契传。九星连紫盖，双景合丹田。

玉简龟台职，金坛洞府仙。犹期御风便，朝夕候泠然③

又一首：

序：炼师气远江山，神清虚白。道高八景，而学兼九流。每发挥玄宗，启迪仙篆，延我以玉皇之祚，保我以金丹之期。敬焉，重焉，深惜此别。因赋诗以饯行云耳。

默受王倪道，逾深尹喜师。欣同八景会，更叶九丹时。

鸾鹤遥烟境，江山渺别思。当迁洞府日，留念上京期。④

可见唐玄宗对于李含光道术之推崇，道风之敬重，尽管李含光多次拒绝唐玄宗的拜师，依然以弟子口吻下敕文。

到了天宝七载（748年）春天，"玄宗又欲受《三洞真经》，以其春之三月，中官责玺书云：其月十八日，克受经诰。是日于大同殿洁修其事，遂遥礼先生为度师，并赐衣一袭以申师资之礼，因以玄静为先生之嘉号焉。仍诏刻石华阳洞宫以志之"⑤。尽管李含光不在

---

① （元）刘大彬撰：《茅山志》卷二十三，《中华道藏》第48册，第469页。
② （元）刘大彬撰：《茅山志》卷二十三，《中华道藏》第48册，第469页。
③ （元）刘大彬撰：《茅山志》卷二，《中华道藏》第48册，第376页。
④ （元）刘大彬撰：《茅山志》卷二，《中华道藏》第48册，第377页。
⑤ （元）刘大彬撰：《茅山志》卷二十三，《中华道藏》第48册，第469页。

京城，唐玄宗依然没有"放弃"拜师的想法，仍然"遥礼"李含光为度师。唐玄宗的《赐李含光号元（玄）静先生敕》中云："含光之和，清简无为，与予合志。"①换而言之，李含光所代表的上清派"清静无为"的修炼和治国理念，与唐玄宗之志合拍，深得唐玄宗的赞赏和推崇。随后的五月，李含光立即"投桃报李"，称：

> 窃见紫阳观东隐居先生旧合丹所，忽生芝草八十一茎，形状瑰奇，光采秀丽，根凭松石，气郁兰荃，斯实旷代稀有，当今罕见。伏惟陛下推诚洞府，展敬无亏，眷言紫阳，载兴修葺。是以神物繁植，用表吉祥。②

茅山紫阳观生长出八十一株灵芝，皆是因为唐玄宗重视茅山的发展，支持茅山的复兴和修葺，恩宠有加，才会天降祥瑞之物。后又陆续进贡灵芝和灵芝炼成的丹药。

天宝七载（748年）七月秋，"又征先生。既至，请居道观以养疾。九载春，辞归旧山。……是岁冬，又征先生，于紫阳别院馆之。十载秋，先生又恳辞告老，御制序诗以饯之"③。几年间，李含光在京城与茅山之间往返，在京城待不久，便又回到茅山。在此期间，唐玄宗对于朝政的态度越来越放松，对权力的控制力也逐渐下降。生活奢靡，《资治通鉴》记载：

> （天宝九载，750年）时诸贵戚竞以进食相尚，上命宦官姚思艺为检校进食使，水陆珍馐数千盘，一盘费中人十家之产。④

赏赐补偿大臣的赐食上千盘，极尽奢靡。安禄山入朝，获得唐

---

① （清）董浩等编：《全唐文》卷三十六，第396页。
② （清）董浩等编：《全唐文》卷九二七，第9660—9661页。
③ （元）刘大彬撰：《茅山志》卷二十三，《中华道藏》第48册，第469页。
④ （宋）司马光编：《资治通鉴》卷二一六，第6898页。

玄宗的宠信，屡迁节度使，天宝十载（751年），迁河东节度使，掌握距离京城最近的大量兵权。天宝十一载（752年），本就是京兆尹的杨国忠再加御史大夫、京畿关内采访使，李林甫死后继任宰相，权倾朝野。剑南藩镇多次对南诏的用兵失败，而突厥阿布思也因杨国忠和安禄山的政治斗争而败亡。而朝中各方势力争斗激烈，天宝十一载（752年）后，唐玄宗和李含光的交往又陷入了空白，直到天宝十四载（755年），安史之乱起，李唐王朝的权力大厦开始逐渐瓦解。

在唐玄宗和李含光的交往过程中，唐玄宗共留下了二十四封敕文以及三首赐诗；《全唐文》中也有十三篇李含光上唐玄宗表。他们之间的交往频繁且日常，除了赏赐和答谢赏赐的互动、下令祈福斋醮的互动，还会有一些敕文。例如李含光患有风疾，腿脚不便，进言乞还允："臣虽服膺道法，而拙于理身，久患风疾，脚膝无力。入秋以来，渐觉羸弊。物性所习，南北异宜，伏望天恩，许还本土，冀渐医药，稍延视息。无任区区之至。"①唐玄宗便回应《赐李含光养疾敕》云："朕每重清真，亲乎有道，而览兹诚请，义在难违。俾遂乃怀，以就医药，亦既痊损，当早来旋。"②二人的交往不仅仅限于道教问道和科仪上，还有真诚的关怀和私交。冬至时节，唐玄宗慰问"尊师"："尊师以至道妙用，精诚感真，荐福朕躬，居宁寰宇。俯及长至，来庆休祥，履端之吉，是与同也。迟至来春，当共尊师相见。"③而李含光也为国斋醮："暑度环周，日长南至。伏惟陛下膺纳

---

① （清）董浩等编：《全唐文》卷九二七，第9661页。
② （清）董浩等编：《全唐文》卷三十六，第397页。
③ （清）董浩等编：《全唐文》卷三十六，第398—399页。

乾祐，馨无不宜。臣等今于茅山为国焚修斋醮，无任欣悦之至，谨遣中使啖庭瑶起居，谨奉表以闻。"① 不论是身体康健的关心还是冬至时节的问候都是唐玄宗和李含光私交互动的体现。

二、李含光修葺茅山

正如前文提到，陶弘景在茅山建立宗坛，将上清派的中心设置在了江南繁华之地的句容茅山。然而传至潘师正、司马承祯两代，多隐居于嵩山、王屋山和天台山。因此茅山便被冷落下来，近乎荒废。李含光在王屋山同司马承祯学道，获传之后则选择回到茅山。在唐玄宗多次的征召中，李含光请还的理由都是"茅山灵迹剪焉将坠，真经秘篆亦多散落，请归修葺"②。李含光复兴上清派茅山宗的决心可见一斑。此举也获得了唐玄宗的支持。不仅令李含光专心复建茅山坛宇：

> 炼师李含光，道高紫府，学总黄庭，贲然来思，式敷至妙。既而属念茅岭，言访真经，近出咸秦，远游方外。朕载怀仙境，延伫勤修，将使九有之人，同归元教，三清之众，俯鉴遵行。岂徒梦寐华胥，驰诚碧落而已，想尊师建立真仪，所修坛宇，初至经构，殊用劳心。甚寒，得平安好，遣书，指不多及。③

在这篇敕文中，唐玄宗所要求的复建茅山坛宇包括两个方面，一方面是修建坛宇，建立真仪，更重要的是"言访真经""初至经构"，外在的道观建设需要，内在的茅山宗坛经法的复建更加需要。

---

① （清）董浩等编：《全唐文》卷九二七，第9661页。
② （元）刘大彬撰：《茅山志》卷二十三，《中华道藏》第48册，第469页。
③ （唐）李隆基：《命李含光建茅山坛宇敕》，《全唐文》卷三十六，第395页。

为了配合李含光的修葺工作，唐玄宗还下令：

置茅山修葺户敕

眷言仙府，帝连洞宫。青坛旧居，缅想灵迹；紫台新宇，焕启真宗。式彰崇奉之诚，爰置修葺之户。尊师等副朕兹意，清静宝持也。[①]

禁茅山采捕渔猎敕

敕：江南东道采访处置使晋陵郡太守董琬，山岳上疏分野，下镇方隅，降福祐于人，施云雨之惠。且茅山神秀，华阳洞天，法教之所源，群仙之所宅。固望秩之礼，虽有典常；而崇敬之心，宜增精洁。自今以后，茅山中令断采捕及渔猎。四远百姓有吃荤血者，不须令入。如有事式申祈祷，当以香药珍馐，亦不得以牲牢等物。卿与所由，存心检校。渐寒，卿得平安好。[②]

赐丹阳太守林洋等敕

敕：丹阳郡太守林洋及道俗父老百姓等，朕远遵元妙，载想灵仙。眷兹茅山，是为天洞，瑶坛旧观，余址尚存。道要真经，散落将尽，永言法宝，良用怃然。今为黎元，大崇道本。故令清修之士，建立真仪，访迹灵山，以新观宇。庶使元宗再阐，瞻奉知归，降福寰瀛，致之仁寿也。又比年以来，每遵清净，官吏有修良之美，农桑属丰稔之期，百姓之间，庶无乏绝

---

① （唐）李隆基：《置茅山修葺户敕》，（清）董浩等编《全唐文》卷三十六，第395—396页

② （唐）李隆基：《禁茅山采捕渔猎敕》，（清）董浩等编《全唐文》卷三十六，第399页。

也。微寒，卿及道俗父老百姓等平安好。遣书，指不多及。[1]

命令李含光逐一了解茅山中需要修葺的道观，因修葺工作而受到影响的居民要安置，督促详细的修缮计划。同时又令茅山周围的百姓不得在茅山中采捕渔猎，保护茅山良好的宗教信仰生态环境，以防茅山修缮之不便。另外还特意叮嘱茅山所在的丹阳郡太守林洋等官员及百姓，不要妨碍李含光"建立真仪，访迹灵山，以新观宇"，着实考虑周全，用心良苦。

因此，李含光在唐玄宗和地方政府的支持下，修葺茅山宗坛。一方面是茅山荒废已久的道观建筑需要整修，另一方面，则是那些因为时乱和保存传承不当而杂散的上清派经法。

在道观建筑方面，李含光修缮了大量年久失修的茅山观宇。通过《茅山志》中的记载，如下表4所列：

表4 李含光修葺茅山道观一览表[2]

序号	道观名称	道观位置	《茅山志》记载来历及修葺
1	崇禧万寿宫	丁公山前	唐贞观九年（635年），太宗为王法主建，号太平观。 天宝七载（748年），玄宗敕李含光取侧近百姓一百户，并免租税、科徭，长充修葺，洒扫。
2	玉晨观	雷平山北	唐太宗为桐栢先生劫建华阳观。 天宝七载（748年），玄宗为玄静先生敕改紫阳观。仍敕取侧近百姓二百户，并兔租徭，永充修葺。

---

① （唐）李隆基：《赐丹阳太守林洋等敕》，（清）董浩等编《全唐文》卷三十六，第401页。
② 本表根据《茅山志》卷十七记载，并参考实际茅山地形图自制而成。

3	崇寿观	大茅山下华阳洞南	唐贞观初，敕改崇元观。天宝七载（748年），玄静先生奉敕重修，仍取侧近百姓一百户，蠲免租徭，长充修护。
4	华阳宫	积金山西	天宝七载（748年）三月，玄宗从玄静先生受上清经箓，敕度道士焚修，后毁于兵。
5	乾元观	郁冈峰南	天宝中，玄静先生居之，敕建栖真堂，会真、候仙、道德、迎恩、拜表五亭。
6	燕洞宫	燕口洞	天宝七载（748年），敕修赐宫额，度女道士三人奉香火。
7	升元观	中茅山西	旧白鹤庙，司命真君专祠也。天宝间，诏修祠宇，度道士焚修，列于祀典。
8	灵宝院	玉晨观隐居昭真台故基	殿先是玄静先生所立。

李含光对于茅山宫观的修葺主要包括以上八个宫观，其中乾元观栖真堂（包括会真、候仙、道德、迎恩、拜表五亭）和燕洞宫是此次新建之宫观，复修和新修的宫观数量非常可观，唐玄宗对李含光的各方面支持也可见一斑。从地理上来看，这八个宫观分布在茅山各个方向，并没有局限在某一座山峰或者某一方向的活动范围，可见李含光修葺范围包括整个茅山地域。

在整理经法方面，随着岁月和战乱杂散的经典、道法的记载，都需要李含光来整理。"初，山中有上清真人许长史、杨君、陶隐居自写经法，历代传宝，时遭丧乱，散佚无遗。先生奉诏搜求，悉备其迹而进上之。"①茅山上保存的上清派祖师许真人、杨羲、陶弘景等高道的著作经典，以及茅山宗保留的道士代代传承的法宝，皆因无

---

① （元）刘大彬撰：《茅山志》卷二十三，《中华道藏》第48册，第469页。

人整理而散乱。李含光通过各方搜集求遗，最终整理完备，进上给唐玄宗。上清派的经典皆呈献给唐玄宗，也是对唐玄宗支持茅山修葺的回报。

三、李含光及上清派与李唐王朝政治合作的成熟

遗憾的是，李含光作为上清派著名的领袖，与李唐王朝的交流频繁，留下复建茅山宗的重要功绩，却并没有在两《唐书》中留下传记。后人仅从颜真卿、李渤等人为其撰写的碑铭中拼凑他的生平事迹。就李含光而言，从颜、李等人的记载与怀念中窥其大概，乃是一位朗月清风、虚怀若谷、亲和自然的高道。第一，他力挽茅山宗于衰落，以重修复兴茅山宗坛为终身己任。不仅使得茅山的道观得到很好的修复与保护，为后世保留了茅山宗较为完整的宗教建筑群，并一代一代的保存修护下去。同时也整理了茅山宗失落散佚的上清派经法，为上清派保留了更多珍贵的前贤道经，又通过重新的整理和备述，让李唐王朝从经法层面上接受由李含光重新整理过的更加符合当时政治需要的理论，在一定程度上加深了上清派与李唐王朝的密切关系。第二，在整理上清派经典的同时，他也创作了大量的道教论著，《新唐书·艺文志》中记载他的著作包括："《老子庄子周易学记》三卷，又《义略》三卷……李含光《本草音义》二卷。"[1]颜真卿的碑铭中又增《内学记》二篇。第三，李含光非常具有政治智慧。他常年隐居茅山，与唐玄宗保持一定的距离，却又一直恩宠不衰；即使多次婉拒唐玄宗的拜师，请求归山，却也没有减退唐玄宗拜其为度师之热情。在京城道士甚众，但一旦身处权力中心，

---

① 　（宋）欧阳修、宋祁撰：《新唐书》卷五十九，第1518—1571页。

或出任鸿胪寺内的官职，就成为皇帝的臣属，即使并没有在朝堂争斗之中，皇帝也是不会全心信任，更不用提皇帝拜师。相对于围绕在皇帝身边而言，李含光选择了"处江湖之远"的"退"，而其与皇帝之间的关系、上清派和茅山宗与李唐王朝之间的关系却一直在"进"，是以李含光此举可谓"以退为进"是也。另外，在唐玄宗拜师之后，他立刻"投桃报李"，向唐玄宗进献灵芝。第一次进献，称是唐玄宗之诚心信仰感动天地，天降祥瑞。奏曰：

> ……凡与知闻，金云圣德所感，莫不喜悦。臣不胜欣跃之至。谨遣杨慎奢先奉表以闻。今图写芝形，委曲详辨，事毕之日，别差使上闻。①

值得注意的是，李含光深谙上位者的心理，极具政治智慧。他先请杨慎奢先行奏表一封，以表喜悦激动之心情，先让唐玄宗知晓喜讯欲知详解，再谓自己会详细绘制灵芝仙草之形状，以示诚意和恭敬之心。两年后的天宝九载（750 年），也是在茅山修葺的过程中，李含光再次上奏称先前采摘灵芝之处又育出三百多株灵芝，并亲自为唐玄宗制成仙药进献，以讨皇帝欢心。

事实上，从唐玄宗的角度来说，李含光原本跟随司马承祯在王屋山修行，司马承祯仙去后本是继续留在王屋山阳台观修道，而唐玄宗召见后便请归茅山，自愿修葺茅山。这里的"自愿"是否是真心实意我们已经不得而知，但是李含光在重建茅山之后向唐玄宗进献道经之行为，也确实值得注意。笔者认为其中应该是有唐玄宗的命令的，唐玄宗支持李含光重建茅山，但是李含光必须在茅山整理

---

① （唐）李含光：《表奏十三通》，（清）董浩等编《全唐文》卷九二七，第9661页。

出杂乱遗散的道经交予唐玄宗。正如第二章讨论的唐玄宗对于《道德经》的重视，唐玄宗对于收集编撰天下道经非常有野心。天宝七载（748年），李含光在茅山整理了大量的茅山所藏上清经法呈给唐玄宗。同年，唐玄宗便下敕：

> 元宗妙本，实备微言，垂范传策，将宏至化。朕所以发求道之使，远令搜访，因听政之余，亲加寻绎。既判讹谬，爰正简编，必有阐扬，以敦风教。今内出一切道经，宜令崇元馆即缮写，分送诸道采访使，令管内诸郡转写。[①]

可见李含光回归茅山修葺经法和道观应该有唐玄宗授意。唐玄宗对于天下道藏的汇总非常重视[②]，茅山作为上清派重要的宗坛，其中所藏道经当然是编纂道藏最为重要的部分。李含光在重建茅山上的功绩有目共睹，但是这其中唐玄宗的因素也不能忽视。从这个角度上来说，上清派与李唐王朝的合作已经非常成熟而互赢。

在李含光的带领下，上清派和李唐王朝的关系在唐玄宗时期获得了稳定的发展。在李唐统治稳固、社会环境相对安定的外部条件下，上清派因此发展迅速。正如颜真卿评述曰：

> 初，隐居先生以《三洞真经》传升玄先生，升玄付体玄先生，体玄付正一先生，正一付先生。自先生距于隐居凡五叶矣，

---

① （唐）李隆基：《加天地大宝尊号大赦文》，（清）董浩等编《全唐文》卷四十，第432页。

② 汪桂平在《唐玄宗与茅山道》（《世界宗教研究》1995年第2期）认为："使全国道经有一个统一的样本，从思想上经典上规范全国的道教徒。这不能不说是唐玄宗编制道藏的意图，也是他控制全国道经的策略。前文提到，唐玄宗亲自注疏《道德经》，使之符合经教世用并颁布全国，这实际上是统一全国思想学术，这与他控制道教经典的策略是一致的。"

皆总袭妙门大正真法，所以茅山为天下学道之所宗矣。①

上清派自陶弘景传五代于李含光，道法影响深远，成为道教大乘经法，茅山宗作为上清派的重要宗坛，成为天下道教之领袖，以李含光为集大成者。这不仅仅是李含光个人的政治智慧，也不仅仅是唐玄宗对于李含光和上清派的支持，更是上清派与政治合作形态的转变和成熟。上清派与政治的关系经过五代的探索，从王远知的"预言"，到潘师正神仙体系的新解释，到司马承祯修炼理论的新开拓，再到李含光对于茅山宗经法的整理，从具体参与政治实践，到修炼理论的输出，到从经法层面融洽君权与"尊道"，经过了几代高道对于道派和政治关系的尝试与调整，上清派和李唐王朝的关系逐渐走向了成熟。这种成熟既包括了上清派道士与唐帝王交往互动的和谐，也包括双方在道教经法和治国理念上的相互认同，是在李唐王朝统治逐渐强势稳固之后寻找到的双方关系的新的"平衡"。然而，随着李唐皇帝对于中央集权掌控的逐渐失去，因权力流失、政局难以左右而产生的"无处安放"的焦虑，使他们的注意力渐渐从道教治国理念转向个人长生之欲求，上清派从经法层面找到的"和谐"与"认同"也逐渐失去了统治者的青睐。

第四节　唐代官员群体与上清道士的互动

自古"上行下效"，唐皇帝对道教的推崇和对上清派的重视，使得"食君之禄"的官员士大夫都对道教有一定的好感，对道教思想的接受程度也颇高。上清派作为当时影响深远的道教派别之一，与

① （元）刘大彬撰：《茅山志》卷二十三，《中华道藏》第48册，第469页。

官员的互动也不少。同时很多的士大夫都慕名去茅山、天台山等隐居高道之地暂居，相互送别去隐居的诗文记载也很多。甚至有为上清宗师做碑铭传记者，即使没有与之交往，但也神交或者追思，受到宗师高道的影响。①

一、为作传者——神交与传述中的慕道之情

讨论官员群体与上清派道士的交往，不得不提到那些为王远知、潘师正等上清派宗师撰写碑铭、传记的文人士大夫。这一群体所撰写的传记是研究上清派道士最为有用资料。例如颜真卿和李渤，两人都曾任过秘书省著作郎，撰写了不少碑铭。颜真卿历经玄宗、肃宗、代宗、德宗四朝，与上清派道士李含光有实际的交往。

颜真卿，字清臣，琅琊临沂人也。他在与安禄山的对抗中一战成名，获得玄宗和肃宗的赞赏和重用。"授工部尚书、兼御史大夫、河北采访招讨使。"②颜真卿既是用兵出色的性情中人，又是忠君耿直的重

---

① 砂山稔《李白与唐代道教——守旧与现代之间》（岩手大学《语言和文化文学的诸相》2008年）第一章考察了李白与茅山宗李含光之间的交往，以及李白的文学作品中接受的茅山派思想的影响。李乃龙《道教上清派与晚唐游仙诗》[《陕西师范大学学报（哲学社会科学版）》1999年第4期]认为，作为唐代道教主流的上清派的修仙方术、等级观、空间观、释道兼修观对晚唐游仙诗有全而而深刻的影响，并且道教从丹鼎派到上清派的嬗变过程在唐代游仙诗中体现。段祖青2013年的博士论文《宋前茅山宗文学研究》（湖南师范大学博士论文2013年）分析了宋代以前茅山宗高道与文学、文人的活动与交流，以及茅山宗道士的诗歌、散文和小说的创作特点。关于唐代上清派与文学的个案研究多从文学角度出发，蒋寅的《吴筠——道士诗人与道教诗》[《宁波大学学报（人文科学版）》1994年第2期]一文从文学的角度分析了吴筠作为一位道士诗人在诗歌创作上的浪漫主义的特点。
② （五代）刘昫等撰：《旧唐书》卷一二八，第3591页。

臣。因为直言上书而被当时的宰相苗晋卿所不喜，被肃宗所信任的宦官李辅国陷害，致外放而官途辗转。颜真卿在为李含光撰写碑铭时云：

　　真卿乾元二年（759年），以升州刺史充浙江西节度，钦承至德，结慕玄微，遂专使致书茅山以抒诚恳。先生特令韦炼师景昭复书，真卿恩眷绸缪，足励超然之志。然宗师可仰，望紫府而非遥；王事不遑，寄白云而攸远。洎大历六年，真卿罢刺临川，旋舟建业，将宅心小岭，长庇高踪，而转刺吴兴，事乖夙愿。徘徊郡邑，空怀尊道之心；瞻望林峦，永负借山之托。而景昭洎郭闳等，以先生茂烈芳猷，愿铭金石，乃邀道士刘明素求托斯文。真卿与先生门人中林子殷淑、遗名子韦渠牟尝接采真之游，绪闻含一之德，敢强名于巷党，曷足辩于鸿蒙。①

　　乾元二年（759年）史思明在魏州称王，颜真卿再被委以重任，任浙西节度使、刑部尚书。时颜真卿在升州（今南京）任刺史，离茅山非常近，其本人对上清经法也非常有兴趣，便专门写书信往茅山以表慕道之心。而李含光也特地命其大弟子韦景昭回信。颜真卿内心感激，非常受鼓舞，但是由于政务繁忙而不能亲自前往茅山拜见。代宗大历四年（769年）冬天，李含光西游。颜真卿在朝中官途坎坷，几起几落，与当时的宰相元载政见不合。代宗政事不勤，纵容结党，颜真卿耿直忠诚，几次上奏谏言无果。颜真卿几次与茅山擦肩而过，没有机会上山慕道，但是韦景昭等却请他来书碑铭，可见他与韦景昭等上清道士有着积极的互动。为此，颜真卿还与茅山宗的门人中林子殷淑、遗名子韦渠牟一同游玩交流。颜真卿作为四朝重臣，声名远扬，书法也为世人所认可。他的行为和碑铭会影响

① （元）刘大彬撰：《茅山志》卷二十三，《中华道藏》第48册，第470页。

一部分的士大夫追随着他的脚步，慕名茅山，并对上清派产生兴趣。

除了颜真卿以外，一些官员也不乏游至天台山、茅山等上清宗坛，参观道观而缅怀上清高道，作碑铭传记。例如，陈子昂本就是司马承祯的至交好友，在嵩山与两位天台道士同游时，拜见供奉潘师正石像的庙宇，感怀追思，作《续唐故中岳体元先生潘尊师碑颂》的颂文寄托追思。曾官至宰相，以节俭清风著称的玄宗时官员柳识，也有一篇《茅山紫阳观元静先生碑》的碑铭流传。李渤为上清派许氏、杨羲以降的每一代茅山宗师都撰写了碑铭，但他乃穆、敬宗朝人，与他所撰之宗师并没有实际的交往。他作《真系》整体叙述了上清派自魏晋以来的传承[①]：

> 今道门以经箓授受，所自来远矣。其昭彰尤著，使缙绅先生不惑者，自晋兴宁乙丑岁。众真降授于杨君，杨君授许君，许君授子元文，元文付经于马朗。景和乙巳岁，敕取经入华林园。明帝登极，叐季真启还私廨。简寂陆君南下，立崇虚馆，真经尽归于馆。按黄素方因缘值经，准法奉修，亦同师授。其陆君之教，杨、许之胄也。陆授孙君，孙君授陶君，陶君搜摭许令之遗经略尽矣。陶授王君，王君又从宗道先生得诸胜诀，云经法秘典，大备于王矣。王授潘君，潘君授司马君，司马君授李君，李君至于杨君，十三世矣。杨、许并越汉登真，许令亦终获度世，马、叐幸会而不业。自陆君已降，则帝者无不趋其风矣。此皆史有明文，或遗迹可访。又世世从事于斯者，其

---

① 施舟人在其《李渤及其〈真系传〉》一文中详细论述了李渤撰写《真系》的过程，并认为李渤写到的成文于七月二十日并非真实的时间。并与之交好的韩愈可能也读过他的《真系传》，且赞赏有加。收录于施舟人（Kristofer Schipper）《中国文化基因库》（北京大学出版社，2002年）。

支裔焉。且知理而不知神，非长生之士也。超理入神，混合于气，无为而无不为者，我真宗之道也。道无否泰，教有通塞，塞而通之者，存乎其人。故予述真系。传其同源分派者，录名仙籍，不缀于此。时贞元乙酉岁七月二十一日，于庐山白鹿洞栖真堂中述。①

李渤入朝为官前一直隐居嵩山，后来应征为秘书省著作郎，撰写了大量的著作。贞元乙酉岁即贞元二十一年（805年），正是德宗驾崩，顺宗短暂继位，随后的八月宪宗便登位，随后诏李渤入仕。起初李渤拒绝了，但其与韩愈关系甚密，韩愈来信劝说其入仕，李渤才应诏入朝。李渤在庐山白鹿洞隐居，整理和撰写上清经系的传承，对上清经箓授受非常了解，"且知理而不知神，非长生之士也。超理入神，混合于气，无为而无不为者，我真宗之道也"②。字里行间对于上清派传承的道教教义和理念满是认同感和自豪感，可见其对于上清派的接受。

另外，此文中"王授潘君，潘君授司马君，司马君授李君，李君至于杨君，十三世矣"③，王即王远知，潘君即潘师正，司马君即司马承祯，李君即李含光。这些传承皆是当时做碑铭传记者记载，亦被后来刘大彬在《茅山志》中所认可的传承，然而"李君至于杨君"则无此传承记载，李含光之后的传承，但凡被记录下来的，并没有

---

① （唐）李渤：《真系》，（清）董浩等编《全唐文》卷七一二，第7311—7312页。

② （唐）李渤：《真系》，（清）董浩等编《全唐文》卷七一二，第7312页。

③ （唐）李渤：《真系》，（清）董浩等编《全唐文》卷七一二，第7312页。

杨姓道士。除非是李渤此文本身的钞刊有误，否则便是上清派在李含光之后的传承出现了分歧，或者说上清派在李含光的后一代并没有出现成就非凡让大多数人认可的传承弟子。后世所记载的李含光的弟子最为人所知的便是韦景昭和孟湛然，韦景昭是大多数人认为的李含光的传人、茅山宗的第十四代宗师。贞元年间曾任检校礼部尚书，宣武军行军司马的陆长源曾为韦景昭撰《华阳三洞景昭大法师碑》，乃为官方所撰碑铭，可见韦景昭于茅山宗之传承均获得官方认可。但是韦景昭起初在皇帝身边修道，李含光奉玄宗令复建茅山时才跟随李含光修行。他的师承属于王远知弟子王轨一脉，乃王轨四传弟子，属于另一支传承①。这一支在韦景昭之后便常居茅山，成为被后人所认可的茅山宗坛的宗师传承。而李含光的弟子无甚记载流传，司马承祯的另一支薛季昌一脉，则常居天台山、衡山一带。至此上清派已然形成两支分别发展的态势。这种态势一方面是上清派在传教弘道选择上的丰富，宗教势力和影响力的提升和扩大；另一方面，也预示着上清派在传承、修炼方式乃至教义理论上的分歧，随之而来的是上清派在与政治合作关系上的分流与削弱。

除此之外，王远知的另一支弟子吴筠与唐代官员的交往也非常密切。后德宗时权臣权德舆，素有文才，《旧唐书》评曰："于述作特盛，《六经》百氏，游泳渐渍，其文雅正而弘博，王侯将相洎当时名人薨殁，以铭纪为请者十八九，时人以为宗匠焉。"②著述颇多，时

---

① 可参考表1《陈国符整理〈道经传授表〉》（节选），王轨一支的传承为：王轨—包方广—包法整—包士荣—韦景昭—黄洞元—孙智清；后有地方官员江宁县令于敬之为王轨撰碑铭《桐柏真人茅山华阳观王先生碑铭》，详述王轨的生平事迹。

② （五代）刘昫等撰：《旧唐书》卷一四八，第4005页。

人都请他做铭纪。他曾撰写《吴尊师传》，记述了吴筠于混乱政局中隐世，与李白等文人雅士诗文交往的佳话。当时任御史中丞的王颜，好道教，编纂了《中岳宗元先生吴尊师集》，请权德舆作序，均收录在《全唐文》中。

除了受邀或者自发为上清派道士撰写碑铭传记以外，还有在拜访名山或是拜谒道观时，不免赞颂高道大德。武周、玄宗朝进士崔尚，官至祠部侍郎。睿宗景云年间，天台山桐柏观重修，他便作《唐天台山新桐柏观颂（并序）》和《桐柏观碑》，除了对桐柏观的新貌加以描写以外，还提及了当时极负盛名的上清高道司马承祯："昔葛仙公始居此地，而后有道之士往往因之。坛址五六，厥迹犹在。洎乎我唐，有司马炼师居焉。"①天台山桐柏观历代有仙人居住，而到了唐代，也只有司马承祯可以相媲美。

二、以诗文交者——拜访与赠文中的互动交流

唐代官员群体绝大部分是掌握一定权力、拥有相应职务的文人。他们的交往多以诗歌、散文为主。正如前文颜真卿对李含光的碑铭中所提到的"遗名子韦渠牟"，史书记载他曾经入道，由此看来，韦渠牟是在茅山学道。韦渠牟精通儒道佛三教之义理，常为德宗讲经。在入道之前，他曾经获得李白的赏识，跟随李白学习古乐府。

与李白几乎同时的上清道士司马承祯和吴筠均与当时的官场士大夫相交甚密。史料记载司马承祯：

> 武后召之，未几去，与陈子昂、卢藏用、宋之问、王适、

---

① （唐）崔尚：《唐天台山新桐柏观颂（并序）》，（清）董浩等编《全唐文》卷三〇四，第3089页。

毕构、李白、孟浩然、王维、贺知章，为仙宗十友。①

司马承祯与李白、陈子昂等十位文人都以好道而交，时常一起讨论道教义理，他们也在这一过程中接受上清修炼理论。宋之问为官多喜依附，正值武后、太平公主等势力争斗，宋之问的官运并不平顺。但是他向来以五言诗著名，他的《寄天台司马道士》：

卧来生白发，览镜忽成丝。远愧餐霞子，童颜且自持。

旧游惜疏旷，微尚日磷缁。不寄西山药，何由东海期。②

写给远在天台山的司马承祯，诗中所表达的是因为自己身体的逐渐衰老而对求仙长生的兴趣，向司马承祯表达慕道之情。司马承祯《答宋之问》回应道：

时既暮兮节欲春，山林寂兮怀幽人。

登奇峰兮望白云，怅缅邈兮象欲纷。

白云悠悠去不返，寒风飕飕吹日晚。

不见其人谁与言，归坐弹琴思逾远。③

司马承祯劝解宋之问，时间之流逝是无法阻挡的，自然的变化也是"道"，守住内心的虚静，存思遥远，便能达到"道"的境界。这不仅是司马承祯对宋之问身体衰老的安慰，其实也是在开导宋之问不顺的官途，于山林隐居之中看开世俗烦务。李白本身也是道教徒，一生官途坎坷。他在《大鹏赋（并序）》中云：

---

① （宋）吕太古撰：《道教通教必用集》卷一，《中华道藏》第42册，第486页。

② （唐）宋之问：《寄天台司马道士》，（清）彭定求等编《全唐诗》卷五十二，第636页。

③ （唐）司马承祯：《答宋之问》，（清）彭定求等编《全唐诗》卷八五二，第9636页。

予昔于江陵见天台司马子微，谓予有仙风道骨，可与神游八极之表，因著《大鹏遇稀有鸟赋》以自广。①

李白著名的《大鹏赋》在当时可谓洛阳纸贵，为李白编撰《李翰林集》的魏颢序中云："白久居峨眉，与丹丘因持盈法师达，白亦因之入翰林，名动京师，《大鹏赋》时家藏一本。"②李白因修道而被诏做官，文章在当时几乎每家都会收藏。这篇《大鹏赋》的初稿便是在江陵与司马承祯相见时所作。孟浩然也有诗云：

宿天台桐柏观

海行信风帆，夕宿逗云岛。缅寻沧洲趣，近爱赤城好。

扪萝亦践苔，辍棹恣探讨。息阴憩桐柏，采秀弄芝草。

鹤唳清露垂，鸡鸣信潮早。愿言解缨绂，从此去烦恼。

高步凌四明，玄踪得三老。纷吾远游意，学彼长生道。

日夕望三山，云涛空浩浩。③

寄天台道士

海上求仙客，三山望几时。焚香宿华顶，裛露采灵芝。

屡蹑莓苔滑，将寻汗漫期。倘因松子去，长与世人辞。④

这两首诗都是寄给司马承祯的。孟浩然也是好道之人，早年隐居湖北襄阳鹿门山，一生进士不第，做官无门，擅长写诗。出仕不

---

① （唐）李白：《大鹏赋（并序）》，（清）董浩等编《全唐文》卷三四七，第3523页。

② （唐）魏颢：《李翰林集序》，（清）董浩等编《全唐文》卷三七三，第3798页。

③ （唐）孟浩然：《宿天台桐柏观》，（清）彭定求等编《全唐诗》卷一五九，第1623页。

④ （唐）孟浩然：《寄天台道士》，（清）彭定求等编《全唐诗》卷一六〇，第1636页。

顺使得他想要"愿言解缨绂，从此去烦恼"，放下尘世的烦恼，"纷吾远游意，学彼长生道"，愿意去隐居山林，与司马承祯一般修炼长生之道。事实上，不管是李白、宋之问、孟浩然，还是"仙宗十友"的王适沉迷诗书画酒，均是在现实中生活不顺，与司马承祯交往，通过对上清静虚无为的道教修炼理念的了解和修习，来慰藉自己颠沛流离之心绪，而这正是上清派作为宗教最基本的功能。

与司马承祯同出一门的吴筠，也留下了大量与官员士大夫交往的诗文。《旧唐书》载吴筠传：

> 筠尤善著述，在剡与越中文士为诗酒之会，所著歌篇，传于京师。玄宗闻其名，遣使征之。既至，与语甚悦，令待诏翰林。……每与缁黄列坐，朝臣启奏，筠之所陈，但名教世务而已，间之以讽咏，以达其诚。玄宗深重之。……禄山将乱，求还茅山，许之。既而中原大乱，江淮多盗，乃东游会稽。尝于天台剡中往来，与诗人李白、孔巢父诗篇酬和，逍遥泉石，人多从之。竟终于越中。文集二十卷，其《玄纲》三篇、《神仙可学论》等，为达识之士所称。筠在翰林时，特承恩顾，由是为群僧之所嫉。骠骑高力士素奉佛，尝短筠于上前，筠不悦，乃求还山。故所著文赋，深诋释氏，亦为通人所讥。然词理宏通，文采焕发，每制一篇，人皆传写。虽李白之放荡，杜甫之壮丽，能兼之者，其唯筠乎！ ①

吴筠年少时举进士不第，才入嵩山拜潘师正为师，后游历茅山、天台山。在绍兴时常常与友人以诗酒相会，诗歌高妙为人传颂而被唐玄宗征召为翰林。且吴筠不但诗歌写得好，还颇有辩才，与佛道

---

① （五代）刘昫等撰：《旧唐书》卷一九二，第5129—5130页。

友人、朝中官员讨论政务之事，也引经据典，头头是道。甚至像高力士这般为皇帝所信任的近臣，因为信佛而向皇帝进吴筠之谗言。后来李林甫、杨国忠党争，吴筠与司马承祯做出了一样的选择，都请求还山，但是玄宗并没有放人，还特地为其建造了一座道院，供其安心修道。直到安史之乱"山雨欲来"，才回到茅山。吴筠非常喜爱与文人交往，与李白、孔巢父都有诗文相和。《全唐诗》中收录了他与友人联句的两首诗篇，其中一首《中元日鲍端公宅遇吴天师联句》是他的友人专门为他而作：

> 道流为柱史，教戒下真仙。——严维
> 共契中元会，初修内景篇。——鲍防
> 游方依地僻，卜室喜墙连。——谢良辅
> 宝箓开金箓，华池漱玉泉。——杜弈
> 怪龙随羽翼，青节降云烟。——李清
> 昔去遗丹灶，今来变海田。——刘蕃
> 养形奔二景，炼骨度千年。——谢良弼
> 骑竹投陂里，携壶挂牖边。——郑概
> 洞中尝入静，河上旧谈玄。——陈元初
> 伊洛笙歌远，蓬壶日月偏。——樊珣
> 青骡蓟训引，白犬伯阳牵。——丘丹
> 法受相君后，心存象帝先。——吕渭
> 道成能缩地，功满欲升天。——范淹
> 何意迷孤性，含情恋数贤。——吴筠 ①

---

① （唐）严维：《中元日鲍端公宅遇吴天师联句》，（清）彭定求等编《全唐诗》卷七八九，第8888页。

这首诗应是中元节时，吴筠拜访友人鲍防，在鲍防的府上与一众士大夫吟诗会友之情形。鲍防乃玄宗天宝末的进士，官至殿中侍御史、河东节度使、工部尚书；其友人谢良辅也是进士出身，官至中书舍人；丘丹、吕渭、严维皆进士出身。此诗除吴筠以外还有十三人，每个人的诗句中都包含了道教因素，不仅意义相接，还都与道教义理有关联，可见众人对道教教义极为熟悉，与吴筠也非常相熟。从吴筠与这些处于权力中心的士大夫交往，也看出上清派与政治的相互交往广泛而深入。吴筠善于著述，《全唐诗》收录其诗歌共计117首；文章中包括《玄纲论》《神仙可学论》等与道教理论有关的论述，深入浅出，都是自己对于道教修炼理论的阐释，为人们所称赞，史赞云："虽李白之放荡，杜甫之壮丽，能兼之者，其唯筠乎！"可见一斑。

另外，宪宗朝为官的诗人张籍，为韩愈所看重，也与上清道士交往。有诗《剡溪逢茅山道士》和《赠茅山杨判官》两首，前一首：

> 茅山近别剡溪逢，玉节青毛十二重。
>
> 自说年年上天去，罗浮最近海边峰。[①]

张籍与身为茅山道士的友人重逢，用一种熟稔调侃的语气表达自己求仙学道的心情。后一首《赠茅山杨判官》云：

> 应得烟霞出俗心，茅山道士共追寻。
>
> 闲怜鹤貌偏能画，暗辩桐音自作琴。
>
> 长啸每来松下坐，新诗堪向雪中吟。

---

① （元）刘大彬撰：《茅山志》卷二十八，《中华道藏》第48册，第505页。

征南幕里多宾客，君独相知最校深。①

茅山道士的追寻目标是"出俗心"，但是世人大多只能学其皮毛而不得精髓。慕上清茅山之名而来者众，真正懂得上清经法之真义、修道之要法的鲜矣，只有杨判官最是知己。

上清派道士通过与唐代官员士大夫的交往，扩大上清派在统治阶层中的影响，而因为上清派与李唐王朝的相互合作，唐帝王对上清派的重视和扶持，唐代官员对于上清派的接受也更加容易。同时上清派相对更高妙的修炼理论也是官员士大夫争相追求和乐意标榜的对象。总之，上清派与政治的合作同盟关系在几代高道的努力和带领下走向成熟，也因此获得了更大的发展空间。但是，随着时间的推移，李唐王朝统治开始"走下坡路"，上清派也因为强盛而分散到各个名山。分支的宗坛有盛名，而上清作为道教派别的一支，其名声在被分流的过程中走向新的未知的未来。

---

① （唐）张籍《赠茅山杨判官》，（清）彭定求等编《全唐诗》卷385，第4333页。

第四章　渐趋疏离
——唐后期上清派与唐王朝的现实分歧

道教在唐代漫长的历史中几乎一直与政治保持着密切的联系，不论是在理念上、教义上还是具体的修炼实践上。但是，到了唐代后期，尤其是经历了安史之乱，唐王朝与上清派的关系开始出现分歧，"天平"难以维持平稳的状态。

第一节　上清派与中央政权的疏离

一、李含光之后茅山宗道士与皇帝互动的减少

天宝十四载（755 年），安禄山在范阳起兵谋反，安史之乱爆发，唐王朝仓皇应对，标志着唐王朝正式走向衰败。这一时期上清派道士的记载几乎空白，李含光的记载也在天宝十一载（752 年）"与门人韦景昭等于紫阳之东郁冈山别建斋院"时中断，然后便记载了大历四年（769 年）冬仙去。吴筠因为知道安禄山要谋反，提前请回茅山，中原战乱纷纷，江淮也不安定。他便在会稽、天台山等浙东地带活动，浙东一带局势相对安定。

李含光的弟子韦景昭天宝七载（748 年）跟随李含光学道，并协

助李含光修葺茅山。在此之前，韦景昭本是因家族渊源而修道，"初以素书发迹"，饱览道书，入道之后"配度于延陵之寻仙观"，是被分配到延陵寻仙观。韦景昭在延陵玄真观便跟随王远知之四传弟子包士荣学道，只学习了灵宝经法。开元时到京城，居住在长安肃明观：

> 属玄宗、广成问道，姑射颐神，放心于凝寂之场，垂拱于穆清之上，法师因得羽仪金箓，頡頏玉绳，籍籍京师，垂二十载。爰辞上国，思还故乡，重隶茅山之太平观。①

韦景昭在玄宗身边侍道，修行深得唐玄宗喜爱，受到"羽衣金箓"的认可，在京城错综复杂的政局中生活了二十年之久而鲜有成就。之后以"思还故乡"为理由重新回到茅山太平观隐居。韦景昭是王远知的五传弟子，李含光是王远知的三传弟子，追溯师承李含光原本应该是韦景昭的师祖，师门一脉也是上清派边缘的一脉。从前文所述唐玄宗非常重视李含光重修茅山这件事，甚至可能就是唐玄宗吩咐李含光进行的。故而在茅山太平观的韦景昭被命令协助李含光完成修葺，"大历（766年）初，受玄静经箓正传"②。大历初年才正式被李含光授予上清经箓（李含光仙逝于大历四年，769年）。李含光仙逝之后，韦景昭继承上清派茅山宗衣钵，继续隐居在茅山：

> 一居山观，三纪于兹，还神契乎时来，寂魄同乎物故，以贞元元年癸卯，委蜕于紫阳之道场，颜色怡悦，屈伸如常，春秋九十有二。③

---

① （元）刘大彬撰：《茅山志》卷二十三，《中华道藏》第48册，第471页。
② （元）刘大彬撰：《茅山志》卷十一，《中华道藏》第48册，第422页。
③ （元）刘大彬撰：《茅山志》卷二十三，《中华道藏》第48册，第471页。

　　韦景昭在茅山紫阳观隐居约三十六年，从天宝七载（748年）随李含光居茅山，到唐德宗贞元元年（785年）在"雷平山之西原玄静先生寿宫之左"西去，享年九十二岁。在这期间韦景昭都在茅山潜心修道，与李唐政权并没有交集。韦景昭修道一生，修道的前二十年生涯大约就是开元年间，一直于长安成为诸多围绕唐帝王身边的众多道士之一，泯然众人且籍籍无名。在政治中心地带充分感受政治复杂的韦景昭便回到了茅山太平观。天宝年间奉命修葺茅山是他道士生涯的转机，自此他修道之后半生便在茅山上修行，"肃代以来，天下丧乱，师独以道为己任"①。肃宗、代宗时期，政局动荡不安，韦景昭于茅山上不问世事，只修道法，"世尘纷扬，独静以保"②。

　　　　至行稽乎玄化，通识合于灵造。与其有也，万物不得而不有；与其无也，万物不得而不无。……教戒示乎传授，服饵见乎延长。侍杖屦者，迹遍于江湖；传经箓者，事同乎洙泗。③

　　《茅山志》编录陆长源贞元三年（787年）所撰《华阳三洞景昭大法师碑》评价韦景昭生平作为，传授教理戒律，研究服食丹法，同时授弟子经法科仪。陆长源曾在贞元年间韩滉任江淮转运使时担任转运副使，于江南地区任职停留，因此与茅山有一定的交往。

　　韦景昭之后的道士黄洞元，南岳人。早年游历茅山，与李含光交友。后在武陵桃源观隐居。记载黄洞元的文章不多，但其弟子瞿柏庭有数篇记载。符载《黄仙师瞿童记》中记载：

---

① （元）刘大彬撰：《茅山志》卷十一，《中华道藏》第48册，第422页。
② （元）刘大彬撰：《茅山志》卷十一，《中华道藏》第48册，第422页。
③ （元）刘大彬撰：《茅山志》卷二十三，《中华道藏》第48册，第471页。

郎州桃源桃花观，南岳黄洞元居焉。有弟子姓瞿字柏庭，年十四，太和未散，嗜欲不入，傲然怀厌世之志。大历四年庚寅岁，自辰溪来，稽首宇下，愿荫道域，厕役隶之末。仙师以慈物轸虑，遂许之。……仙师以建中元年自武陵卜居于庐山紫霄峰下，古坛石室，高驾颢气。载弱岁慕道，数获践履其域，话精微之际，得与闻此。……况仙师遁迹空山，垂二十年，根之以浑元，守之以太和，遗肢体，冥耳目，息归于踵，神舍于素，窈窈冥冥，中含至精，方将入天地之门，游化初之原，磅礴万物，不见其朕，岂迟鸾鹤之驭而满其道欤？……贞元元年八月二十日，符载记。①

从符载文中我们可以看出，瞿柏庭于大历四年（769年）拜入黄洞元门下，这个时候黄洞元还在武陵桃源观，直到建中元年（780年）才从武陵移居到庐山紫霄峰，隐居了二十年。符载此文写于贞元元年（785年），故而没有记载后续，温造《瞿童记》却有贞元元年（785年）以后的时间记载。《瞿童记》所记载的也是建中元年（780年）迁居庐山："贞元五年（789年）十一月，复迁居润州茅山。"②但《茅山志》中记载：

大历八年癸丑夏五月晦，童子辞师曰："后当于句曲相见。"明年，师徙居庐山紫霄峰，凡十载。复来山住下泊宫，日诵

---

① （唐）符载：《黄仙师瞿童记》，（清）董浩等编《全唐文》卷六八九，第7059—7060页。
② （唐）温造：《瞿童记》，（清）董浩等编《全唐文》卷七三〇，第7529页。

《大洞经》，嗣韦宗师之学，又八载。①

黄洞元在大历九年（774年）就移居庐山，贞元元年（785年）的前一年回到茅山下泊宫，修上清经法，诵经修道，继承了韦景昭的道学。②不论是哪一种记载，黄洞元隐居修道二十多年都没有离开江南地区，与唐王朝的权力中心没有交集。

此后，黄洞元的弟子孙智清情况略有不同。孙智清的记载距离黄洞元的记载中间空白了将近半个世纪，这其中德宗、宪宗、穆宗、敬宗到文宗，帝王更迭，而上清派与李唐王朝的交往却沉寂无查。在李唐王朝方面，唐德宗和唐宪宗一直在致力于控制和镇压藩镇，李唐政权与地方藩镇的冲突越来越激烈。唐德宗建中二年（781年），以山南东道、成德、魏博、淄青为主的藩镇节度使起兵叛乱，德宗派兵镇压，随后泾源节度使朱泚起兵，唐将李怀光也随后联合。李唐一直处于劣势，唐德宗为了躲避泾源哗变而逃往奉天，史称"奉天之难"。此次集中爆发的李唐王朝与藩镇之间的激烈冲突直到贞元年间才逐渐平息，战火涉及今河北、河南、陕西、山西、山东、湖北北部的大部分中原藩镇。紧接着，唐王朝与吐蕃的关系也因为平凉之事破裂并交恶，对外关系也成了需要时时提防的国之要事。唐

---

① （元）刘大彬撰：《茅山志》卷十一，《中华道藏》第48册，第422—423页。

② 关于黄洞元迁居庐山和茅山的时间，其一，史料《黄仙师瞿童记》记载符载在贞元中被李巽推荐为西川掌书记之前一直隐居庐山，可能与隐居庐山的黄洞元有交往；其二，《瞿童记》的作者温浩文中记载他被贬为武陵守，亲自访问了当时还在桃源观做道士的瞿柏庭的同门陈景昕，所记载的事情皆为其口述，时间线更为清晰；其三，《茅山志》乃元代编撰，较前二者时间久远，亦非亲历者所见，时间线陈述也较为模糊，笔者认为前两者的时间线索更为可信。

德宗自然无暇顾及偏安江南一隅不愿出世的上清道士。同时在经济上，因中央政权逐渐失去对地方权力和财政上的控制，每年的租庸调税难以征收到中央，唐德宗和当时的宰相杨炎为了加强对国家财政的控制并同时打压地方藩镇势力，于建中元年（780年）开始实施两税法。淮南、浙西和浙东等江南地区藩镇，作为经济发展最繁华、税收最富足、战火影响较小的地区，是李唐王朝重点关照之地，中央派遣前往江淮的官员皆受到重用，多数宰相如李吉甫、李德裕等人皆在江淮之地任过地方官。中央政府征收赋税的增加也是德宗和宪宗强力镇压藩镇的底气，内外整顿同时进行，到了宪宗元和时，李唐王朝统治的紧张局势稍稍有所缓解，国力也有所恢复。此时，李唐王朝与隐居茅山的上清高道又有了交往。

元和时人王师简有文《下泊宫三茅君素像记》中有记载：

> 粤元和甲午岁十二月二日，新宫始成，无伤物力。公之宇内百姓，不知有严有翼，如合造化。道士孙智清，元门龟龙，以标仪矩，受成事指顾而叶焉，乃欲章明灵迹，延耀丕业，请介于戎政者，撰而刊之。[①]

元和甲午岁即宪宗元和九年（814年），孙智清主持重修了茅山下泊宫，可见当时孙智清已经在茅山掌握了一定的话语权。《茅山志》记载，孙智清在文宗大和六年（832年）时，被封为山门威仪；大和七年（833年）上奏文宗请重新禁止茅山的采捕等事宜，当时李德裕和牛僧孺两派斗争激烈，导致李德裕几起几落，大和六年（832年），曾经在江南地区出任过浙西观察使并尊孙智清为师的李德裕再次入

---

① （唐）王师简：《下泊宫三茅君素像记》，（清）董浩等编《全唐文》卷七一六，第7362页。

朝拜相，并代文宗下达了禁止茅山采捕的敕牒。到了武宗会昌元年（841年）"召修生神斋，敕建九层宝坛行道，因赐号焉"①。孙智清因为武宗敕建修道之宝坛而被赐号。李唐王朝对上清派的重视和推崇已经不再，也难以再如司马承祯等高道一般因为高水平的修道教理而被推崇。孙智清的弟子吴法通：

> 僖宗乾符二年，遣使受大洞箓，遥尊称为度师，赐先生号。天祐四载，年八十三，预知世行有变，潜入岩洞，不知所往。②

吴法通也是润州丹阳人，因为屡试科举不第，才从孙智清入道。唐僖宗乾符二年（875年）被遥尊为度师并赐号。此时大将高骈在西川、剑南抗击南诏大军，而王仙芝在山东起兵，直逼江南。同时浙西及东南沿海地区：

> 浙西狼山镇遏使王郢等六十九人有战功，节度使赵隐赏以职名而不给衣粮，郢等论诉不获，遂劫库兵作乱，行收党众近万人，攻陷苏、常，乘舟往来，泛江入海，转掠二浙，南及福建，大为人患。③

浙西王郢起兵作乱，扩大了上万人的起义，在浙江、福建的东南沿海一带活动。在这之前吴法通等茅山道士并没有被重视，与李唐王朝也基本没有交集，而乾符二年（875年）却突然被唐僖宗遥尊为度师，应该是需要茅山在当地的影响力来巩固李唐王朝在江南一带"鞭长莫及"的统治，企图通过修复与茅山的合作关系来重建在当地的权威。直到天祐四年（907年）唐王朝气数已尽，吴法通又不

---

① （元）刘大彬撰：《茅山志》卷十一，《中华道藏》第48册，第423页。
② （元）刘大彬撰：《茅山志》卷十一，《中华道藏》第48册，第423页。
③ （宋）司马光编：《资治通鉴》卷二五二，第8178—8179页。

知所踪。

二、司马承祯之后天台山、衡岳的衰落

开元十五年（727 年）唐玄宗再次将司马承祯从天台山诏至京都，"玄宗令承祯于王屋山自选形胜，置坛室以居焉"[①]。司马承祯由此便在王屋山定居，直到八十九岁于王屋山羽化，一直没有再回到天台山。李含光也是在王屋山跟随司马承祯学道，后归于茅山。其另一位弟子薛季昌则"遇正一先生司马承祯于南岳，授三洞经箓"[②]。他在南岳衡山遇到司马承祯，拜师受三洞经箓，后便留在衡山隐居。

> 研真穷妙，勤久不懈。故高真屡降，异香妙乐时闻于静室中。唐明皇召入禁披，延问道德，乃谈极精微。上喜，恩宠优异，寻即还山。[③]

薛季昌修道刻苦勤奋，于是道法高深，时常有高道来访，甚至传说有神仙降临与他授道。所以唐玄宗便将他诏至宫中，问"道德"之事，薛季昌于论道也非常精通，获得唐玄宗的喜爱和恩宠。后来请还归山时，薛季昌赋诗云：

> 洞府修真客，衡阳念旧居。将成金阙要，愿奉玉清书。
>
> 云路三天近，松溪万籁虚。犹宜传秘诀，来往候仙舆。[④]

诗中先诉说自己想要回衡山旧居隐居修道的意愿，并称隐居是

---

① （五代）刘昫等撰：《旧唐书》卷一九二，第5128页。

② （元）赵道一撰：《历世真仙体道通鉴》卷四十，《中华道藏》第47册，第480页。

③ （元）赵道一撰：《历世真仙体道通鉴》卷四十，《中华道藏》第47册，第480页。

④ （元）赵道一撰：《历世真仙体道通鉴》卷四十，《中华道藏》第47册，第480页。

要整理编撰道经，编纂的道经一定会奉献给唐玄宗，正如前文所述，这与李含光回茅山修葺道经的目的是一样的，都是唐玄宗收集天下一切道经的命令。唐玄宗也为此诗赠序：

> 炼师志慕玄门，栖心南岳。及登道录，忽然来辞，愿归旧山，以守虚白。不违雅志，且重精修。若遇至人神药，时来城阙也。①

唐玄宗送其回衡山，在祝愿薛季昌修道有成的同时，提到如果遇到有仙人赐长生之神药，希望能进献出来。可见当时唐玄宗已经沉迷服食药饵。此后其弟子田虚应也居衡山，在唐高宗龙朔年间已经入道，授上清大洞秘法，相传活了二百余年之久，游历各地，隐不入世。他的弟子冯惟良、徐灵府、刘玄靖（一作刘元靖、刘玄静）②皆有名，《全唐文》和《道藏》中收录了刘处静《洞玄灵宝三师记》③，称"今江浙三洞之法，以先生田君为祖师焉"④。江浙一带的道法，称田虚应为祖师，弟子众多而弘道广泛。

---

① （元）赵道一撰：《历世真仙体道通鉴》卷四十，《中华道藏》第47册，第480页。

② 《全唐文》中作刘处静。雷闻《山林与宫廷之间——中晚唐道教史上的刘玄靖》（《历史研究》2013年第6期）一文中指出，刘玄靖常因避讳而写作刘元靖或者刘玄静，并分析了刘玄靖在晚唐政局，特别是会昌灭佛事件中所发挥的作用。同时他与宦官仇士良等人交往甚密，深入参与到政局之中，并在会昌五年（845年）被刚继位欲对会昌灭佛事件进行清算的宣宗下令处死，却最后又被宣宗礼遇，拜为度师。巴雷特在《唐代道教——中国历史上黄金时期的宗教与帝国》一书中也提到刘玄靖并没有被唐廷处死。

③ 卿希泰《中国道教史》认为，此文的真正作者是广成先生杜光庭，受到朝廷赐号广成先生的是刘玄靖而非刘处静。

④ （唐）刘处静：《洞玄灵宝三师记并序》，《中华道藏》第46册，第273页。

　　徐灵府本是钱塘天目山人（今浙江杭州境内），在天台山云盖峰虎头岩石室中隐居十余年。唐武宗的时候诏命浙东廉访使寻他入京，徐灵府推辞不去。刘玄靖起初师薛季昌之弟子王道宗，后入衡山，有拜入田虚应门下。刘玄靖与唐王朝的交往相较于他的师门要多一些。唐敬宗宝历年间，他奉诏入朝，却没有获得皇帝的喜爱，又被命令归山。到了唐武宗会昌年间，又被召入宫中，向武宗授法箓，并"赐银青光禄大夫、崇玄馆大学士，号广成先生。别筑崇玄观以居之"①。这是时隔多年上清派道士再次获得尊崇的地位。冯惟良也是薛季昌之弟子，他于衡岳中宫修道，唐宪宗时游会稽，入天台山修道，宪宗、敬宗之征召皆不就。当时的天台山在司马承祯离开后荒废多年，冯惟良在天台山修葺道观，企图恢复司马承祯时的盛况。

　　冯惟良的弟子应夷节十三岁入道，游历天台山、龙虎山。武宗时期在天台山桐柏观西南方隐居，武宗赐名道元院。应夷节之弟子乃是杜光庭。彼时，上清派与李唐王朝的联系已经非常淡薄，杜光庭则积极地进入朝堂，参与到政局之中。唐懿宗时期，杜光庭善诗文，本欲以文赋入朝，却没有成功，一怒之下拜师天台山道士应夷节入道。他认为道教的经教科仪等道书自陆修静编撰整理以后便再没有系统地整理过，几乎废坠。于是他致力于整理编撰道经，而为时任宰相的郑畋推荐入朝。杜光庭受到唐僖宗的召见，并赐紫衣，任麟德殿文章应制，成为了道门领袖。后来杜光庭于薛季昌飞升之青城山隐居，至唐亡。唐代上清派道士与李唐王朝的官方交往总结如表5所示，从王远知到杜光庭，跨越了整个唐代的上清派发展的

---

① （元）赵道一撰：《历世真仙体道通鉴》卷四十，《中华道藏》第47册，第482页。

道士。这些上清派道士按照与政治交往的活跃程度大致可以分成两个部分，从王远知到李含光（序号1-6），与李唐王朝的交往相对频繁，后人为其所撰碑铭也保留比较多；而李含光之后（序号7-17）则相对唐前期的道士而言与政治的交往较少，所留下的碑铭也并不多；其中孙智清和杜光庭在唐后期的上清派道士中与政治的交往相对要突出一些，孙智清在浙西地界茅山隐居，影响力相对较大；杜光庭个人对政治交往的积极性更强，其道教活跃度也相对更高。

李含光通过与唐玄宗的密切交往，将上清派与政治的合作推向了成熟稳定的阶段。然而，随着李唐王朝统治的动荡，上清派道士入世的欲望越来越淡。不论是上清派茅山宗还是天台山、衡山，在司马承祯和李含光之后，李唐王朝的动乱不断，衰颓之势愈显，面对唐帝王的征召，大多数道士选择拒绝和躲避，对上清派和李唐王朝的关系的态度也是消极的。久而久之，唐皇帝对于上清派的征召也就减少了。相反，因为上清派的影响在当地越来越大，很多地方官员接受了道教的思想，愿意与这些隐居当地的上清道士交往。而唐帝王，或者因为复杂国事无暇顾及与远在江南的上清派的交往，或者因为上清派的修炼已经不能满足唐帝王个人对于长生成仙的追求，他们主动召请上清派道士的次数也越来越少。

表5 唐代上清历代宗师及部分高功与唐王朝联系表^①

序号	姓名	字、号及生卒年（公元）	主要经历皇帝	受诏、受封、受赏情况	列传及碑铭	备注
1	王远知（第10代）	字德广 507—635	高祖 太宗	高祖时，授朝散大夫，并赐镂金冠子紫丝霞帔。 太宗时，加银青光禄大夫，敕令于茅山建太平观，赐良田。 高宗时，追赠太中大夫，谥升真先生。 则天时，追赠金紫光禄大夫，后改谥曰升玄先生。 玄宗时，敕李含光于太平观立真像。	《旧唐书·隐逸传》《新唐书·方伎传》江旻撰《唐国师升真先生王法主真人立观碑》李渤撰《少室仙伯王君碑铭》刘纬撰《王法主碑》	师从陶弘景
2	王轨	字洪范 579—667	太宗 高宗	太宗时，奉敕改建华阳观。	于敬之撰、王玄宗书《桐梧真人茅山华阳观王先生碑铭并序》	师从王远知
3	潘师正（第11代）	字子真 586—682	太宗 高宗	高宗及则天时，为其敕造崇唐观、精思观。 卒后赠太中大夫，赐谥曰体玄先生。	《旧唐书·隐逸传》《新唐书·隐逸传》陈子昂撰《续唐故中岳体玄先生潘尊师碑颂》李渤撰《中岳体元潘先生传》	师从王远知
4	吴筠	字贞节 ？—778	玄宗 肃宗 代宗	玄宗时，令侍诏翰林，谥曰宗玄子。	《旧唐书·隐逸传》《新唐书·隐逸传》	师从潘师正

① 注：本表根据两《唐书》《茅山志》《南岳总胜集》等史料自制而成。

| 5 | 司马承祯（第12代） | 字子微647—735 | 则天睿宗玄宗 | 则天闻其名，召至都，降手敕以赞美之。睿宗时，赐宝琴一张，及霞纹帔，朝中词人赠诗者百余人。唐睿宗景云二年（711年），敕为司马承祯真人天台山建观。禁封内四十里毋得樵采，以为禽兽草木长生之地。玄宗时，敕书王屋山所居为阳台观，令玉真公主及光禄卿韦绦至其所居，修金箓斋，复加以锡赏。卒，赠银青光禄大夫，谥贞一先生，亲文其碑。 | 《旧唐书·隐逸传》《新唐书·隐逸传》司马承祯撰《茅山贞白先生碑阴记》李渤撰《王屋山贞一司马先生传》 | 师从潘师正 |
| 6 | 李含光（第13代） | 682—769 | 中宗睿宗玄宗肃宗代宗 | 玄宗时，天宝四年（745年），特劝杨许故宅紫阳观以居之，御制诗饯别。天宝七载（748年），玄宗受三洞经录于大同殿，遥礼度师，赐号玄静先生，法衣一袭以伸师资之礼。是岁诏以紫阳观侧近二百户，太平、崇元两观各一百户，并免其官徭，以供香火。天宝十一年（752年），奉诏与门人韦景昭等于紫阳之束讲冈山别建斋院，立心诚肃。代宗时，成道，赠正议大夫。 | 柳识撰、张从申书《唐茅山紫阳观玄静先生碑》颜真卿撰并书《茅山玄静先生广陵李君碑铭并序》李渤撰《茅山玄静李先生传》 | 师从司马承祯父孝威精黄老之术 |

7	薛季昌	？—759	玄宗	唐明皇召入禁掖，问道德，乃谈极精微。命赋诗并赐序。赠金器一百事，银器二百事，绵帛至多，皆有御札。		师从司马承祯
8	田虚应	字良逸	高祖太宗高宗		刘处静撰《洞玄灵宝三师记并序》	师从薛季昌
9	徐灵府	号默希子	武宗	唐会昌初，武宗诏浙东廉访使以赴之，辞不获。		师从田虚应
10	冯惟良	字云翼	宪宗敬宗	宪宗元和中，东入天台不复出。宪宗、敬宗迭降征召，不赴。	刘处静撰《洞玄灵宝三师记并序》	师从田虚应
11	刘玄靖（刘元靖）	？—851	敬宗文宗武宗宣宗	敬宗宝历初，诏入思政殿。武宗会昌中，复召入禁中。上请授法箓，问三盟歃血事。斋戒，升坛授箓，赐银青光禄大夫、崇玄馆大学士，号广成先生。别筑崇玄观以居之。		师从王道宗（薛季昌弟子）、田虚应
12	韦景昭（第14代）	贞元先生693—785	玄宗肃宗代宗德宗	玄宗时，奉诏侍玄静先生归茅山，敕建紫阳观。	陆长源撰《华阳三洞景昭大法师碑》	师从包士荣（王轨三传弟子），大历初授法箓于李含光
13	黄洞元（第15代）	洞真先生	代宗德宗	德宗赠谥号洞真先生。		师从韦景昭

14	孙智清（第16代）	明玄先生	文宗武宗	代宗大和六年（832年）为茅山山门威仪，大和七年（833年）奏请重禁采捕四时、祭祀咸绝牲牢，奉敕书立石。武宗会昌元年（841年），诏修生神斋，敕建九层宝塔行道，赐号明玄先生。		师从黄洞元
15	吴法通（第17代）824—907	希微先生	武宗宣宗懿宗僖宗昭宗	僖宗时，遣使受大洞箓，尊称为度师，赐号希微先生。		师从孙智清
16	应夷节	字适中810—894	宪宗武宗宣宗懿宗僖宗昭宗	武宗时，隐居天台山，赐道元院，赐崇懿号，荐奉芝诏，宠赐紫衣。	刘处静撰《洞玄灵宝三师记并序》	师从冯惟良
17	杜光庭	字宾圣，号东瀛子850—933	宣宗懿宗僖宗昭宗	僖宗时，赐紫衣，充麟德殿文章，应制为道门领袖。驾将复都，诏光庭醮二十四位。		师从应夷节

三、唐帝王个人态度的变化

（一）对上清派的冷落与边缘化

上清派与李唐王朝的合作同盟关系在唐后期双方的主动或者被动的消极态度中不断疏远。首先，就上清派道士而言，他们大多隐居在山林之中，不愿入世入朝，不愿参与到越发混乱动荡的朝局之中。再者，正如第二章所提到的，上清派在司马承祯和吴筠之后，对于上清派和政治关系的理论探索处于停滞状态，理论的断层导致双方关系的僵持，随着唐王朝统治的失常，这一杆维持双方关系的"天平"开始失去平衡，甚至合作关系本身开始消散。从唐帝王个人对待上清派和其他道士的态度就能看出变化。

例如，唐文宗时期，孙智清对茅山进行修缮，并且希望文宗下旨再次禁止茅山周围的采捕。这个时候的上清派与李唐王朝关系不再紧密。李德裕于长庆二年（822 年）至大和三年（829 年）在浙西做观察使，与孙智清交往甚密，李德裕也信奉道教。大和七年（833 年）他上奏中央此事，此时已经入朝拜相的李德裕帮助孙智清处理了这件事：

> 中书门下牒：茅山三观等奉敕，句曲灵山洞宫所在，恭惟列圣尝亦钦崇，宜禁樵苏以申严敬。其茅山界内，并不得令百姓戈猎采伐及焚烧山林。仍委州县切加禁止。牒至，准敕故牒。大和七年十月四日，中书侍郎平章事李德裕，检校右仆射平章事牛使。①

敕牒乃是中书门下下达，是非常官方的公文行文风格，应该是李德裕操持下达的。相比之下，李含光时代唐玄宗主动且亲自下敕显得双方的关系更加亲密（尽管唐玄宗时期唐代的中书门下体制已经完善并常代皇帝颁布敕文），不仅下敕茅山禁止采捕，还会亲自下敕给当地地方官员："自今以后，茅山中，令断采捕及渔猎，四远百姓有喫荤血者，不须令入。如有事式申祈祷，当以香药珍馐，亦不

---

① （元）刘大彬撰：《茅山志》卷二，《中华道藏》第48册，第380页。

得以牲牢等物。卿与所由存心，检校渐寒，卿得平安好。"①唐玄宗的敕文行文亲和，显示出他对茅山事务的重视和对茅山宗的尊重和推崇。由此可见唐文宗时期上清派与李唐王朝的关系已经相当疏远。

当然这也与唐文宗个人对道教的态度有关。唐文宗是唐代皇帝中为数不多的不热衷崇信宗教的皇帝。孙智清接到的李德裕的敕牒日期是十月四日，而当月的十月十日，乃是唐文宗之圣诞日，从当时的史料记录可以看出唐文宗对于宗教的态度。大和七年（833年），十月：

> 壬辰，上降诞日，僧徒、道士讲论于麟德殿。翌日，御延英，上谓宰臣曰："降诞日设斋，起自近代。朕缘相承已久，未可便革，虽置斋会，唯对王源中等暂入殿，至僧道讲论，都不临听。"宰相路随等奏："诞日斋会，诚资景福，本非中国教法。臣伏见开元十七年张说、乾源曜以诞日为千秋节，内外宴乐，以庆昌期，颇为得礼。"上深然之，宰臣因请十月十日为庆成节，上诞日也。从之。②

大和七年的十月十日，按照惯例，佛、道教徒都将会在麟德殿为皇帝讲经。但是唐文宗第二天却和宰相大臣商量说要取消这一传统，只让信任的大臣相见。大臣却说服曰，开元十七年（729年）时，张说等人将唐玄宗的诞辰日定为千秋节，这是祖先传统，需要继承。唐文宗才认可。换而言之，唐文宗并不是个人对宗教不感兴趣，而是当时不论是佛教理论还是道教理论，包括上清派所探索出的道教的治国理论，在唐文宗看来对于当时的国情来说都毫无用处，

---

① （元）刘大彬撰：《茅山志》卷二，《中华道藏》第48册，第375页。
② （五代）刘昫等撰：《旧唐书》卷十七下，第552页。

上清派和唐玄宗所达成的"理身理国"的"共识"已经不再适应当时的李唐王朝的状况。

唐代极度推崇道教的皇帝也大有人在。前文曾提到德宗时期，藩镇动荡，就在"四镇之乱"发生的前一年建中元年（780年）六月：

> 术士桑道茂上言："陛下不出数年，暂有离宫之厄。臣望奉天有天子气，宜高大其城以备非常。"辛丑，命京兆发丁夫数千，杂六军之士，筑奉天城。①

相传桑道茂善太一遁甲之术，说奉天之地有天子气，应该在此地建城，于是率领神策军建造了奉天城。后来德宗因所谓"奉天之难"而逃至奉天城时，还特意祭祀桑道茂以示敬重。当时，上清道士皆远在茅山和天台山隐居，在德宗身边的愿意入世入朝的道士当然能得到更多的恩宠和信任，与皇帝的联系也就更多。而相对不愿意入世的上清道士则在遥远的距离和疏远的关系中逐渐被淡忘。

（二）唐帝王沉迷服药与上清派的分歧

唐代皇帝对于道教的推崇是空前的，他们对于炼丹服食的热情也是空前的，绝大多数唐皇帝都是相信服药长生之说的。李斌城《唐人的神仙信仰》总结唐代皇帝迷信服食丹药的特点，认为大多数迷信服饵的皇帝是政治上有所作为的，同时也是在执政后期开始服用。②如唐玄宗、唐宪宗这般在执政前期都勤于政务，到了晚年为了

---

① （宋）司马光编：《资治通鉴》卷二二六，第7282页。
② 李斌城：《唐人的神仙信仰》，中国唐史学会第五届年会论文（1992年），转引自王永平《道教与唐代社会》，北京：首都师范大学出版社，2002年，第415页。

长生才开始服食丹药。年轻时提出"理身理国"的道教治国之道的唐玄宗在晚年热衷于寻仙求药：

> 　　春，正月，庚午，上谓宰相曰："朕比以甲子日，于宫中为坛，为百姓祈福，朕自草黄素置案上，俄飞升天，闻空中语云：'圣寿延长。'又朕于嵩山炼药成，亦置坛上，及夜，左右欲收之，又闻空中语云：'药未须收，此自守护。'达曙乃收之。"太子、诸王、宰相，皆上表贺。①

天宝四载（745 年），唐玄宗对大臣说自己在宫中亲自为百姓祈福，亲自抄写道书，便听闻有神仙之语，又在嵩山炼药，而遇奇事。此事可见唐玄宗甚对于炼药之事、神仙之说亦是笃定。后来李含光在茅山得到灵芝仙草，也和韦景昭一起将其炼制成了仙药进奉给了唐玄宗。

到了唐后期，就唐帝王个人而言，一方面唐帝王个人的权力空间不断被压缩，对权力失控的恐慌和对死亡的恐惧使他们更多的将注意力转移到个人长生不老的事情上来；另一方面即使权力逐渐缩减，但在李唐王朝依然存在的时期内，李唐氏依旧是作为帝国权力的神化存在，唐帝王急需道教来进一步"神化"皇权。因此，杜光庭的很多著作例如《历代崇道记》《道教灵验记》《墉城集仙录》等都带有明显的神话色彩和谶纬笔法，在一定程度上带有特殊的政治目的，甚至希望用唐王朝曾经的辉煌挽回和遮掩现在的衰败。而长生之术、炼丹服药就是他们巩固这种"神化"的另一重要的"救命稻草"。

宪宗在执政之初也不相信神仙之说，元和五年（810 年），他曾

---

① （宋）司马光编：《资治通鉴》卷二一五，第6863页。

问宰相："神仙之事可信乎？"当时的宰相李藩曰：

> 神仙之说，出于道家，所宗《老子》五千文为本。《老子》指归，与经无异。后代好怪之流，假托老子神仙之说。故秦始皇遣方士载男女入海求仙，汉武帝嫁女与方士求不死药，二主受惑，卒无所得。文皇帝服胡僧长生药，遂致暴疾不救。古诗云："服食求神仙，多为药所误。"诚哉是言也。君人者，但务求理，四海乐推，社稷延永，自然长年也。①

他指出神仙之说本是出自道家，以老子《道德经》为基础，但是后人附会了很多怪力之事，又假托老子为神仙，所以才会有秦始皇、汉武帝、汉文帝求仙服药，浪费人力财力甚至暴毙。作为君王应该务实于政务，百姓安乐，统治稳定，自然就能长生久视。李藩这番言论正应于上清派的理国之论，相对于道术层面的神仙服食之术，更加重视理身理国之道，宪宗也认为有道理。然而李藩因为李吉甫的上位而被罢相，随后几年，作为辅国能臣的李吉甫和李绛两位宰相相继病逝，振武、义武、魏博、成德等藩镇逐渐脱离中央的控制，军乱频发。面对越来越不受控制的江山社稷，宪宗开始逐渐荒废国事，痴迷服食。元和十三年（818年）皇甫镈为宰相，为讨好晚年沉迷长生的宪宗，向宪宗推荐了道士柳泌。柳泌略懂医术，自称可以炼就长生之药，随奉宪宗左右深得信任。柳泌声称："天台山神仙所聚，多灵草，臣虽知之，力不能致，诚得为彼长吏，庶几可求。"② 天台山有很多神仙和仙药，需要有权在手才能更好地为宪宗采药。宪宗信以为真，随即任命柳泌为台州刺史，只是为了让其

---

① （五代）刘昫等撰：《旧唐书》卷十四，第431-432页。
② （宋）司马光编：《资治通鉴》卷二四○，第7754页。

在天台山采所谓的仙药。群臣上奏反对，认为皇帝喜爱方士并不为过，但是不能为了采药让方士成为百姓的父母官。而宪宗不以为意："烦一州之力而能为人主致长生，臣子亦何爱焉！"[①]当时冯惟良、徐灵府等人正是在天台山隐居，宪宗此举求药，只委托信任的柳泌，而并没有要求冯、徐等曾征召不赴的天台道士，其中疏远之意不必言明。

事实上，唐代还有一部分的皇帝从年轻时便迷信服食丹药。[②]敬宗痴迷长生之术，宝历元年（825年），他派人前往湖南、江南等道和天台山采药。在当地征召了大量的道士，想要修习长生之术。"时有道士刘从政者，说以长生久视之道，请于天下求访异人，冀获灵药。仍以从政为光禄少卿，号升玄先生。"[③]刘从政正是因为帮助敬宗求得了长生药而官光禄少卿。敬宗并没有因此满足，宝历二年（826年）五月：

> 山人杜景先于光顺门进状，称有道术；令中使押杜景先往淮南及江南、湖南、岭南诸州求访异人。[④]

道士杜景先以"道术"为唐敬宗所看重，敬宗命他前往淮南、江南、湖南、岭南等州寻找能人异士。巧合的是，当时正在湖南南岳衡山隐居修道的上清派道士刘玄靖也在被寻访征召之列：

---

① （宋）司马光编：《资治通鉴》卷二四〇，第7754页。

② 王永平《道教与唐代社会·唐代诸帝迷恋金丹服饵术者表》中详细列出了唐代皇帝的服饵情况，可以看出除了穆、敬、文、武、僖五帝以外，其他的皇帝均活到四十岁以上，武则天和唐玄宗都活到了七十岁以上，他们迷恋服食企图长生可以理解，而穆、敬、文、武、僖五帝则年纪轻轻便开始迷恋服食金丹。王永平认为他们服食丹药除了为了长生以外，还因为治疗家族疾病"风疾"。

③ （五代）刘昫等撰：《旧唐书》卷十七上，第516页。

④ （五代）刘昫等撰：《旧唐书》卷十七上，第520页。

> 唐敬宗宝历初，诏入思政殿。问长生事，曰："无利无营，少私寡欲，修身世世之旨也。"上不悦，而难作，放令归山。[①]

刘玄靖面对唐敬宗问询的长生道术，并没有一味地附和，而是以上清派一以贯之的内炼理论来回答敬宗的提问。他强调了上清派所提倡的少私寡欲的无为理身理论。然而这一理论并没有为敬宗所认可，最后刘玄靖只得再次回到南岳继续出世隐居。事实上，这是上清派的一次很好的机会，如果刘玄靖没有否定唐敬宗一直所相信的道术，可能上清派还有和李唐王朝修复关系的机会。但是刘玄靖在修炼理论的事情上并没有妥协，坚持了一直以来上清派先师所推崇和探索的教理智慧。等到上清派的下一次与李唐王朝的关系升温，已经是杜光庭的时代，这个时候的唐王朝依然走向了不可挽回的末路。

更进一步来讲，上清派理论和外丹术理论的分歧，在理论层面导致上清派与个人长生诉求越来越强烈的唐皇帝的分道扬镳。卢国龙《论司马承祯的道教思想——养气存形与坐忘合道》认为：

> 上清经系，自陶弘景始，便对金丹仙术持怀疑态度，陶弘景虽然长期从事炼丹实践，但当梁武帝请他炼丹时，他却说："吾宁欲学李少君耶？"李少君曾以丹术蒙骗了汉武帝，所以陶弘景引为戒鉴。王远知、潘师正亦不事丹术，后者隐居嵩山，只以"茂松清泉"而足。司马承祯虽历受三代帝王尊崇，并授玄宗上清经箓。却从未以金丹投其所好，只是对以无为治国，恬素养神而已。从炼养方法上讲，上清经系的《黄庭经》与丹

---

① （元）赵道一撰：《历世真仙体道通鉴》卷四十，《中华道藏》第47册，第482页。

鼎派之间存在着修内修外的对立。[1]

不论是以实践参与李唐政治的王远知，还是在理论上巩固上清派和李唐王朝合作的司马承祯、吴筠，对于服食丹药之事都不甚赞成。睿宗就曾经向司马承祯提问过阴阳术数之事，司马承祯对曰：

> 道经之旨："为道日损，损之又损，以至于无为。"且心目所知见者，每损之尚未能已，岂复攻乎异端，而增其智虑哉！[2]

睿宗曾召见司马承祯问阴阳术数，司马承祯则认为阴阳术数对于修道者来说是"异端"。《道德经》言："为道日损，损之又损，以至于无为。"[3]修道者以"损"为功，每日所见所想的欲望已经非常多了，连"损"都做不到却修习这些阴阳术数，并不是正途，只能徒增一些多余的智巧和顾虑。这正是他的后人刘玄靖所坚持的上清派的修炼理念。当然因为所处的时期不同，唐王朝的统治状况不一样，坚持师承理念所带来的结果也有所不同。

上清派与外丹术的"修内修外的对立"，其实更是理论上的分歧。上清派讲究的内炼，是建立在气本原论的基础上修心，是为保证自身的纯粹而对身体和精神"做减法"，舍弃多余的智巧和欲望。而外丹术的外炼，则是在阴阳五行理论的基础上修身，是为了保持身体的现有状态而对身体"做加法"，通过服用草木金石来达到身体的不朽。二者的对立在根本上难以调和，而上清派的修炼理论需要更高的思辨水平，坚信此道的帝王也需要花费更多的时间和精力来践行，外服仙丹只需要请所谓善于长生炼丹的道士炼制服用便可，

---

① 卢国龙：《论司马承祯的道教思想——养气存形与坐忘合道》，《中国道教》1988年第3期，第28页。

② （五代）刘昫等撰：《旧唐书》卷一九二，第5127页。

③ 陈鼓应注：《老子今注今译》，第250页。

对于唐帝王来说，这种道术更加的便捷和立竿见影。处于丧失权力
的焦虑和个人衰老恐惧中的唐帝王会选择哪一种，结果可想而知。
故而上清派在道教与政治的合作同盟中逐渐被边缘化，甚至排除在
了政治中心以外，直到积极入世的杜光庭出现。

第二节　上清派与地方权力的积极互动

一、茅山、天台山上清派与浙江两道

茅山和天台山均在江南东道，分属浙西和浙东两地。肃宗时，
郭子仪等众将与安史军队在河北、河南、都畿等道打得难解难分，
战况十分胶着。而远在蜀地的唐玄宗对于擅自登基的肃宗不满，派
其爱子永王李璘前往江陵，当时第五琦将租庸全数置于江陵，永王
企图趁肃宗在北方战争中分身乏术的空隙屯兵控制江南地区，被当
时的淮南节度使高适、淮南西道节度使来瑱和吴郡太守兼江南东路
采访使李希言联合镇压。乾元元年（758 年），为更好的控制和制衡
淮南道、江南东道和江南西道的政权力量，保障李唐王朝的金库，
十二月下令：

> 甲辰，置浙江西道节度使，领苏、润等十州，以升州刺史
> 韦黄裳为之。庚戌，置浙江东道节度使，领越、睦等八州，以
> 户部尚书李峘为之，兼淮南节度使。[①]

于江南东道分设浙西和浙东观察使。安史之乱后，浙西和浙东
观察使的设置一直处于分分合合的状态。浙江西道在今江苏南部和

---

① 　（宋）司马光编：《资治通鉴》卷二二〇，第7063页。

浙江北部，治升州（今南京）领升、润、宣、歙、饶、江、苏、常、杭、湖十州；浙江东道在包括今天的浙江南部和福建大部分地区，治越州，领越、睦、衢、婺、台、明、处、温八州。

茅山属润州，是浙西与淮南道的交界州，南京的东南方，扬州的南方，正是浙西治所在地。天台山则属于台州，在浙东的东部沿海，在剡县和会稽的东南方。上清派在茅山和天台山的宗坛设置已久，对当地的宗教和社会影响深远，很多地方官员来任职、士大夫文人游历皆会于此地拜访。陆长源《华阳三洞景昭大法师》一文的书写篆额者乃是"浙江东西节度支度判官、检校尚书兵部郎中兼侍御史扶风窦公"，浙江东西节度是建元二年（781年）至贞元三年（787年）之前，浙东和浙西观察使合并，并加封节度的时期，贞元三年（787年）之后，浙东和浙西又重新分开。这一时期的浙江东西节度使（还有镇海军节度）后来拜相的韩滉，陆长源乃是韩滉的下属。陆长源在写这篇碑铭时引用了这位扶风窦公的话：

> 泉布武区中，栖心象外，与法师声同道韵，理契德源，追往想琴高之祠，传神著务光之传，见征副墨，用琢他山。①

他在浙西任职时与韦景昭有所交往，韦景昭仙逝于785年，可能正是在其任期内，韦景昭去世，所以才有此段感叹与赞颂。与他同时任期的还有韩滉的另外一个属下顾况，他晚年隐居茅山修道。他的儿子顾非熊也隐居茅山。再如颜真卿在《茅山玄静先生广陵李君碑铭并序》中提到自己在乾元二年（759年）从升州刺史升迁浙西节度使："钦承至德，结慕玄微，遂专使致书茅山以抒诚恳。先生特

---

① （元）刘大彬撰：《茅山志》卷二十三，《中华道藏》第48册，第471页。

令韦炼师景昭复书，真卿恩眷绸缪，足励超然之志。"[1] 于浙西任职还专门写信到茅山给李含光，表示诚意。李含光也让韦景昭回信以示交好之意。许浑是文宗时进士，曾任润州司马，宣宗时为监察御史。他在润州为官时常于茅山游玩，有诗《茅山题徐校书隐居》：

> 深居四十年，语旧泪潺潺。官满春辞省，兵来夜出关。
>
> 思随江鹤远，心寄海鸥闲。莫讶频相访，前峯似故山。[2]

表达了自己对于隐居茅山的向往和对现实官场沉浮的厌倦。李德裕也出任过浙西观察使，"德裕凡三镇浙西，前后十余年。"[3] 他与当时上清派茅山宗宗师孙智清有着频繁的交往，不仅他尊孙智清为师，他的夫人也随他入道修行。长庆二年（822年）九月，李德裕因为李逢吉的排挤而出为润州刺史。唐敬宗宝历二年（826年），李德裕自称自己是"上清玄都大洞三景弟子"，以道教上清弟子之名义"上为九庙圣主，次为七世先灵，下为一切含识，于茅山崇元观南敬造老君殿院，及造老君、孔子、尹真人像三躯。"[4] 在茅山崇元观南建造了老君殿，和太上老君、孔子、尹真人塑像。李德裕后来多次拜相，一直保持着与茅山的联系，在当时时局混乱的条件下，为茅山的发展做出了一定的贡献。

天台山在徐灵府时重修了司马承祯曾经的道院桐柏观。元稹应徐灵府之邀作《重修桐柏观记》一文：

> 岁太和己酉，修桐柏观讫事，道士徐灵府以其状乞文于

---

① （元）刘大彬撰：《茅山志》卷二十三，《中华道藏》第48册，第470页。

② （唐）许浑：《茅山题徐校书隐居》，陈尚君辑校：《全唐诗补编》第2册，北京：中华书局，1992年，第223页。

③ （五代）刘昫等撰：《旧唐书》卷一七四，第4521页。

④ （元）刘大彬撰：《茅山志》卷二十三，《中华道藏》第48册，第473页。

余……不及百年，忽焉而芜。芜久将坏，坏其反乎。神启密命，命友余徐。徐实何力，敢告俸余。侯用俞止，倬来不虚。①

太和己酉年乃是文宗太和三年（829 年），元稹为浙东观察使兼越州刺史，辖内天台山重修桐柏观，定然是有地方政府的支持的。于是桐柏观修好之后，徐灵府邀请元稹作碑记，记载此事。也由此看出二人的交往匪浅，以及元稹对于上清派天台山弘道的支持。同年九月，元稹同样是回到中央任职。元稹与徐灵府不仅是私交，应该是常常拜访天台山学道，他与徐灵府师出同门的冯惟良同样交好。冯惟良"唐宪宗元和中，东入天台、会稽，廉访使元稹闻其风而悦之，常造请方外事"②。冯惟良浙东的名声也非常高，在浙东任职的元稹慕名拜访，常常向其请教世俗政事。可见当时的上清派道士不仅与地方官员交好，也会关注并与地方官员讨论政事。唐会昌初，武宗诏浙东廉访使前往拜访徐灵府，徐灵府拒绝了武宗的征召，并诗《言志献浙东廉访辞召》云：

野性歌三乐，皇恩出九重。那烦紫宸命，远下白云峰。

多愧书传鹤，深惭纸画龙。将何佐明主，甘老在岩松。③

武宗沉迷道术，而地方官员常常成为替皇帝征召隐居道士的人选。浙东廉访使受皇命拜访徐灵府，其与徐灵府本就有交往，徐灵府才会赠诗以明志拒绝征召。廉访使在得到徐灵府的诗文之后便作罢复命。

---

① （唐）元稹：《重修桐柏观记》，（清）董浩等编《全唐文》卷六五四，第6646页。

② （元）赵道一撰：《历世真仙体道通鉴》卷四十，《中华道藏》第47册，第481页。

③ （唐）徐灵府：《言志献浙东廉访辞召》，（清）彭定求等编《全唐诗》卷八五二，第9639页。

二、衡山上清派与江南西道

衡山位于江南西道所辖衡州（今湖南衡阳市），安史之乱于洪州置湖南观察使。上清派在南岳之中多隐居者。德宗时，田虚应在南岳隐居，正值吕渭和杨冯出任湖南，史料记载吕渭曾任礼部侍郎，后因为其子科举舞弊被贬为潭州刺史、湖南都团练观察使。载云：

> 时吕渭、杨冯皆使湖南，尝就访高论。潭州旱，祈之久不获，召虚应。虚应蓬发发弊衣至郡，无言而雨自降。又尝久雨不止，郡守建坛于岳观，亦默然岸帻而坐，洎升坛，即霁。①

吕渭、杨冯在湖南任观察使时，便时常访问田虚应，与其论道。潭州遇干旱之年，祈雨不至，便请田虚应祈雨；或者洪涝之年，郡守会在衡山岳观之中建坛，请田虚应祭祀祈雨停，非常灵验。这段记载纵然带有一定的神话和夸张的色彩，但是可以说明衡山上清派在当地的宗教地位非常高，与当地的地方官员的交往也非常的密切。

另外，曾与武陵、南岳修行的上清派高道黄洞元及其弟子瞿柏庭，在江南西道也非常有名，尤其是在武陵地区。为瞿柏庭写下传记和逸史《瞿童述》的温造曾经就是江南西道朗州的刺史，下辖武陵。这是一篇由亲历者口述的历史记录。温造在朗州武陵郡守任职，因为瞿童的事迹在当地太有名气，"代人传瞿童登仙之迹，皆怪异可惑乎"②。当地人都知晓道士瞿柏庭的传说，让温造非常好奇，于是亲自拜访了瞿柏庭的同门桃源观道士陈景昕，听得亲历者口述史，记

---

① （元）赵道一撰：《历世真仙体道通鉴》卷四十，《中华道藏》第47册，第481页。

② （唐）温造：《瞿童述》，（清）董浩等编《全唐文》卷七三〇，第7530页。

载成文。文中有一条记录云："（大历）七年（772年）二月，朗州刺史胡叔清招洞源（洞元）下郡，赴之。留柏庭山中植果药。逾一十日，洞源来……"①当时的朗州刺史邀请黄洞元前往武陵郡，在武陵郡停留了十一日。可见当时上清道士虽然隐居不出世，但是与当地官员的交往并没有中断。

同样记载了此事的还有德宗时于朗州养病的董侹，他为阎寀撰写了《阎贞范先生碑》。阎寀是阎用之的儿子，其父曾为玄宗时左金吾将军，后加入安禄山的叛乱，肃宗时归降唐朝。阎寀曾为监察御史，出任朗州刺史，晚年于桃源观自请度为道士，在洪州宗华观修道。碑记中提到阎寀与黄洞元、瞿柏庭相交：

> （阎寀）闻桃源有黄君瞿童之事，甘心而请学焉。黄君欣然留公。秋分中夜，授以洞神正一箓云："苍崖沉沉，如交杳冥。羽节缤纷，往来无声。"黄悚异，命公为记。时淮将跋扈，朝议以正人莅之，可使迁善，传召公为申州刺史。公将命始至，敷陈王纲，诱谕忠节，然察其恶稔，亦以上闻。……②

从董侹之记载可以看出，阎寀对于黄洞元和瞿柏庭非常推崇和信任，既受法箓入道，在黄洞元之预言时，也欣然相信。阎寀于德宗建中年间（780—783年）被召为申州刺史。文中所云"时淮将跋扈"应该是指当时的淮西节度使李希烈叛变，李希烈手握重兵，本应帮助唐德宗镇压梁崇义、李正己等叛将，却与河北叛将朱滔、田悦等勾结，自称建兴王、天下都元帅。而阎寀正是在此时被德宗选

---

① （唐）温造：《瞿童述》，（清）董诰等编《全唐文》卷七三〇，第7529页。

② （唐）董侹：《阎贞范先生碑》，（清）董诰等编《全唐文》卷六八四，第7003页。

中前往申州（位于河北道、山南东道和淮南西道交界之重地）担任刺史，代替李希烈。而黄洞元之预言正是阎宾仕途中的指路之言，影响着阎宾对政治局势的判断。

三、唐后期上清派与地方权力关系的分析

唐后期，上清派茅山、天台山、衡山等宗坛凭借着多年在当地的扎根和影响力的扩大，与浙江东道、浙江西道等地方权力一直保持着良好的交往。

一方面，上清派在各地为地方履行着必要的义务。正如前文所提到湖南地方官员郡守邀请田虚应为当地的旱涝灾害祈福，参与当地官方的祭祀。这不仅是上清派在当地影响力的表现，同时也是上清派在当地发挥自身的宗教社会职能，通过道教特有的祭祀仪式参与到政治和世事之中去，在灾难和困境中帮助安抚人心、稳定社会秩序，对当地政权有一定的积极意义。其次，就地方掌权者个人而言，上清派与其交好，使他们尽可能的接受上清派的教理和思想。他们不仅会亲自拜访高道之隐居所，也会邀请高道出山。甚至间接地参与到地方政治之中，在阎宾出任刺史之前，黄洞元云："苍崖沉沉，如交杳冥。羽节缤纷，往来无声。"①借授箓之机对阎宾未来仕途的坎坷和当前政局的混乱状态提出了自己的看法。他认为当前藩镇纷纷叛变，与中央关系紧张，李唐皇室衰微的政治局势，正如苍崖一样喑哑晦暗而看不清晰，世间熙攘往来虽然纷乱，到头来不过是一场无声无息的终局。同时劝说阎宾入道，而阎宾晚年在经历了宦

---

① （唐）董侹：《阎贞范先生碑》，（清）董浩等编《全唐文》卷六八四，第7003页。

海沉浮之后，也心灰意冷只愿修道出世。

　　另一方面，上清派也通过与这些当地官员交好，积极参与当地政务，扩大自己在地方的影响力，获得更好的生存和发展环境。尤其是在江南东道，与当地的观察使、节度使保持交往，不仅能够获得更好的社会资源，同时也是在间接的影响这些身处政局之中的掌权者。尤其是，在这些地方掌权者当中，有一部分人是从中央来到地方，或者后任宰相的中央大员。[①] 例如韩滉，曾出任镇海节度使、浙江东西观察使、江淮转运使，之后便被封晋国公，入朝为相，泾源兵乱之时，为唐德宗管理东南地区的财赋税收，保证中原前线战事的财政来源。穆宗长庆元年（821 年）元稹由宰相被贬谪为同州刺史，长庆三年（823 年）被调任浙东观察使兼越州刺史。李德裕是历经宪宗、穆宗、敬宗、文宗四朝的名相，三次任浙西观察使，于任上不仅为茅山崇元观南建造了老君殿，和太上老君、孔子、尹真人神像；在回到中央之后还为茅山的复兴和发展，为茅山周围禁止采捕的诏令出力。记载黄洞元和瞿柏庭的朗州刺史温造，文宗时官至兵部侍郎、御史大夫。这些浙东、浙西、江南西道的地方大员，不论是在任前还是在任后拜相，其在政治中的影响力是不可小觑的。他们的一举一动，包括与上清派的交往，现实中为上清派所作之事，思想上对上清派理论的接受，都是对上清派的宣传，是为上清派在政治上积累名声甚至人脉。正如颜真卿，他既在统治阶层群体中有

---

① 　王寿南《唐代藩镇与中央关系之研究》（台北：大化书局，1969年）中清晰的整理了《唐代藩镇总表》，统计了当时任职浙东、浙西和淮南道的地方大员入朝拜相者众。笔者认为，当时中原藩镇反叛者多，东南地区是唐王朝财赋的主要来源，这些地区的藩镇节度使不仅需要相对忠心，而且在东南任职时能更具体的掌控帝国财赋，故而此地多出宰相。

忠义之贤名，又在文学界和书法艺术界为文人士大夫所认可，那么他为上清派、为李含光所撰写的碑铭就会有更大的传阅度和认知度。与此同时，上清派的教理、上清派高道清风朗月之道风也会被更多的人所知晓，并慕名向往和拜访。

第三节　个案研究：李德裕和唐武宗、孙智清
——权臣和帝王、上清派的三角关系

一、李德裕与唐武宗的崇道

（一）唐武宗的崇道表现和李德裕的劝谏

李德裕，字文饶，赵郡赞皇（今河北赞皇县）人。元和时名相李吉甫之子。起初是由"门荫"入官，历经了宪、穆、敬、文、武五代君王，主要辅佐了文、武二帝。如前文所述，唐后期的帝王和上清派的联系不多，或者是唐帝王对上清派曾经的辉煌的淡忘，或者是唐后期上清派道士的拒不出世。但是唐帝王对于道教的热情并没有消减，反而越来越热衷，尤其是长生服药之术。

唐武宗李炎（814—846年），840年继位，在位六年。唐武宗乃是唐文宗之弟，当时权倾朝野的宦官仇士良私自废皇太子拥立唐武宗，企图将其当成自己的傀儡来操控朝局。唐武宗于开成五年（840年）二月登上皇位，九月便将远在淮南的"淮南节度使、检校尚书左仆射李德裕为吏部尚书、同中书门下平章事，寻兼门下侍郎"[①]李

---

① （五代）刘昫等撰：《旧唐书》卷十八上，第585页。

德裕调回中央为相，用以制约仇士良的权力。唐武宗一直信奉道教。"帝在藩时，颇好道术修摄之事。"[①]唐武宗继位之前便喜好求仙服药之道术。于是刚刚登基，便召道士以满足他修道之心切。"召道士赵归真等八十一人入禁中，于三殿修金箓道场，帝幸三殿，于九天坛亲受法箓。"[②]登基当年的秋天便召了赵归真等 81 名道士入宫，在三殿（即麟德殿）为他修建金箓道场，在九天坛亲自受道教法箓。道士赵归真在敬宗短暂在位的两年里便曾侍奉左右，于太清宫修道，"充两街道门都教授博士"[③]。《资治通鉴》记载：

> （宝历二年，826 年）道士赵归真悦上以神仙，僧惟贞、齐
> 贤、正简悦上以祷祠求福，皆出入宫禁，上信用其言。[④]

宝历二年（826 年），道士赵归真、僧人惟贞、齐贤、正简，皆以神仙之术、祈福求祷等事宜深得敬宗的信任，随意出入宫禁。到了同年的十二月，敬宗被宦官刘克明、马球将军苏佐明刺杀身亡。皇宫中此等大事自然牵连到许多人，"赵归真等诸术士及敬宗时佞幸者，皆流岭南或边地"[⑤]。正是这个在敬宗朝定罪流放的道士赵归真，武宗时又被召入朝宠信。为此，李德裕曾极力劝谏曰："是尝敬宗时以诡妄出入禁中，人皆不愿至陛下前。"[⑥]《资治通鉴》记载李德裕的话是"归真，敬宗朝罪人，不宜亲近！"[⑦]语气更加强势，称赵归真

---

①　（五代）刘昫等撰：《旧唐书》卷十八上，第585页。

②　（五代）刘昫等撰：《旧唐书》卷十八上，第585—586页。

③　（五代）刘昫等撰：《旧唐书》卷十七上，第521页。

④　（宋）司马光编：《资治通鉴》卷二四三，第7851页。

⑤　（宋）司马光编：《资治通鉴》卷二四三，第7852页。

⑥　（宋）欧阳修、宋祁撰：《新唐书》卷一八〇，第5343页。

⑦　（宋）司马光编：《资治通鉴》卷二四七，第8000页。

等人与刺杀敬宗之事有关，是已被定罪者，武宗不应该与这类人亲近。但是唐武宗并没有听从李德裕的谏言，只说："朕宫中无事时与之谈道涤烦耳。至于政事，朕必问卿等与次对官，虽百归真不能惑也。"①唐武宗此言甚是诛心，称他只是在政事之闲暇与赵归真谈谈修道长生之道，来调节一下整日政事的烦躁。并说自己每次政事都会与李德裕等大臣商议，也不会与赵归真说些什么。唐武宗之意一方面是说不会让赵归真参与政事，另一方面也在暗示李德裕等大臣在政事上对自己的掣肘。李德裕考虑的则更成熟："小人见势利所在，则奔趣之，如夜蛾之投烛。闻旬日以来，归真之门，车马辐凑，愿陛下深戒之！"②唐武宗虽然没有让赵归真参与政事之心，但是很多见风使舵之人见赵归真受到武宗的宠信，获得皇帝的信任，便会借巴结赵归真的机会来得利，还有一些"挟术诡时者"③会认为"此中大有嘉处"④，热衷修习诡道来获得名利和皇帝的宠信。久而久之，唐武宗便无心政事，朝政便会混乱。与赵归真一起被征召为唐武宗修法箓的还有上清派衡山道士、田虚应之弟子刘玄靖，会昌元年（841年）：

> 以衡山道士刘玄靖为银青光禄大夫，充崇玄馆学士，赐号广成先生，令与道士赵归真于禁中修法箓。⑤

---

① （宋）司马光编：《资治通鉴》卷二四七，第8000页。

② （宋）司马光编：《资治通鉴》卷二四七，第8000页。

③ （宋）欧阳修、宋祁撰：《新唐书》卷一八〇，第5343页。

④ 《新唐书·卢藏用传》记载睿宗时道士卢藏用曾隐居终南山，以隐士之名被征召入朝为官。当时司马承祯拒绝睿宗的挽留归山，卢藏用对司马承祯曰："此中大有嘉处。"承祯徐曰："以仆视之，仕宦之捷径耳。"藏用惭。此后人们用"终南捷径"来比喻追求名利的便捷途径。

⑤ （五代）刘昫等撰：《旧唐书》卷十八上，第587页。

刘玄靖与赵归真一起于宫中修道，凡上疏劝谏者皆被贬谪。不仅如此，唐武宗还大肆建造宫观，除了前文所提到的命令赵归真在三殿建造九天道场以外，会昌元年（841年）三月还"造灵符应圣院于龙首池"①，会昌三年（843年）"筑望仙观于禁中"②，会昌五年（845年）正月"敕造望仙台于南郊坛"③，六月"神策奏修望仙楼及廊舍五百三十九间功毕。"④倾国之财力营建各种道观道场。唐武宗的晚年甚至因为常服用金丹仙药而性情暴躁，喜怒无常，导致李唐统治局势更加混乱不堪。

（二）唐武宗"会昌毁佛"期间李德裕对佛道的态度

第一章关于佛道与政治关系的论述中已经提到唐武宗时期的"会昌毁佛"运动。这一时期对于佛教的打击间接促进了道教的发展。"会昌毁佛"的原因诸多，但其结果确实给了道教发展之机会。在这一运动中，李德裕作为宰相，对皇帝的态度和决策都有很大的影响。⑤会昌年间（841—846年）唐武宗在道士赵归真和宰相李德

①　（五代）刘昫等撰：《旧唐书》卷十八上，第586页。
②　（五代）刘昫等撰：《旧唐书》卷十八上，第595页。
③　（五代）刘昫等撰：《旧唐书》卷十八上，第603页。
④　（五代）刘昫等撰：《旧唐书》卷十八上，第604页。
⑤　一些研究认为李德裕在"会昌毁佛"中扮演着重要的角色。田廷柱《李德裕与会昌禁佛》［《辽宁大学学报（哲学社会科学版）》1980年第5期，第65—68页］一文认为李德裕本身具有反佛的思想意识，在会昌毁佛运动中起到了重要的作用。姜芊的《李德裕与会昌毁佛》（《兰州学刊》1991年第6期，第92—96页）一文认为李德裕在会昌时期的毁佛决策与其崇信道教没有关系。杨发鹏《论李德裕在会昌灭佛中的作用》（《宗教学研究》2011年第1期，第101—106页）则认为李德裕在会昌毁佛中的作用是有限的，不能夸大李德裕在其中所起到的作用。

裕的建议下陆续颁布了一系列严重限制甚至打击佛教的政策。从
"会昌毁佛"事件本身来看,宰相李德裕在此事件中确实起到了重要
作用,但这与他对道教的崇信态度没有关系。

首先,需要明确李德裕对于佛教和道教的态度。李德裕信仰道
教,这有很多明确的研究成果,此处便不赘述。但很多研究认为李
德裕促成唐武宗的"毁佛运动"是因为排斥佛教或者因崇道而抑佛,
例如王永平在《李德裕与道教》①一文中认为李德裕有明确的排斥佛
教的倾向。汤用彤《隋唐佛教史稿》中也认为:"武宗信道毁法,卫
公亦不喜释氏,宜其毁法至酷烈也。"②"会昌灭佛"的手段确实雷霆,
但是笔者认为,李德裕对于佛教和道教的态度其实是一视同仁的。

一方面,正如前文所述,对于唐敬宗、武宗过分恩宠的道士如
赵归真等人持否定态度。李德裕认为唐武宗如此宠信那些只会炼丹
服饵之术的道士,会被企图通过丹术投机取巧的道士蒙蔽而丧失治
国之壮志。"臣所虑赴召者,必怪迂之士,苟合之徒,使物渰冰,以
为小术,炫耀邪僻,蔽欺聪明,如文成五利,无一可验。"③担心帝
王把那些真正的道教高德所不齿的机巧小术当成道术的全部,而没
有领略到如上清派修心治国理论的真正有价值有可取之处的道教思
想。他在《黄冶赋》一文中也指出:"若乃不务德业,营信秘箓,祈
年永久,以极嗜欲,斯则不由于正道,无益于景福。"④过分地钻营道

---

① 王永平:《李德裕与道教》,《文史知识》2000年第1期。

② 汤用彤:《隋唐佛教史稿》,北京:中华书局,1982年,第47页。

③ (唐)李德裕:《谏敬宗搜访道士疏》,(清)董诰等编《全唐文》卷
七〇一,第7196页。

④ (唐)李德裕:《黄冶赋》,(清)董诰等编《全唐文》卷六九六,第
7143页。

术箓法，一味地企求长生，违背了道教少私寡欲之道法。故而李德裕认为过分的炼丹求药并不是正道，对于帝王来说更不是有益于统治的做法。所以他向帝王提议："以臣微见，倘陛下睿虑精求，必致真隐，惟问保和之术，不求药饵之功，纵使必成黄金，止可充于玩好。"①认为帝王的真心求道，自然会有真正的高道隐士前来，修道保身之道可问，而炼药服饵之术则不可强求，即使好奇炼金术，也仅限于喜好而已，不能当成正业去对待。李德裕不仅如此说，亦是如此做的，宝历二年（826 年）时，敬宗下诏在浙西寻访异人，李德裕正值浙西观察使任内，"三年之内，四奉诏书，未尝以一人塞诏"②。三年之内，敬宗四次下诏书让李德裕在茅山等地寻找道士高人，李德裕一个人都没有推荐，可见其坚持。

另一方面，李德裕对于佛教的态度也不是单纯的排斥。③首先，李德裕与多位佛教高僧都有友好的交往，对佛教理论也是不排斥的。《全唐诗》中收录了他的几首与高僧的赠诗，其中《赠圆明上人》云：

> 远公说易长松下，龙树双经海藏中。
>
> 今日导师闻佛慧，始知前路化成空。④

李德裕听圆明上人讲《易》，称赞高僧学识渊博，龙树是大乘佛

---

① （唐）李德裕：《谏敬宗搜访道士疏》，（清）董浩等编《全唐文》卷七〇一，第7196页。
② （唐）李德裕：《谏敬宗搜访道士疏》，（清）董浩等编《全唐文》卷七〇一，第7196页。
③ 杨发鹏：《论李德裕在会昌灭佛中的作用》（《宗教学研究》2011年第1期）一文也认为，李德裕道教和佛教兼信。
④ （唐）李德裕：《赠圆明上人》，（清）彭定求等编《全唐诗》卷四七五，第5389页。

教中观学派的创始人，唐代盛行的唯识宗、三论宗等皆受其学说之影响。李德裕认为佛教的智慧对于自己大有启发。其次，他还在镇江北固山修建了甘露寺。李德裕有《重瘗禅众寺舍利题记》一文中提到他在长庆二年（822年）时"创甘露宝刹，重瘗舍利"①，并在大和三年（829年）时在上元县（今南京附近）禅众寺塔基下发现，被再次郑重地收藏于寺中，才有这篇题记。可见他对于建造寺庙和尊重佛骨之事也并没有特别的反感。其三，李德裕对真正的得道高僧，也表达自己的尊重。他曾上奏《请宣赐鹤林寺僧谥号奏》：

> 润州鹤林寺故禅师元素，传牛头山第五祖智威心法，是径山大觉之师，伏请依释门例，赐谥号大额。②

亲自为他所尊重的大觉之禅师请奏赐号。刘禹锡的《牛头山第一祖融大师新塔记》中记载李德裕对佛教大师之看法："尝谓大师像设，宜从本教，言自我启，因自我成。"③他所认为的大师，是基于佛教之原旨，于佛经之中自觉，又在因果修行之中大成。反而观之，常被用以认定李德裕排斥佛教的记载大概有以下几条：

> （1）李德裕任职浙西时除淫祠和私邑山房：（长庆二年，822年）初德裕为浙西观察使……二年之后，赋舆复集。德裕壮年得位，锐于布政，凡旧俗之害民者，悉革其弊。江、岭之间信巫祝，惑鬼怪，有父母兄弟厉疾者，举室弃之而去。德裕

---

① （唐）李德裕：《重瘗禅众寺舍利题记》，陈尚君辑校：《全唐文补编》（下册），北京：中华书局，2005年，第2135页。

② （唐）李德裕：《请宣赐鹤林寺僧谥号奏》，（清）董浩等编《全唐文》卷七〇一，第7196页。

③ （唐）刘禹锡：《牛头山第一祖融大师新塔记》，（清）董浩等编《全唐文》卷六〇六，第6118页

欲变其风，择乡人之有识者，谕之以言，绳之以法，数年之间，弊风顿革。属郡祠庙，按方志前代名臣贤后则祠之，四郡之内，除淫祠一千一十所。又罢私邑山房一千四百六十，以清寇盗。人乐其政，优诏嘉之。①

（2）李德裕上奏论私度僧尼之危害：元和以来，累敕天下州府，不得私度僧尼。徐州节度使王智兴聚货无厌，以敬宗诞月，请于泗州置僧坛，度人资福，以邀厚利。江、淮之民，皆群党渡淮。德裕奏论曰："……臣今于蒜山渡点其过者，一日一百余人，勘问唯十四人是旧日沙弥，余是苏、常百姓，亦无本州文凭，寻已勒还本贯。访闻泗州置坛次第，凡僧徒到者，人纳二缣，给牒即回，别无法事。若不特行禁止，比到诞节，计江、淮已南，失却六十万丁壮。此事非细，系于朝廷法度。"状奏，即日诏徐州罢之。②

（3）李德裕批判妖僧"圣水"事件：宝历二年（826年），亳州言出圣水，饮之者愈疾。德裕奏曰："臣访闻此水，本因妖僧诳惑，狡计丐钱。数月已来，江南之人，奔走塞路。……臣于蒜山渡已加捉搦。若不绝其根本，终无益黎氓。昔吴时有圣水，宋、齐有圣火，事皆妖妄，古人所非。乞下本道观察使令狐楚，速令填塞，以绝妖源。"从之。③

（4）李德裕奏斩游僧：（会昌五年，845年）五台僧多亡奔幽州。李德裕召进奏官谓曰："汝趣白本使，五台僧为将必不如

---

① （五代）刘昫等撰：《旧唐书》卷一七四，第4510—4511页。
② （五代）刘昫等撰：《旧唐书》卷一七四，第4514页。
③ （五代）刘昫等撰：《旧唐书》卷一七四，第4516页。

幽州将，为卒必不如幽州卒，何为虚取容纳之名，染于人口！独不见近日刘从谏招聚无算闲人，竟有何益！"张仲武乃封二刀付居庸关曰："有游僧入境则斩之。"主客郎中韦博以为事不宜太过，李德裕恶之，出为灵武节度副使。①

逐条分析，首先第一条，李德裕在浙西任观察使时于"四郡之内，除淫祠一千一十所，又罢私邑山房一千四百六十，以清寇盗"。首先，李德裕在浙西任职，除淫祠的目的是"清寇盗"，于民是利事，于己是政绩；其次，"淫祠"和"私邑山房"并不能与佛教寺庙混为一谈，甚至于很多民间淫祠所供奉之神与道教之神仙有很高的一致性，不能作为他排斥佛教之证据。第二条"私度僧尼"本就是违反朝廷之法律，而他所针对的也不仅是那些私度之僧尼，还有以徐州节度使王智兴为代表的目无法纪、借此敛财的官员，甚至这些私度的僧尼导致了江淮地区失去了六十万的徭役壮丁，实际是唐王朝国力之损失。第三条所言妖僧圣水惑众之事，实与赵归真等以金石术法惑上是一个道理，李德裕想要借"妖妄"之事来表明自己对于皇帝盲目宠信妖道的态度。第四条斩游僧事件中重点在于"幽州"。从对外的角度上来说，幽州乃唐朝东北之边境，是唐代北方军事防御重镇，防御奚、契丹等少数民族；从对内的角度上来说，幽州曾名为范阳，正是安史之乱安禄山起兵之地，常年不奉朝。从历史的角度来看，幽州驻军对于佛教的信仰由来已久，幽州军人常以

---

① （宋）司马光编：《资治通鉴》卷二四八，第8018—8019页。

佛教为政治宣传的工具，为其多次的反叛李唐王朝做舆论掩护。①仅从这三点来看，五台山的僧人往幽州去不论是什么缘由，都应该谨慎严肃对待，此与僧人的关系不大。

综上所述，李德裕对道教并没有一味地崇信，对于佛教也没有一味地排斥。他对道教和佛教的态度都是一以贯之的。从政治的角度看，李德裕恪尽职守，不苟不懈，对于祸乱朝政、诱惑皇帝沉迷服饵的道士他会上疏劝谏，对于严重影响国家税收徭役的佛教势力扩大他也没有姑息。尤其是他在浙西和淮南任职多年，对于东南地区所承担的国家财政的重责有深刻的认识，同时他也在西川亲身领过战事，对于国家财政为前线战事和社稷安定有多大的用处也心知肚明。故而，于唐武宗对佛教之整顿和打击，以当时李唐王朝的社会情况，李德裕应该是支持的，甚至是作为宰相亲自执行的，而他是否崇道和排佛均不是决定性因素。

二、李德裕与孙智清的交往

李德裕的道教信仰早已有之，但他和上清派茅山道士孙智清的交往应始于他出任浙西。李德裕在浙西任职的时间分别是第一次长庆二年（822年）九月至大和三年（829年）八月，任润州刺史、浙西观察使；第二次是大和八年（834年）十一月至约大和九年（835年）四月在任浙西观察使；第三次是开成元年（836年）十一月至开成二年（827年）五月三赴浙西节度使。在此期间，李德裕与孙智清

---

① 　刘琴丽《唐代幽州军人与佛教——以〈房山石经题记汇编〉为中心》（《世界宗教研究》2011年第6期）论述了从《房山石经题记汇编》的记载中可以看出幽州节度使和普通军人与佛教的关系十分密切，甚至利用佛教来赞颂节度使的功绩，达到政治宣传的目的。

交往颇深。他有诗赠孙智清，傅璇琮认为这三首诗皆是李德裕第一次任浙西观察使时所作[①]：

寄华阳孙炼师

何地最鲦然，华阳第八天。松风清有露，萝月静无烟。

乍警瑶坛鹤，时嘶玉树蝉。欲驰千里恋，唯有凤门泉。

又二绝

石上溪荪发紫茸，碧山幽蔼水溶溶。

莒花定是无人见，春日唯应羽客逢。

独寻兰渚玩迟晖，闲倚松窗望翠微。

遥想春山明月曙，玉坛清磬步虚归。[②]

三首诗皆是李德裕游茅山时所描述的茅山遗世独立之景致，与孙智清道士相约春日论道，赞颂茅山道法之清高虚静。不仅如此，李德裕还于茅山之上建造道院，其《三圣记》云："于茅山崇元观南，敬造老君殿院，及造老君、孔子、尹真人像三躯，皆按史籍遗文，庶垂不朽。"[③] 宝历二年（826年）在茅山建造老君殿，奉老君、孔子、尹真人三座塑像。并且他在此文中自称"玉清元都大洞三道弟子"，在后来的诗文中都尊称孙智清为尊师，可见他在宝历二年（826年）时已经拜孙智清为师。不仅如此，他的妻子刘氏也拜师入道，他在为其妻子撰的墓志铭中提及："中年于茅山燕洞宫传上清法

[①] 傅璇琮著：《李德裕年谱》，北京：中华书局，2013年，第159页。

[②] （唐）李德裕：《寄华阳孙炼师》《又二绝》，（清）彭定求等编《全唐诗》卷四七五，第5391—5392页。

[③] （唐）李德裕：《三圣记》，（清）董浩等编《全唐文》卷708，第7266页。

箓。悦诗书之义理，造次不渝；宝老氏之慈俭，珍华不御。"①他的妻子大约也在宝历年间在茅山入道。

大和三年（829年），李德裕离开浙西，入朝为相。大和七年（833年），孙智清上疏文宗为茅山请奏重赐敕禁止樵苏：

> ……先奉恩旨，禁断弋猎樵苏，秋冬放火。四时祭祀，咸绝牲牢。自经艰难，失去元敕，百姓不遵旧命，侵占转深。采伐山林，妄称久业。伏请重赐禁断，准法护持。……②

文宗并未亲自回复，但李德裕当时正任职中书侍郎平章事，便直接下敕牒云："其茅山界内，并不得令百姓弋猎采伐及焚烧山林。仍委州县切加禁止。"③李德裕在中央的权力为茅山的发展提供了一定的便利。后孙智清仙逝时，李德裕还作《遥伤茅山县孙尊师三首》，以及李德裕拜访孙智清之尊师黄洞元所作《寄题黄先生旧馆》④，是李德裕与孙智清交好之证明。总之，李德裕与孙智清有诗文上的交往、教内师徒关系，还为茅山营建宫观、禁止采捕提供支持。

事实上，李德裕与孙智清的交往不仅仅是在现实生活中，上清派的理论思想更渗透到了李德裕的思想之中，在与孙智清交往的过程中不断接受了上清派的思想理论。如前文所提及的宝历年间，敬宗遣人至浙西寻异人，当时李德裕在浙西上疏谏言云：

---

① （唐）李德裕：《唐茅山燕洞宫大洞炼师彭城刘氏墓志铭并序》，周绍良主编《唐代墓志汇编》（下册），上海：上海古籍出版社，1992年，第2303页。
② （唐）孙智清：《请重赐敕禁止樵苏状》，（清）董浩等编《全唐文》卷九二八，第9672页。
③ （元）刘大彬撰：《茅山志》卷二，《中华道藏》第48册，第380页。
④ 根据傅璇琮《李德裕年谱》中论证，此两首大约作于会昌二年（842年）、三年（843年）间。

　　臣闻道之高者，莫若广成、元元，人之圣者，莫若轩黄、孔子。昔轩黄问广成子理身之要，何以长久，广成子云："无视无听，抱神以静，形将自正，神将自清。无劳子形，无摇子精，乃可长生。慎守其一，以处其各。故我修身千二百岁矣，吾形未尝衰。"又云："得吾道者，上为皇而下为王。"元元语孔子云："去子之骄气与多欲，态色与淫志，是皆无益于子之身。吾所告子者是已。"故轩皇发谓天之叹，孔子兴犹龙之感，前圣之道，不其至乎？①

这段谏言充分反映了李德裕关于道教和修道的观点。他借广成、轩黄等神仙之口，表达自己的修道思想，他认为修行之法门在于修神，虚静抱一则形自正，精神上的清静自然，在尘世间少私寡欲，拒绝过分的欲望才能真正地长生成仙。他的思想正是上清派修炼思想的体现。从李德裕对待道教和佛教的态度上，我们也可以看出，他认为炼丹服饵、追逐帝王恩宠和世俗名利的道士并非真正的道士，于政事无益、故弄玄虚的僧人也是不值得尊敬的。而他所认为的真正的高士应该是他在《方士论》中所提出的：

　　大抵方士皆习静者，为之隐身岩穴，不求闻达，如山鹿野麋，是其志也。岂乐翘车之召哉？②

他认为真正的道士应该像上清派理论所倡导的那样修习"静"之道，隐居于山林岩穴，不求名利。志在至大道者，又怎么会对世俗之名利感兴趣呢？而对比金丹服药之术和上清内炼养气之法，他

---

① （唐）李德裕：《谏敬宗搜访道士疏》，（清）董浩等编《全唐文》卷七〇一，第7196页。

② （唐）李德裕：《方士论》，（清）董浩等编《全唐文》卷七〇九，第7284页。

也认为：

> 倘至人道奥者，用天地之精，合阴阳之粹，济以神术，或能成之。若以药石熔铸，术则疏矣。①

神仙借以天地之精气，阴阳自然之纯粹来修炼，自然是可以成就大道的，如若以药石金丹之术则不能真正达到最高境界。由此可见，上清派思想在李德裕这里得到了认可和接受。李德裕和孙智清及上清派的交往不仅是现实中的互动，更是精神和思想上的理解与认同。

三、帝王、权臣与上清派的三角关系

在唐前期，尤其是安史之乱之前，李唐王朝的统治相对稳定，国之权柄被他们紧紧地抓在手中，对于上清派来说，道派的发展、理论的建立和探索，围绕权力中心进行便可长期维持双方之间的合作与同盟关系。唐后期随着国家权力逐渐分裂，唐帝王、宦官宰相等权臣及地方藩镇等各自分别掌握着一定的权力。唐帝王依然代表着国家的权威、君权神授的正统，宦官、宰相或者朋党交替控制着朝政大权，而藩镇节度使，尤其是中原河北等地的节度使手中则握有足以颠覆政权的军事力量。统治集团的不断分化，使得上清派对于李唐王朝的合作关系发生了一些新的多面向的发展和变化。

首先，唐帝王所代表的"宗法"上的正统，也是道教致力"神化"的太上老君，拥有长期的合作基础。但是由于唐帝王在修道上的兴趣转向，上清派理论无法再适应唐帝王个人修道的需要，唐帝

---

① （唐）李德裕：《黄冶赋》，（清）董浩等编《全唐文》卷七一○，第7288页。

王与上清派之间的合作关系逐渐疏远。以至于在杜光庭积极入朝之前，除了刘玄靖短暂地留在皇帝身边，其他的上清派道士几乎都处于隐居不出，有诏不赴的状态，当然这也与当时混乱的社会环境和政治局势有很大的关系。在司马承祯时期，上清派甚至掌握了五岳山川的祭祀权力，而这之后，上清派在官方祭祀中逐渐淡出人们的视野，不论是理论还是实践，都被后期唐帝王所边缘化。唐帝王更青睐可以快速见效的金丹服饵之术。刘玄靖在唐敬宗问他长生之术时向其传授上清修炼之道法："无利无营，少私寡欲，修身世世之旨也。"①而唐敬宗的回应竟然是："上不悦，而难作，放令归山。"②唐帝王在长生之事上并不再理解上清派的修道理论。

其次，上清派在地方的影响力依旧不减。不论是茅山所处的浙江西道、天台山所处的浙江东道、衡山所处的江南西道，地方掌权者与上清派的交往并没有中断，甚至更加密切。在唐前期，潘师正、司马承祯等上清派领袖皆坚持所谓的"上层路线"，与唐帝王的交往会吸引更多的上层统治阶层的主动交好，在一定程度上扩大了上清派在统治阶层的传播，为上清派思想被官员士大夫群体普遍接受奠定基础。到了唐后期，上清派被中央政权边缘化之后，上清派要想在统治阶层中继续发展，必然要通过地方权臣来间接影响和渗透。势力强大的地方藩镇拥有着强大的军事实力，在东南诸道节度使拥有雄厚的财政实力。正如李德裕在任浙西观察使之后，拜相入中央朝政，进入权力中心，这些地方官员无论是在中央还是在地方

---

① （元）赵道一撰：《历世真仙体道通鉴》卷四十，《中华道藏》第47册，第482页。
② （元）赵道一撰：《历世真仙体道通鉴》卷四十，《中华道藏》第47册，第482页。

上，都能在政治权力上给予上清派更好的支持。同时上清派在各地也积极参与到地方的政治活动中去，在地方的官方祭祀和民间宗教中保有极高的位置，从潘师正等唐前期道士的"上层路线"中走下来，一方面从地方政权中获得更多向基层百姓发展的机会。黄洞元和瞿柏庭师徒的故事有符载《黄仙师瞿童记》、温造《瞿童述》、董侹《阎贞范先生碑》、李德裕《寄题黄先生旧馆》、刘禹锡《游桃源一百韵》、狄中立《桃源观山界记》等多个版本的记载及多个官员士大夫的诗文记录，可见其在官员群体中的影响和广泛的群众基础。

唐帝王、地方权臣和上清派的三角关系成立的前提是李唐统治权力的分散。在李唐王朝和上清派原本只有两端的"天平"关系中，逐渐分离出了与李唐氏争夺政局控制权的第三方力量，这一方力量即是权臣。在政治史中，常常把藩镇、宦官、朋党分开进行研究，但从历史的长线上看，权臣的身份角色和立场都是不断变化的，他们可能是被外放的朋党之争暂时的劣势，随后也可能成为在地方任职时间长而掌握一方军权、财权的藩镇节度使，也可能又成为宦官近臣群体的利益共同体，随后又成为掌握中央权力的朋党之争的优势方。李唐王朝与这一第三方势力的关系在政治权力和宗法上既相互依存又彼此博弈。上清派在二者的博弈与共存中试图去保持稳定的"三角"关系，随着李唐中央王权的逐渐衰败而藩镇权力的日益强大，上清派在实际的交往中逐渐向强大的势力倾斜。这种倾斜是政治时局的大势所趋。

另外，在理论上，上清派经历了融合佛、儒，融合修炼理论和治国理论的一系列探索。这种探索是在坚持自身独特修炼理论的基础上适当调整与政治的合作关系，在唐后期也在不断倾斜。理论上的这种倾斜则是道教理论由外丹向内丹、由修身向性命双修的内部变革的大势所趋。

第四节 唐后期上清派与政治关系的变化

一、政权格局的变动导致上清派发展重南轻北

上清派以魏华存为初代祖师，许氏家族和杨羲为传承，皆是在江南地区发展。魏晋之际，陶弘景选择在茅山隐居，上清派的主要宗坛茅山建立，扩大了上清派在南方地区的宗教影响。但是随着唐朝的政治中心在北方稳定下来，潘师正、司马承祯、吴筠等上清高道陆续多次被皇帝诏到朝堂问道，处于政治中心和权力腹地的嵩山、王屋山、少室山等道教福地都被唐帝王赐予道观供上清道士修行。这些地方开始崛起，成为上清派在北方地区的弘道场所，逐渐声名鹊起。此时上清派的影响非常广泛，依照师承，在不同的洞天福地隐居修道，最后形成了多支发展的状态。一方面，上清经法在全国各地开花，又有唐皇帝的支持和推崇，上清经法的影响力空前扩大；另一方面，随着南北宗坛因为高道坐镇而名声大噪，却出现只知茅山李含光、天台司马承祯等宗坛及高道之名声，以"上清"为名的团体名声则逐渐被分流，这一现象并不利于上清派本身的发展，也是导致如"上清派"之类的一众"经教教派"界限逐渐模糊，以及派别分类方式逐渐边缘化的重要因素。

安史之乱后，安禄山等人在幽州范阳地区起兵，坐拥整个范阳、平卢、河北地区的兵力，一直南下攻到了洛阳，整个河北道和都畿道都被卷入战乱之中。天宝十五年（756年）肃宗在关内灵州（今宁夏境内）继位，郭子仪与李光弼受兵权抗敌，而安禄山很快攻破潼关——河北道向京畿道进攻的最后一道防线，直取长安。直到宝应年间（762—763年），连年征战导致饥荒，民不聊生，河东、朔方军

乱频起，代宗继位，这场持续了近十年的动乱才逐渐平息，而李唐王朝元气已伤，难以恢复。因此附近的嵩山、王屋山、少室山等道教福地都处在战乱之中，经济发展和社会稳定都受到了影响。自司马承祯之后，便很少有上清弟子在嵩山这些战乱地区隐居，基本都选择前往相对安稳的江南道茅山、天台山等福地隐居。上清派在唐前期潘师正、司马承祯、吴筠等高道建立起来的北方的影响力渐弱，李含光重修茅山之后，上清派在南方固有的广泛影响力再次被加强。

茅山宗一支李含光的弟子韦景昭，原来是王远知—王轨—包方广—包法整—包士荣—韦景昭一脉，韦景昭天宝年间奉诏跟随李含光修葺茅山，说明韦景昭与官方是有一定联系的。在这之前，韦景昭在丹阳延陵寻仙观，于茅山不远，也算是上清派其中一支传承。如前文所述，韦景昭一脉于江南地区弘道，师承皆在延陵，跟随李含光之后便隐居茅山，他的弟子有苏州龙兴观道士皋洞虚；本在武陵桃源观为道士的南岳人黄洞元，是茅山宗第十五代宗师，隐居于庐山、茅山；第十七代宗师吴法通为润州丹阳人，十八代宗师刘得常为金陵人。可见上清茅山宗在江南地区影响广泛且深远。这期间都没有再出世，李唐政权也自顾无暇，代宗之后，不断有战乱发生，李唐政权之大厦摇摇欲坠。上清派另一支天台山自司马承祯以后，其弟子薛季昌常年隐居衡山，在江南西道衡州，远离战火；后在青城山，即唐明皇避难之地，也相对安全。薛季昌其后田虚应—冯惟良、刘玄靖、徐灵府—应夷节等一脉相承，皆在衡山和天台山活动。

由此可见，上清派在唐后期的动荡世道中，因为与政治的交往互动大大减少，收缩了自己的弘道范围。北方的弘道活动逐渐减少，传承也多不载于史；相对的，南方地区，特别是茅山、天台山的浙西地区弘道密集，背靠江淮之李唐"税库"，远离北方诸道的战火，弘道和隐居都比较顺利和安定，同时蜀地青城山因有薛季昌、杜光庭等高道居住，唐明皇及后来的僖宗等几位皇帝皆暂幸此地，因而也有所发展。总之，李唐王朝统治前期，上清派由南向北扩展其影响范围，形成了南北共进的局面，而唐后期上清派的发展逐渐呈现南强北弱的情况。

二、上清派各地宗坛发展与上清派的派别意识模糊化

上清经法自魏华存受经法起，传承到陶弘景时期，进行了系统的整理和完善。陶弘景在茅山隐居，自此建立起上清经法在茅山宗坛随后几百年的发展。唐时期，随着司马承祯游历至天台山，在天台山奠定了上清派的另一脉的兴起；并游历衡山，收衡山道士薛季昌为徒，于衡山留有一脉。同时王远知、潘师正、司马承祯都曾在王屋山，嵩山，少室山等距离唐都城长安较近的福地居住弘道。

上清派以上清经系为核心，传授上清经法而成为一种道教派别。① 当然，当时的道教并没有"上清派"这一说法，只有"上清"之说，就是指从魏华存一脉传承下来的经法，后人将这一传承的师

---

① 张敬梅《"上清之法"与"正一之法"——兼论唐代道经与道派的关系》认为唐代上清派并没有作为一个独立的道派从天师道中脱离出来，上清派所传经典严格地说不是单纯的上清经或正一经，而是包括二者在内的三洞真经。"上清派"只是后人对以传承《上清经》为主的道团的一种称谓，其在当时仍被视做是天师道的一部分，所以有人会将潘师正所传的经典误称为"正一之法"。一方面，我们不能把上清派、灵宝派看做是与天师道并列的独立的道派；另一方面，也不必说上清等派根本不存在。事实上，上清派有自己的经典体系，有明确的传承系统，有鲜明的理论特色，隋唐时期，上清派作为道教中的后起之秀，其地位与影响已远远超出了以传承正一经为主的传统天师道。在天师道内部，由于各支系所传经典各有侧重，所以从经教相承的角度将其进一步划分为不同的经教派别也是十分必要的。

门都归属于这一派别。至少在唐玄宗时还是有别于传授"正一之法"的派别的。唐玄宗的《加应道尊号大赦文》中有云：

> 朕每以道元有属，思竭精诚，经教所在，岂忘崇奉。且宗其道者师其人，行其教者尊其礼。晋琅琊王公府舍人杨真人、护军长史许真人、丹阳上计掾许真人，皆道著妙门，感通元阙，降高真之迹，为上清之宗。后汉张天师，教达元和，德宗太上，正一之道，幽赞生灵。梁中散大夫贞白陶先生，高尚尘表，博达元微，综辑真经，传授后学，并令有司审定子孙，将有封植，以隆真嗣。天师册为太师，贞白册赠太保。[①]

唐玄宗认为修道应重师承。杨羲、许谧、许迈乃上清派之宗，张道陵乃正一派之祖师。梁陶弘景整理散乱的各派道经，传授后人。他的后人有官方认定，以示师门之真传。说明至少在唐玄宗的时期，上清经法和正一道法是不同的两个传承，即两个道教派别。师承之别实际上也包括了教理教义、修炼法门、经诚法箓传授之差别。从这一角度上来说，小林正美所提出的唐代道派皆为天师道的说法也是不成立的，唐玄宗时人们将上清派和正一派认识成两个不同的派别，这一点是肯定的。杨、许传上清，张天师传正一，而陶弘景将二者之经法加以综辑，并上清茅山宗传承。

唐代上清派道士的理论水平和修道水平甚高，高道频出，他们以茅山、天台山、南岳衡山为主要修道传道之地，在中央和地方的影响都非常之大。后人评价潘师正时还称其为"唐嵩山上清之全真

---

① （唐）李隆基：《加应道尊号大赦文》，（清）董浩等编《全唐文》卷三十九，第429—430页。

者也"①，是在嵩山隐居并继承了上清法箓的道士。司马承祯亦云乃"受上清经法"，是"授君东华上清真人"②，但是到了李含光之时，从仅存的柳识、颜真卿等人的几篇碑铭中发现，世人介绍李之生平，已经不称"上清"，只言师承和隐居之山名，之后的上清道士亦然。由此可见，上清派在唐代的发展虽全国各地"全面开花"，但到唐中后期（大约李含光之后），便只称茅山道士、天台山道士、衡山道士（南岳道士）等上清派各个宗坛的名称，却鲜以"上清"派别称之。一方面，在唐前期，上清、灵宝各派的传授法箓、经戒采用不同的规范，到了唐中期以后，很多的戒律经文成为了各派通用。任继愈的《中国道教史》中就曾提及一些初级出家道士的戒规，"到了唐朝中期，有通用于正一派、金明派、三皇派、灵宝派、上清各派使用，促使了道教各派间的相融。"③这也是上清派作为经法道派最后渐渐边界模糊，其经箓、理论等从一种派别所特有而普及成道教一部分道士的共识。在这种情况下，世人对于上清本身的派别意识逐渐模糊，以不同经法为区分的经法道派在唐代后期的发展中越来越边缘化，以至于在相互融合和淘汰中被解构重组，产生全新的组织形式。另一方面，茅山、天台山等上清派分支宗坛的建立和新的师承的崛起，在名声和影响力上分散了他们共同作为上清派的渊源——道教发展的重要因素的道派领袖、高道大德的诞生。大部分世人对于高道道风之仰慕更甚于上清经法本身的吸引力，对于具象的名山福地的向

---

① （唐）王适：《体元先生潘尊师碣》，（清）董浩等编《全唐文》卷二八二，第2855页。

② （唐）卫凭：《唐王屋山中岩台正一先生庙碣》，（清）董浩等编《全唐文》卷三〇六，第3108页。

③ 任继愈：《中国道教史》，上海：上海人民出版社，1990年，第300页。

往更甚于抽象的上清之法本身。故而例如茅山道士李含光、天台道士司马承祯等如此之类的高道的出世，带动了茅山、天台等道场的声名大噪，世人寻仙慕道会前往这些有具体道场和道观的地方，这使得上清派和上清经法之名称逐渐边缘化。

现在，学术界依然在采用这样的派别名称来称呼自六朝"上清经系"产生以来的道经传承群体，然而唐朝后期，这一称呼已经逐渐被其分支师承的名称取代。同时，以家族为组织和传承中心的道教团体的兴盛逐渐延续开来。

第五章　唐代其他道派与政治关系之比较

　　道教在李唐王朝的扶持下发展迅速，不仅是与政治联系紧密的上清派，还有灵宝派、楼观派、天师道等南北朝时期确立并发展壮大的道派都在这一时期与政治相联系，在稳定的社会环境下朝着不同的方向各自发展。

第一节　楼观道积极参与政治实践

　　楼观道与上清派一样是唐代仅有的在李唐王朝建立之前就与之联系并合作的道派之一。陈国符的《道藏源流考》中专门有《楼观考》①一文对楼观道的渊源与传承做了考证。楼观道起源于周代尹喜真人。周昭王二十五年，尹喜于函谷关迎老子，后"邀迎老君至终南本第，斋戒问道，复请著书以惠后世。老君乃述《道德》五千言以授之，并授三一内修之道及西升之诀。"②于是太上老君授《道德经》、三一法和西升法诀于尹喜。且楼观之名乃是尹喜修道之故居，

---

① 陈国符：《道藏源流考》，北京：中华书局，2014年，第208—211页。
② （元）朱象先撰：《终南山说经台历代真仙碑记》，《中华道藏》第48册，第600页。

"以结草为楼，观星望气，因以名楼观"①。乃是隐居修炼观星象天文之地。据陈国符考，楼观道最早的记载是魏晋道士梁谌："以晋惠帝永兴二年，遇太和真人降其庭，授《日月黄华上经》、水石丹法，并授《本起内传》。"② 楼观道有史可循的记载由此开始。自梁谌之后，于终南山楼观道隐居者众多，传承脉系复杂。元代朱象先编撰的《终南山说经台历代真仙碑记》中，记载有自周代尹喜直至金元时道士尹志平、李志柔共计三十三位于楼观修道的道士。其中详细记载了活动年代主要在唐代的楼观道士，包括岐晖、巨国珍、田仕文、尹文操四位道士。巨国珍和田仕文生平记载中不见与政治的交集，仅岐晖及尹文操与李唐王朝交往密切。而楼观道因其起源自老子，非常符合李唐王朝对于以老子为祖先来确立统治合法性的政治需求，故而楼观道与李唐王朝的联系非常紧密。

一、岐晖与李唐王朝之建立

楼观道士岐晖主要在李唐王朝争天下时的谶纬和帮助李唐王朝在太上老君的神化上发挥了重要作用。早在隋代大业七年（611年），隋炀帝倾举国之人力财力征战高丽，并御驾亲征，导致全国百姓赋税徭役沉重，民不聊生。岐晖便对弟子云："天道将改，吾犹及见之，不过数岁矣。"③天下战乱将起，隋杨的统治已经走到尽头，尽管年事已高，但是战乱不远，还是能经历到的。是年窦建德、翟让起

---

① （元）朱象先撰：《终南山说经台历代真仙碑记》，《中华道藏》第48册，第600页。

② （元）朱象先撰：《终南山说经台历代真仙碑记》，《中华道藏》第48册，第602页。

③ （宋）谢守灏撰：《混元圣纪》卷八，《中华道藏》第46册，第91页。

兵，天下乱局至。岐晖还言："老君子孙治世，此后吾教大兴。"①他
预言李氏王朝将会成为下一个天下之主，并且道教将在李唐皇室的
扶持下大兴发展。后来李渊起兵之初，岐晖为了表示对于李氏的支
持，捐献道观中的粮食给军队：

> 唐高祖皇帝初起义兵于晋阳，帝女平阳公主，柴绍妻也，
> 亦起兵应帝，屯于宜寿宫。晖逆知真主将出，尽以观中资粮给
> 其军。及帝至蒲津关，晖喜曰："此真君来也，必乎定四方矣。"
> 乃改名为平定以应之，仍发道士八十余人，向关应接。②

柴绍乃平阳公主驸马，跟随李渊起兵，李唐建立政权后官至大
将军，后又跟随太宗平定王世充等叛乱，兵权在握。当时柴绍需要
从小路赶往太原与李渊汇合，屯军在宜寿宫，岐晖便将道观中的粮
食、衣物、钱财都给了唐军以示支持。李渊在后来的嘉奖诏书中言
其"能彻损衣资以供戎服，抽割菽粟以赡军粮，忠节不嘉，理须标
授"③。可见这"观中资粮"包括了拆道袍等布料做成军装，道观中
的粮食供给军粮。大业十三年（617 年）李渊自河东向西至蒲津关，
蒲津关是重要的军事防守码头。清代顾祖禹撰《读史方舆纪要》中
曾记载："大业十三年李渊引兵自河东济河而西，朝邑法曹靳孝谟以
蒲津、中潬二城降。胡氏曰：'蒲津城在河西岸，亦谓之西关城，所
以护蒲津浮桥者。'"④大业十三年（617 年），是李渊起兵确立自己威

---

① （宋）谢守灏撰：《混元圣纪》卷八，《中华道藏》第46册，第91页。

② （宋）谢守灏撰：《混元圣纪》卷八，《中华道藏》第46册，第91页。

③ （唐）李渊：《褒授岐平定等诏》，（清）董浩等编《全唐文》卷二，第
31页。

④ （清）顾祖禹撰，贺次君、施和金点校：《读史方舆纪要》卷三十九，北
京：中华书局，2005年，第1798页。

信的重要一年,《旧唐书》记载他九月时在济河驻兵,"三秦士庶至者日以千数,高祖礼之,咸过所望,人皆喜悦"[①],为他日后的统治奠定了一定的群众基础。蒲津关也是黄河上重要的水陆军事渡口,是长安东北方向重要的防守关隘。此地地理位置非常关键,对于李渊来说当时的时间段也非常关键。正是在这一关键的时间和地点,岐晖语李渊:"此真君来也,必乎定四方矣。"认为李渊就是未来君王,一定能统一四方;将自己的字改为"平定",以示对李氏平定天下之信心,并且派八十多名道士前往蒲津关接应。李渊便授予其"授金紫光禄大夫、已下并节级授银青光禄大夫,以酬其义。"[②]岐晖得到了未来君王的官方认定,楼观道也因此预定了李唐王朝建立政权后皇室扶持的道教地位。同年十一月初八日,"遣使诣楼观设醮祈福。是夕,白云如幕,荫覆坛场,与香交映。又有白鹿一双来傍殿门,长鸣数声乃去。驰驿以闻"。李渊遣使者于楼观道祈福斋醮,岐晖为李氏安排了一场谶纬祥瑞的"表演",史料记载有祥瑞之天象显现,瑞兽白鹿前来。第二日初九,李渊便攻入长安,"立代王侑为天子,遥尊炀帝为太上皇,大赦,改元为义宁"[③]。可以说,楼观道在岐晖的带领下,参与了李唐王朝建立的过程,不论是祭祀祈福、谶纬舆论,甚至是捐献军资皆有参与其中,为楼观道在唐代获得统治者的重视和扶持打下了坚实的合作基础。《道教灵验记》中完整地记录了楼观道所参与的助力李唐统治建立的谶纬事件:

> 大唐将受命,义师起于河东,观内有赤光属天者六七夜。

---

① (五代)刘昫等撰:《旧唐书》卷一,第4页。

② (唐)李渊:《褒授岐平定等诏》,(清)董浩等编《全唐文》卷一,第31页。

③ (五代)刘昫等撰:《旧唐书》卷一,第4页。

广明庚子，寇犯长安，观中有光，如义宁之岁。近车驾幸凤翔，銮辂将陷，观中复有光景之异。由是避难士庶，多投观中，灵迹昭然，人莫敢犯。高祖时，赐号宗圣观焉。[①]

从大业七年（611年）李唐河东起义，唐僖宗广明元年（880年）因黄巢起义攻入长安而被迫逃往成都，李渊入长安改元义宁等李唐王朝所经历的重大事件，楼观道皆有相应的预兆。因此楼观道不仅是在道教派别中还是在世俗士庶的心中都是不可侵犯、地位超然的存在。

李唐王朝建立政权以后，楼观道受到了极大的礼遇和尊崇。

> 武德二年（619年），五月，敕楼观令鼎新修营老君殿、天尊堂及尹真人庙，应观内屋宇，务令宽博，称其瞻仰。并赐土田十顷及仙游监地充庄，仍于观侧立监置官检校修造，即以岐平定主观事。[②]

> （武德）三年（620年）春，帝亲诣老君于祠庭，平定率道众迎驾，仍具千人之食以献。帝召平定及法师吕道济、监斋赵道隆等，并赐坐。遂令百官悉就座饮食，谓曰："朕之远祖亲来降此，朕为社稷主，其可无兴建乎？"乃降诏改楼观曰宗圣观，赐白米二百石，帛一千匹，以供观中修补。[③]

> 武德七年（624年），十月，癸酉，幸终南山。丙子，谒楼观老子祠。[④]

---

① （宋）张君房撰：《云笈七签》卷一一七，《中华道藏》第29册，第922页。

② （宋）谢守灏撰：《混元圣纪》卷八，《中华道藏》第46册，第92页。

③ （宋）谢守灏撰：《混元圣纪》卷八，《中华道藏》第46册，第92页。

④ （宋）欧阳修、宋祁撰：《新唐书》卷一，第18页。

在唐高祖李渊临朝的十年间，楼观道不断受到礼遇。武德二年（619年）为楼观道扩大规模，营建多座高大宽博之宫殿，并赐了宫观田产等经济收入，岐晖成为楼观道的主持者。武德三年（620年），李渊亲自前往楼观道拜谒太上老君，并召见了岐晖以及当时楼观道的道士。岐晖为李渊举行了上千人的宏大宴食，楼观道的经济财力和发展盛况可见一斑。彼时，李唐王朝的统治还没有稳定，窦建德、独孤怀恩等人都没有被平定，李世民等人尚在外四处平叛以尽快巩固李唐王朝刚刚建立起来的政权。在这次拜谒中，李渊再次强调了太上老君是李氏之祖先这件事，强调李唐王朝统治的合法性，并将楼观为宗圣观，赐了粮食和布匹等物资以资助楼观的修缮，以示李唐朝廷的重视和尊崇，同时也是借楼观老君之行，向天下人强调自己的合法统治，制造更多的舆论影响。到了武德七年（624年），这一年的上半年李唐王朝的外政局势已基本稳定。割据北方的高开道被张金树所杀，二月向唐廷投降；武德六年（623年）起兵的辅公祏也被击败，淮南地区局势基本稳定；少数民族白羌族来依附，朝鲜三国也遣使称臣。唐廷于此年开始了内政的整顿，包括三月开始制定的三公六省部门和文武地方官制，以及四月同时颁布的《武德律》和均田制、租庸调法。这是李唐王朝开始从忙于攘外向安内的国政转变之际，高祖十月再次幸终南山，谒楼观老子祠。一方面可以看出李唐王朝建立政权之初对于楼观道作为尊崇太上老君、确立统治权威的道教代表宫观，始终保持着重视和信任，将之视为国运转变的祭祀场所和心理安慰；另一方面也体现了当时楼观道确实获得了大量的社会资源和发展机会，影响力也在逐步扩大，道派的壮大正当此时。武德八年（625年），欧阳询奉命撰碑《大唐宗圣观记》，记录楼观道宗圣观以及岐晖与李唐王朝之渊源。岐晖带领着楼观道于唐初发展壮大，太宗贞观四年（630年）才仙去。他为楼观道在唐代后来的发展铺平了道路。太宗朝时，由于王远知对于李世民继位之预言有恩，上清派势力逐渐兴起，江南道教逐渐传播向北方，唐太宗的恩宠主要在上清派；加之各州均置老子祠，楼观道的地位不再特殊，楼观道的记载鲜见，直到高宗时尹文操承嗣。

二、尹文操与楼观之盛

如果说唐初岐晖是楼观道兴盛的奠基者，那么尹文操则是楼观道走向兴盛的领导者。元代朱象先在编撰《终南山说经台历代真仙碑记》时细数了历代在楼观道修行之道士，有这样的评论：

> 始以太和尹君别作《楼观先师传》于晋，次则精思韦法师述之于后，周末则尹尊师文操续之于唐，合三十人，各一列传，为书三卷，垂世久矣。[①]

依朱象先之论，楼观道创始到元代漫长的发展历程中如果选出几位时代领袖，一是道派创建者、亲受太上老君之经的尹喜真人，二是为周武帝祠醮、注《易》《老》百余卷的精思法师韦节，第三人就是在唐代使楼观道兴盛的尹文操。可见尹文操对于楼观道而言，确实是为后人敬仰的领导者。

尹文操，字景先，是楼观道士田仕文的弟子。自幼修习道经，十五岁便因道行而闻名，入宫为文德皇后长孙氏讲经修道，后奉敕于宗圣观出家。并游历南昌、五岳各地之后，在终南山定居。

> 至于显庆以来，国家所赖，出入供奉，询德容量，救世度

---

① （元）朱象先撰：《终南山说经台历代真仙碑记》，《中华道藏》第48册，第605—606页。

人，转经行道，玄坛黄屋，帝座天言，东都西京，少阳太一，九城二华，展敬推诚，三十余年，以日累月，始终不绝，有感必通，凡是效验，君臣同悉，敕书往复。①

贞观末年道法大成，高宗显庆以来，尹文操一直都为国家所重视，度道士、弘道讲经、皇帝咨询治国之要事、预言国家君王之吉凶等各个方面事宜，尹文操一直参与其中，三十余年（从时间上来算，是整个高宗统治时期以及中宗和睿宗时武则天上位之时）不曾与唐廷疏远，一直保持着与唐皇帝、唐朝廷的联系。高宗仪凤二年（677年）奉敕主持宗圣观；仪凤三年（678年）奉命为天子斋醮，主持官方祭祀，高宗亲自前往终南山拜谒。拜谒时，正如当年岐晖所设计，高宗也亲见太上老君乘白马神降，因此高宗令尹文操修撰《圣纪》《圣纪》即《太上老君玄元皇帝圣纪》《旧唐书·经籍志》中记载有十卷，《大唐宗圣观主银青光禄大夫天水尹尊师碑》中也记"凡十卷，总百十篇，篇别有赞"②《混元圣纪》中记载尹文操《圣纪》有八百二十章③。高宗甚是欣赏，"大悦，终日观省，不离于玉案"④，并"授银青光禄大夫，行太常少卿"⑤。尹文操执意推辞，只愿隐居，高宗因此不再坚持，只授他散职以示尊重。在此期间高宗

①　（唐）员半千：《大唐宗圣观主银青光禄大夫天水尹尊师碑》，（元）朱象先撰《古楼观紫云衍庆集》卷上，《中华道藏》第48册，第609页。

②　（唐）员半千：《大唐宗圣观主银青光禄大夫天水尹尊师碑》，（元）朱象先撰《古楼观紫云衍庆集》卷上，《中华道藏》第48册，第609页。

③　《混元圣纪》卷一，《中华道藏》第46册，第12页。

④　（唐）员半千：《大唐宗圣观主银青光禄大夫天水尹尊师碑》，（元）朱象先撰《古楼观紫云衍庆集》卷上，《中华道藏》第48册，第609页。

⑤　（元）朱象先撰：《终南山说经台历代真仙碑记》，《中华道藏》第48册，第605页。

还为太宗建造了昊天观，并让尹文操兼任观主。即使是武则天为了打压李氏统治的象征而抑制道教宠信佛教，也曾亲自拜访尹文操以咨询政事，可见其与政局时势密切的联系。直至垂拱四年（688年）驾鹤西去，唐帝王还给予敕文为他祈福，以荫国运。

尹文操一生著述除了《太上老君玄元皇帝圣纪》十卷，还有注《道德经》的《作简要义》五卷，以及晚年所撰《松惑论》四卷、《消魔论》三十卷、《先师传》一卷，可惜现皆已佚。唯有《混元圣纪》中一些只言片语，记载了尹文操的一些讨论，应该是撰者南宋谢守灝摘录的《太上老君玄元皇帝圣纪》之语。

首先，尹文操的散语多论老君，依照楼观道起源之教义，也是为了适应李唐统治的需求，将老子的神仙之身份抬得甚高。认为老子是"积劫得道之大圣人也"①，是后人追之莫及的神仙存在，"老君起自修成，将以训诱后人，令其勉力，故云若谓老子是得道之人，则人必勉力竞慕，若谓是神灵，则非可学也"②。尹文操认为老子乃自行修炼成仙，后人慕其名而修仙是非常难的。如果老子是修炼得道，后人可以学习，但老子天生就是神灵，那就非凡人所能及。如此尹文操一方面提高了老子在道教神仙中的地位，另一方面也肯定了凡人修习仙道是可行的，肯定了人在修道中的主观能动性。其次，尹文操的道教理论在一定程度上融合了一些佛教的理论。他借鉴了佛教"三身佛"之思想，将老子解释称道的化身，拥有内体外用的多重应身：

> 老子者，即道之身也。迹有内外不同，由能应之，身或异

---

① （宋）谢守灝撰：《混元圣纪》卷一，《中华道藏》第46册，第24页。
② （宋）谢守灝撰：《混元圣纪》卷一，《中华道藏》第46册，第19页。

也。其内号者，即至一、真一、玄一、皇一、元一、帝一、太一、天一、正一等是也。至一者妙而无质也，真一者淳粹湛然也，玄一者通灵不滞也，皇一者光明无上也，元一者万道之长也，帝一者百神之圣尊也，太一者长生之大主也，天一者司阴之真宰也，正一者明威之法王也。谓兹九义，同出异名，既契玄机，故咸言一矣。其外号者，则郁华、大成、广寿、广成、随应、赤精、篆图、务成、尹寿、真行、锡则、燮邑、育成、经成、郭叔等子是也。郁华者道化光盛也，大成者玄德普资也，广寿者怡神术赡也，广成者摄生功博也，随应者感通无碍也，赤精者矜灵丹著也，篆图者符命冥合也，务成者庶绩充遂也，尹寿者公正身康也，真行者精诚淳粹也，锡则者仁惠有方也，燮邑者风教变俗也，育成者牧养克谐也，经成者正训常全也，郭叔者廓清累代也。此并随教得名，既降为国师，故同称子也。①

尹文操认为，老子即具象的"道"，且有内外化身之分，内在化身有"九义"，乃是"道"的性质体现，玄妙纯粹、通灵不滞，是绝对的至高的存在，"道"既是宇宙万物之法则，也是天地、神仙和人间的主宰。老子的内在化身乃人间之主宰，也正迎合了李唐政权对老子"神化"和"宗法化"的需求。"道"的外在化身，也就是老子的外在化身包括很多上古三代得道长生的真人、神人。尹文操所列举的十五位仙者皆在《混元圣纪》中有相应传记记载，他们中有的如广寿子、广成子等修炼成仙后于人间降授上古道经，也有如燮邑

① （宋）谢守灏撰：《混元圣纪》卷二，《中华道藏》第46册，第39—40页。

子、育成子、经成子、郭叔子等为周代任守藏史或者柱下史，正如
老子所任官职。可见尹文操认为老子的外在化身不仅是道教教义的
传授者和修习者，同时也是世俗政治中的亲历参与者和记录者。尹
文操还讨论了治国之道正如养生之法：

> 班固谓清虚之道养性延年，不及于物，殊不知清虚者法制
> 之本，无为者万事之根，道覆天下而不为主，德施万物而不为
> 厚，乃圣贤所贵，家国所愿，岂止养性延年而已哉。①

他提出班固所言养性延年需要守虚静之法，但是清虚并不是只
适用于养生理身，国家的治理同样需要清虚法制、无为治国，道法
自然于无声无息之中。道教的修行之法，于身于国皆有用处。正
《道德经》所谓："修之于身，其德乃真；修之于家，其德乃余；修
之于乡，其德乃长；修之于邦，其德乃丰；修之于天下，其德乃普。
故以身观身，以家观家，以乡观乡，以邦观邦，以天下观天下。"②尹
文操所提倡的也正是当时上清派理论中所探索的关于修身与治国关
系，所谓"身国同构""理身理国"的思想，在尹文操时期已经初步
形成，大致与上清派潘师正、司马承祯同时。可见将修道养生与治
国之道相联系，是当时道教各派别理论发展的主流，也是道教与李
唐政权合作同盟的理论基础。

尹文操以此思想为基础，与唐帝王也依此之论交流互动。高宗
时曾有彗星经过，高宗问尹文操，尹文操以"君权神授""天人合
一"思想为核心，劝诫高宗要"纳谏征贤，斥邪远佞，罢役休征，

---

① （宋）谢守灏撰：《太上混元老子史略》卷下，《中华道藏》第46册，第
149页。
② 陈鼓应：《老子今注今译》，第271页。

责躬励行，以合天心"①，以个体身在俗世之伦理来类比君王治国之道，高宗以为然。武则天也询问世事，尹文操云："真访仙境，亦着代谢，物有荣悴，气有初终，大道之常，幸康神器。陛下宜存思谅暗，极想钦明，密理百神，潜芘万姓。"②他劝谏武则天不要逆势而为，人之长生有长短始终，世事万物也有荣衰消长，应法自然、顺道法，才能在时势政局之中获得长久之统治。这些也正是尹文操作为楼观道兴盛之领导者，处理与李唐王朝关系时的理论探索与入世实践。

第二节　天师道的嗣教天师及其广泛的道士基础

天师道，初称"五斗米道"或"正一盟威之道"，封张道陵为创道祖师，故而又称天师道。早期的天师道以正一盟威之法除巫鬼淫祠为己任，以二十四治为道派组织形式，将老子视为道的化身，入世行善，出世清静以合道。到了魏晋南北朝时期，由于时势混乱，天师道的组织形式已经难以适应社会的发展，道经繁杂。天师道一分为二，北方地区以寇谦之为代表对天师道的冗制旧法进行改革，南方则以陆修静为代表对天师道的科仪戒律经箓进行了系统的整理

---

① 　（唐）员半千：《大唐宗圣观主银青光禄大夫天水尹尊师碑》，（元）朱象先撰《古楼观紫云衍庆集》卷上，《中华道藏》第48册，第609页。

② 　（唐）员半千：《大唐宗圣观主银青光禄大夫天水尹尊师碑》，（元）朱象先撰《古楼观紫云衍庆集》卷上，《中华道藏》第48册，第609页。

和明确。[①]

一、天师道嗣教天师在唐代的传承及其与政治的关系

天师道发展到唐代，传承不显，天师道中张氏嗣教天师一脉的影响力远不及上清派和楼观道。明代天师张宇初《龙虎山志序》中云："我张氏留侯而下，四十八世矣，有非二山之足拟也。历魏、晋、唐、宋，代有褒崇，典秩具备。"[②]张道陵嗣四十八代，传至张宇初，经历魏晋、唐宋，统治者崇奉不断，但他同时也在《汉天师世家后序》中曰："汉末而下，居龙虎山者，岩栖谷隐，修炼以自寿。宋初，渐以道行称于时。"[③]汉末以来，天师道迁龙虎山隐居传嗣，都在独自修炼，鲜少与外人交往，直到宋初才逐渐以道行被世人所传颂。张宇初对于天师道的发展历程总结从汉创教直接跳跃到了宋代，说明在他的认知中，唐代的天师道在影响力还是值得记忆的理论与实践都不值一提。

唐代天师道的传承在主要记载于元初赵道一《历世真仙体道通鉴》第 19 卷、明代张正常的《汉天师世家》等记传类道经以及白玉

---

① 天师道在创教时期、南北朝改革时期和宋元、明清时期的兴盛时期都有很多的研究成果。张继禹《天师道发展更新的四个重要历史阶段》（《中国道教》1994年第1期）将天师道的发展分为东汉创教、南北朝自我革新、宋张继先的阐扬和明代的兴盛四个阶段。刘屹《寇谦之身后的北天师道》（《首都师范大学学报（社会科学版）》2003年第1期）认为寇谦之改革之后的北天师道在保持了北方的特色的同时吸收了南方道教的特点。张崇富《龙虎山法派考》（《宗教学研究》2016年第4期）对宋代以后龙虎山分支的四个发牌进行了详细的考察。对于隋唐时期的天师道发展情况，鲜有论述者。
② （明）张宇初撰：《岘泉集》卷二，《中华道藏》第26册，第181页。
③ （明）张正常撰：《汉天师世家》，《中华道藏》第46册，第369—370页。

蟾《赞历代天师》之类的诗歌。依照史料，可大致梳理出天师道承嗣脉络：

> 第一代张道陵（字辅汉）—……—第十代张子祥（麟伯）—第十一代张通玄（仲达）—第十二代张仲常（德润）—第十三代张光（德绍）—第十四代张慈正（子明）—第十五代张高（士龙）—第十六代张应韶（治凤）—第十七代张顺（中孚）—第十八代张士元（仲良）—第十九代张修（德真）—第二十代张谌（子坚）—第二十一代张秉一（温甫）。

其中，第十二代天师，南宋金丹派南宗的创始人白玉蟾《赞历代天师》中记载第十二代天师"讳仲常字德润"①，元初赵道一所撰《历世真仙体道通鉴》中记载也为"张仲常字德润，仲达之长子"，但明代张正常所撰《汉天师世家》则记载为"十二代天师，讳恒，字德润"②。两篇史料所记史实是一致的，这里以记载年代更相近的白玉蟾所称张仲常为准。另外，与第十四代天师张慈正同辈的另一位天师道张惠感，"字智元，高安人，正一真人第十四代孙"③。其记载也较为详细，并与李唐王朝有一定的交往。上述天师道传承中，第十二代张仲常可以确定是唐高宗时人（第十一代天师张通玄大约是隋末唐初时人），直到第二十一代张秉一为南唐时人，故而天师道在唐代大约传承了十代。在这十代天师中，第十二代天师张仲常、张

---

①　（宋）白玉蟾：《赞历代天师·第十二代讳仲常字德润》，北京大学古文献研究所编：《全宋诗》第60册，第3140卷，北京：北京大学出版社，1998年，第37668页。

②　（明）张正常撰：《汉天师世家》卷二，《中华道藏》第46册，第350页。

③　（元）赵道一撰：《历世真仙体道通鉴》卷三十六，《中华道藏》第47册，第456页。

天师第十四代孙张惠感、第十五代天师张士龙和第二十代天师张谌四位道士有一定的与李唐王朝交往之记载，本节的分析便以这四位为中心进行。仅从不多的史料来看，处唐时的天师道嗣教天师中，有记载与政治交往者十之仅三，堪堪三成，可见天师道与政治的关系并不密切。

出于对道教创教祖师的尊崇，唐代对于张天师张道陵的册封一直都有。例如唐玄宗时下诏"天师册为太师，贞白册赠太保"①。并赞曰："汉代盟威，流传不绝。"②同时册封张道陵为太师、陶弘景为太保并对传承久远的天师道极尽赞颂。唐肃宗也有赞曰："德自清虚，圣教之实，或隐或显，是朴是质，静处琼台，焚香玉室，道心不二，是为正一。"③称道教为圣教，以道德清虚为本，乃是正一之道。唐僖宗"中和四年，封三天扶教大法师"④。

天师道第十二代天师张仲常，字德润，自幼博览群书。唐高宗时曾应诏入宫，高宗问他治国安邦之道，对云："能无为，则天下治矣。……吾神仙中之狡狯者。"⑤他提倡无为而治。在宫中不久便请归山，庆幸自己"几落世网"，不愿入俗世。张仲常之嫡长孙、第十四代天师张慈正的同辈兄弟张惠感，于江西高安崇元观入道后隐居山林，专心修行神仙道术。武周时期，当时著名的胡慧超道士敬其为师：

---

① （唐）李隆基：《加应道尊号大赦文》，（清）董浩等编《全唐文》卷三十九，第430页。

② （明）张正常撰：《汉天师世家》卷二，《中华道藏》第46册，第347页。

③ （明）张正常撰：《汉天师世家》卷二，《中华道藏》第46册，第347—348页。

④ （明）张正常撰：《汉天师世家》卷二，《中华道藏》第46册，第347页。

⑤ （明）张正常撰：《汉天师世家》卷二，《中华道藏》第46册，第350页。

　　长安五年（705 年），武后召惠感为国师，斋于明堂。感庆云，见神龙，黄鹤翔集。诏往亳州太清宫修金箓斋，醮九井。井久枯，时冰雪凝冱，忽有声如雷，水暴涌，二龙出戏。后异之，赐绢五百匹。①

　　长安五年（705 年）的正月，武则天已经改元为"神龙"，即"神龙元年"。此时武则天诏张惠感于明堂斋醮，出现神龙，大约因此改元神龙。当是时，武则天病重，将武周朝所改一切朝制均恢复成了李唐朝时的旧制。后来又诏张惠感前往亳州太清庙修金箓斋。亳州乃老君故里，贞观十一年（637 年）太宗曾在此地修老君庙，高宗也曾在乾封元年（666 年）亲自至亳州拜谒老君庙，并建造了老君李氏的祠堂，此祠堂在玄宗时被改名为太清宫。武则天令张惠感前往象征李唐王朝统治权的老君祠堂斋醮，与她当时行将就木的身体情况和告慰李唐先祖的想法有关。而张惠感的金箓斋灵异之事显现，武则天予以了赏赐。另外，金箓斋作为专门为帝王斋醮的斋仪，属于灵宝斋仪，张惠感作为天师道，也是用金箓斋，可见灵宝斋仪在当时运用普遍，被各个道派广泛采纳。

　　张慈正之子，第十五代嗣教天师张高，字士龙②。唐玄宗时期曾被召见前往长安，

　　唐明皇召见于京师，置坛受箓，降赐金帛，仍免租税，册封汉祖天师之号。肃宗降香建醮，亲洒宸翰以赞天师。贞元中，

---

① （元）赵道一撰：《历世真仙体道通鉴》卷三十六，《中华道藏》第47册，第456页。

② （元）赵道一撰：《历世真仙体道通鉴》卷十九中记载："张高字士龙一云字士隆，后避唐玄宗讳改士龙。"

降供养。供养金镀银香炉、香合、绯罗绡金帕及黄复器物。[①]

当时应该正是唐玄宗天宝七载（748 年）下诏"天师册为太师，贞白册赠太保"之时，张高作为张道陵天师的后人、天师之号的继承者，被邀请到京都亲临先祖的册封之敕。同时又在京都置道坛授法箓，唐玄宗赐金帛，并免去了他的租税。此时正是唐玄宗野心勃勃地收集编撰天下一切道经之时，也是他试图对道教各个派别进行控制，以巩固自身统治的时期。毕竟，李唐王朝在经历了"武周篡权"后，李氏的统治权威亟待恢复和重建，甚至为了防止重蹈覆辙，也冲淡武周意识形态的遗留，对道教和政权权威的控制和加强都不容小觑。张高在肃宗朝也依然在京城参与斋醮法事，亲自主持对张道陵的祭祀与斋醮仪式。在这一时期，天师道在一定程度上掌握了官方祭祀的部分权力，是天师道在唐代发展掌握实权最高、与李唐政权联系最紧密的一段时期。从肃宗到代宗再到德宗贞元年间，张高侍奉了四朝唐帝，五十余年的时间。到了德宗时仍然被唐廷所尊崇，赏赐供养的祭祀用品。而肃、代、德宗时期，上清派道士与李唐王朝的互动反而在减少，上清派宗师几乎失去了对于官方祭祀和为帝王斋醮祈福的机会。天师道与上清派发展的起落在这一时期正相反，也正反映了当时道教派别对于政治和社会资源在一定意义上的竞争关系。

张高之后的四代皆没有天师入世，与李唐王朝的交往记载也不见。第十八代天师张士元以道行闻名，当时的唐帝王听闻其名声

---

① （元）赵道一撰：《历世真仙体道通鉴》卷十九，《中华道藏》第47册，第347页。

"屡以美官征之，固辞不起"①。这几代嗣教天师皆隐居不出山，直到第二十代天师张谌的记载，在会昌年间再次回到李唐统治者的视线时，时间已经过去将近四十年。张谌字子坚，博学，不仅通儒学，还善草书、隶书。晚年修习道法，可以辟谷。

> 唐会昌辛酉，武宗召见，赐传箓坛宇额曰真仙观。将命官，辞归不受。咸通中，懿宗命建金箓大醮，赐金吊，还山。②

唐武帝会昌元年（841年），张谌受到召见，刚刚继位的唐武帝赏赐天师道在龙虎山的传箓法坛匾额，赐名真仙观，以示对天师道的重视。在会昌元年的前一年，唐武帝已经召见了道士赵归真等八十一位道士，入宫为其修道场、做斋醮。会昌元年（841年）的六月唐武帝亲临道场，受了道教法箓，朝中大臣多反对武帝沉迷道教而无果，甚至被贬。此时武帝召见天师张谌，也是崇信道教的表现，但张谌拒绝了武帝的官职，继续回到山中隐居修道。唐懿宗咸通年间，张谌奉命入京为唐懿宗主持金箓大醮，再次执掌祭祀权。

总体而言，天师道在唐代的传承明确，但数代天师皆不喜入世，只愿在山中隐居修道。因此他们与政治的关系并不密切，也没有记载表明他们为了迎合李唐王朝的统治需求，对太上老君的神仙谱系做出改变，亦没有详细的道教教义教理的研究流传下来。

二、非嗣教天师道士的政治参与

从正式的授箓授经戒的制度来说，正一之法乃是入道的基础经法。虽然天师道的嗣教天师并不热衷于入世参与政治，但是一些授

---

① （元）赵道一撰：《历世真仙体道通鉴》卷十九，《中华道藏》第47册，第348页。
② （明）张宇初撰：《汉天师世家》卷二，《中华道藏》第46册，第351页。

正一道法，并深入研究和传承正一法的道士，也是以天师道士称之，皆属天师道。事实上这一部分的天师道士，数量上远远大于天师道嗣教天师，在政治参与上也远比嗣教天师更加名声显赫。例如历经高、睿、周武、中宗数朝的天师高道叶法善，便是传承正一之法的天师道士。

叶法善，字道元，处州括苍（今浙江丽水东南）人，世家皆修道。叶法善四代为道士，皆是天师派道士。经历了睿宗到玄宗时期的李邕撰有叶法善之祖叶国重传记《叶有道碑（并序）》，其中有云：

> 厥考道兴，性守公庭，道敷邦国，居鬼从地，率神从天，受箓以恒之，飞符以比之，扼魍魉之邪……灵承道宗，异闻训诱，弱丧文貌，幼尚纯笃，仙骨有象，童心不萌。专精五龙，遍游群岳，聪以知远，明以察微，达死生之占，体物气之变。[①]

叶法善之祖父叶国重修习鬼神之道术，继承了正一天师之道宗，专精天师道术"五龙"[②]安宅术。李邕为叶法善之父叶慧明所撰《大唐赠歙州刺史叶公神道碑》也提及叶惠明"司察鬼谋，役使神力"之道法，皆为天师道擅长修习的法术。叶法善在及冠之年"遇青城赵元阳授遁甲，嵩阳韦善俊授八史，由是自能厌劾鬼佐"[③]。拜赵元阳和韦善俊为师，擅长以符箓厌劾鬼佐，摄养占卜，这些正是正一

---

① （唐）李邕：《叶有道碑（并序）》，（清）董浩等编《全唐文》卷二六二，第2663页。

② 吴真《中晚唐江南氏族兴起与道观、道士》（《中国社会历史评论》2010年第1期，第38—49页）认为叶法善家族四代皆为天师道士，叶国重所修习乃是天师道五龙术。

③ （元）赵道一撰：《历世真仙体道通鉴》卷三十九，《中华道藏》第47册，第474页。

派所重视并擅长的。叶法善擅长鬼神之事的记载颇多，如两《唐书》皆载：

> 尝在东都凌空祠为坛以祭，都人悉往观，有数十人自奔火中，众大惊，救而免。法善笑曰："此为魅所凭，吾以法摄之耳。"问而信，病亦皆已。其谲幻类若此。①

叶法善为了劝诫高宗不要轻易服用不明真伪的"金丹灵药"，在东都凌空祠设坛祭祀，上演了一场以鬼魅捉伪道士的局面。由此可见叶法善及其世家所修习之道法应为天师道法。关于叶法善受正一法箓，为天师道士之事的直接线索，新旧《唐书》中并未记载，唐肃宗和唐玄宗的敕文赞文中也并无线索。到了唐末，道士李坤昭撰《南岳小录》记录了高宗时叶法善为唐廷修封岳之祭祀，称"叶天师法善"。唐末吴越王钱镠《天柱观记》，他将叶法善、吴筠、司马承祯皆称为"天师"，可见这里的"天师"并非特指正一天师道之"天师"。宋谢守灏撰《混元圣纪》有记载："以正一三五之法，今授于子，宜勉之焉。"②宋代有《唐叶真人传》中也云叶法善入道时遇神人授其正一法箓："今汝行三五盟威，正一之法，诛斩魑魅妖魔，救护群品，惠施贫乏，代天行理。"③皆有明确记录其受到神人传授正一之法的传说，带有一定的神化色彩。宋代洞幽法师元妙宗在《太上助国救民总真秘要》中收录了叶法善所传《上清隐书骨髓灵文》，称："骨髓灵文，唐叶法善天师所传，出自汉正一天师之遗法也。"④认为

---

① （宋）欧阳修、宋祁撰：《新唐书》卷二〇四，第5805页。

② （宋）谢守灏撰：《混元圣纪》卷八，《中华道藏》第46册，第98页。

③ 《唐叶真人传》，《中华道藏》第46册，第276—277页。

④ （宋）元妙宗编：《太上助国救民总真秘要》卷四，《中华道藏》第30册，第335页。

骨髓灵文是正一天师道的法术，是唐代叶法善所传授，并称叶法善为天师。同样是宋代的陈田夫编撰《南岳总胜集》也称为天师。同样称叶法善天师之称号的还有元代李道谦《甘水仙源录》中云："汉世之张道陵，唐朝之叶法善，俱锡天师之号，永为道纪之荣。"① 认为汉代张道陵和唐代叶法善皆被赐予天师的称号，是道教史上值得记载纪念之荣耀。元末明初成书的《法海遗珠》均称叶法善为天师。不论是唐代还是宋代，对于叶法善的记载都有一个共同点，便是他擅长符箓占卜，善鬼神之术。可见叶法善确实是修习正一天师之道法，也以此而名显于世，但其正一天师之称号大约是在唐末宋代才有的。

叶法善与李唐王朝的联系非常密切，李唐帝王对他推崇非常。《旧唐书》记载：

> 法善自高宗、则天、中宗历五十年，常往来名山，数召入禁中，尽礼问道。……睿宗即位，称法善有冥助之力。先天二年，拜鸿胪卿，封越国公，仍依旧为道士，止于京师之景龙观，又赠其父为歙州刺史。当时尊宠，莫与为比。②

叶法善历经高宗、武则天、中宗五十余年，不仅游历山岳，还被数次召入宫中，向帝王传授道法教义。叶法善在李唐王朝中受到极高的礼遇，地位非常高。高宗时还掌握封禅五岳的祭祀权力：

> 高宗弘道元年，请叶天师法善封岳，辟方四十里充宫观长生之地，禁樵采，断畋猎，罢献琛，以为常典。③

---

① （元）李道谦编撰：《甘水仙源录》卷一，《中华道藏》第47册，第113页。

② （五代）刘昫等撰：《旧唐书》卷一九一，第5107—5108页。

③ （唐）李坤昭撰：《南岳小录》，《中华道藏》第46册，第623页。

叶法善常年修行于衡岳，高宗执政最后一年弘道元年（683 年），叶法善应诏封禅南岳，并在衡山开辟四十里供养道观，禁止樵采狩猎，并成为一种长期稳定的典制。《全唐文》中还收录了苏颋任中书门下宰相时的《封华岳神为金天王制》：

> 门下：惟岳有五，太华其一，表峻皇居，合灵兴运。朕恭膺大宝，肇业神京，至诚所祈，神契潜感。顷者乱常悖道，有甲兵而窃发；仗顺诛逆，犹风雨之从助：永言幽赞，宁忘仰止？厥功茂矣，报德斯存。宜封华岳神为金天王，仍令景龙观道士鸿胪卿员外置越国公叶法善备礼告祭，主者施行。①

苏颋任宰相时中宗继位后的神龙二年（706 年），正是李唐王朝重新夺回王权统治后不久，故而制文中云"朕恭膺大宝，肇业神京"。中宗希望封禅华山，以平息战争和时乱，便命令景龙观道士，当时已经是越国公的叶法善筹备并主持华岳告祭，将官方祭祀的大权交予叶法善。可见当时叶法善受到李唐王朝的尊崇，同时也可以看出叶法善在李唐王朝与周武统治的斗争也是参与其中并站在李唐王朝一方的。

并且"睿宗即位，称法善有冥助之力"②。睿宗的继位他也有暗中相助，也就是说，叶法善参与了当时李唐王朝平反武周政权，稳固李氏统治的政局中。后世有详细的记录云：

> 叶法善字道元，尝于洪州西山养神修道，一日括苍三神人降传太上之命：汝当辅我睿宗及开元圣帝，未可隐迹山岩以旷

---

① （唐）苏颋：《封华岳神为金天王制》，（清）董浩等编《全唐文》卷二五三，第2555页。
② （五代）刘昫等撰：《旧唐书》卷一九一，第5108页。

委任。言讫而去。时二帝未立，而庙号、年号皆已先知，其后
果有命诏入京。后乃平韦后，立相王睿宗，明皇承祚继统，师
于上京左右圣主，几吉凶动静铃预奏闻。[1]

中宗景龙四年三月九日，三神人复降，传太上命云：汝当
辅我睿宗及开元帝。曰：未可隐边山岩以旷委任。时二帝未立，
而庙号、年号已先知之。所以于睿宗、明皇阴有助力。[2]

中宗景龙四年（710年），相传叶法善在洪州西山养神修道，遇
三位神人传太上老君之命让他辅佐睿宗和玄宗，现在还不是出世隐
居之时，要承担自己在世俗中的政治责任。当时两位皇帝并没有继
位，而三位神人却准确地说出了睿宗庙号和玄宗的年号。后来叶法
善也应诏入朝，帮助睿宗平韦后之乱，顺利辅佐睿宗和玄宗继统。
故而《旧唐书》睿宗会称其"有冥助之力"。此事件虽有宋人臆测编
撰之嫌，但是叶法善对于睿宗和玄宗继统一定是有所参与的，并且
起到了一定的积极作用。睿宗因此还"拜鸿胪卿，封越国公"，于景
龙观修行，并且还追封其父为歙州刺史，尊宠盛极一时。开元八年
（720年），叶法善升仙，睿宗亲自下诏缅怀，后玄宗还有《故金紫光
禄大夫鸿胪卿越国公景龙观主赠越州都督叶尊师碑铭（并序）》一文
以追怀之，玄宗和肃宗都作有《叶法善像赞》文以怀之。

事实上，天师道作为自道教有严密组织的创教之初便在民间广
泛传播的道教派别，其道士数量基础和影响力是非常广泛且强大的。

---

[1] （宋）陈葆光撰：《三洞群仙录》卷十一，《中华道藏》第45册，第342
页。

[2] （元）赵道一撰：《历世真仙体道通鉴》卷三十九，《中华道藏》第47
册，第474页。

同时，"受道之士，先受正一盟威三五都功"[①]。正一之法作为唐代入道经戒法箓中最为基本的经法存在，其受众和修习者甚众，天师道士的数量是十分庞大的。虽然天师道嗣教天师多隐世不出，但很多以正一之法、天师道师承或者世家传承的道士不在少数，他们大多如叶法善一般，活跃在唐代的政治舞台上。杜光庭就有一些为当时李唐官员撰写的授正一箓的箓词，其中包括"飞龙唐裔仆射"、范延煦等人，在为振武节度使李忠顺设章醮词中云："正一垂文，传宝章而拯物；盟威立训，陈醮品以济民。"[②] 正是为正一盟威弟子所备之礼。不仅是在唐政权的高层，在地方基层官员中，天师道也有广泛的基础。《道教灵验记》中记载唐文宗开成年间一事：

> 赵业，定州人。开成中，为晋安县令。因疾暴卒，手足柔软，心上微暖，三日乃苏。……行三五十里，过一山岭，上有宫阙崇丽，人物甚多，有一青衣童子，前来问云："汝非道士赵太玄乎？"某答云："晋安县令赵业尔。"……人一时散去，即与童子到宫阙中，不见太一，但见一道流云："汝六岁时，为有疾，受《正一八阶法箓》，名为太玄……"[③]

有灵验者赵业开成年间为晋安县令（今四川境内），生暴疾奄奄一息，三天才苏醒。昏迷中遇青衣童子，授其法箓，乃是"正一八阶法箓"。可见当时天师道正一之法在民间的流行，并且以治病为主

---

① （宋）蒋叔舆编撰：《无上黄箓大斋立成仪》卷十七，《中华道藏》第43册，第425页。

② （唐）杜光庭：《李忠顺司徒拜保护章词》，（清）董浩等编《全唐文》卷九四三，第9805页。

③ （宋）张君房辑：《云笈七签》卷一一九，《中华道藏》第29册，第936—937页。

要作用。由此可见天师道在唐代不仅作为入道之基础盛行于中央官员群体，与政治的交流互动频繁，甚至有如叶法善一般在李唐王朝中地位尊崇；在基层官员中也十分流行，于基层政治和民间道士都有着广泛的群众基础。

第三节　灵宝派及其他道派与唐代政治

一、唐代灵宝派法箓、斋醮仪轨的发展

灵宝派以葛玄为祖师，由东晋道士葛巢甫创立，大致与上清派同时创立。[①]"晋隆安元年传道士任延庆、徐灵期，遂行于世。"[②]葛巢甫传任延庆和徐灵期。任延庆史无记载。徐灵期大约魏晋时人，隐居南岳上清宫，刘宋元徽二年（477年）仙去，记载中他有方外友邓郁之，无弟子。唐代以前的传承较为明确，但到了唐代的传承并不

---

① 　关于灵宝派的研究成果较多，尤其是灵宝派法箓斋醮的研究成果。卿希泰的《中国道教史》和任继愈的《中国道教史》中对灵宝派的在魏晋南北朝的发展以及宋元以后的兴盛都有详细的论述。郭树森《阁皂宗灵宝道述论》（《江西社会科学》1995年第9期）和李远国的《道教符箓派诸宗概述》（《中国道教》1997年第2期）中都论述了灵宝派的创立和其斋醮的发展。张泽洪《论科教三师》（《宗教学研究》1998年第4期）、《论道教的灵宝斋法》（《四川大学学报（哲学社会科学版）》2000年第5期）、《论唐代道教斋醮科仪》（《社会科学研究》2000年第6期）、《阁皂山灵宝派初探》（《中国道教》2004年第2期）、《道教灵宝派授箓论略》（《世界宗教研究》2010年第4期）都是对灵宝派的斋醮科仪和唐代灵宝派发展的研究成果。廖翔慧《刘宋时期灵宝派大流行的社会化内涵》（《苏州大学学报（哲学社会科学版）》2010年第6期）讨论了刘宋时期灵宝派通过适应、内化、互动的社会化过程而流行。

② 　（宋）张君房辑：《云笈七签》卷六，《中华道藏》第29册，第64页。

明确。宋人笔记中有记载云："至唐有道士程信然，望气至此，掘得铁钟一口，下有玉石像一座，高尺余，逐立草堂。先天元年，孙道冲始立台殿，赐名阁皂观。"①乃灵宝派于唐时迁至阁皂山隐居，在阁皂山逐渐发展成为宋元时期阁皂山元始宗坛。

灵宝派以灵宝经系为中心，包括前期的《灵宝五符序》和《灵宝赤书玉篇真文》和后期的《灵宝无量度人上品妙经》。相较之于上清派侧重内斋之存思守静的修炼，灵宝派更重视外斋之斋醮科仪的完善。故而灵宝派有着更加全面和多样的斋醮科仪。南北朝时期，南方陆修静推崇《灵宝经》，并将杂散的《灵宝经》进行了整理、考证和重新编撰，赋予了《灵宝经》完整的经箓斋法体系。唐末道士闾丘方远有云：

> 至宋文、明二帝时，简寂陆先生修静，更加增修，立成仪轨。于是灵宝之教，大行于世。始于轩辕、终于简寂，法教圆通，使后世得睹天仪，传习者悉无疑虑。②

闾丘方远述灵宝经戒科仪之发展，认为陆修静将灵宝派法箓科仪等进行了系统的增减修订，使得灵宝法箓体系初具规模较为完备，在隋唐时期"大行于世"，后世修习者众多而且方便查阅参考。后世总结魏晋至唐代灵宝派斋醮科仪发展的过程，认为自葛仙公（葛玄）创教以来，唯陆修静、张万福、杜光庭三位道士对于灵宝派之经法有传承整理、举偏补弊之功：

> 灵宝之教，秘而不传，仙人口口相授。太极仙公始笔之书

---

① （宋）周必大：《二老堂杂志》卷五，上海师范大学古籍研究所编《全宋笔记》第五编第八册，郑州：大象出版社，2012年，第381页。

② （唐）闾丘方远撰：《太上洞玄灵宝大纲钞》，《中华道藏》第4册，第442页。

著，敷斋威仪之诀。陆天师复加撰次，立为成仪。祝香启奏，出官请事，礼谢愿念，罔不一本经文。张杜二师继出玄风，益畅登坛俯仰之格。相去虽数百年，前后盖一辙也。至于痛庸师之不学，悯流谷之无识，非非相承，其失不悟。以简便为适当，以古法为难行。则自张万福天师以来，尝病之矣。①

灵宝派之道法原是秘传，直到葛玄时才立文字，略写斋醮威仪之法。经过陆修静的多次修订编撰斋法之次序和要点，将祝香、请示、还愿等各方面的科仪均予以记载，方成较为完备之系统。张万福和杜光庭都是在陆修静的基础上稍作一些时代性的修改，并没有对陆修静定下的整体基调进行删改。张万福和杜光庭之所以会再而三地对灵宝派的斋法进行修改，也是因为一方面时移势迁，唐代相对于南北朝，在历法、礼制服饰等各个方面都有变化，另一方面道士水平的良莠不齐，对于斋法科仪擅加节略，以讹传讹以致道法科仪之崩坏。张万福和杜光庭皆因不满当时一些道士擅自不尊古法，为严格道门戒律和科仪，也为了道教斋法科仪能够与时俱进，故而进行大范围的修订。

陆修静在《洞玄灵宝五感文》中将道教各派别的斋法科仪进行分等级整理："既子识有明暗，则入悟有利钝。资力有优劣，则所任有多少。是以圣人阶其精粗，分析辙辙，大体九等，斋各有法，凡十二法。"②陆修静认为修道之人资质的优劣和学识的高低要求修道需要分等级和顺序来进行。他将上清、灵宝、正一之斋法总和整理成

① （宋）蒋叔舆编撰：《无上黄箓大斋立成仪》卷一，《中华道藏》第43册，第326页。

② （刘宋）陆修静撰：《洞玄灵宝五感文》，《中华道藏》第8册，第561页。

了"九斋十二法"，后人虽称其为"九斋"，事实上陆修静认为是斋法之"九等"。这九斋、十二法有一定的高下之分，对于修心之道士有明确的要求，因此也确定了以上清经系为中心的上清派、以灵宝经系为中心的灵宝派和以正一经系为中心的天师道正一派，这三派在派别与教义上的等级与优劣。其中上清派乃内斋之法，只有二法，一为"遗形忘体，形以有待"①的去除世俗之人际关系与欲望的修形，一为"混合形神"的修神之法，二者所诵读之道经有所不同。正一派和灵宝派为外斋之法，最末等斋法为三元涂炭斋，通过苦修行者之身体来祈福家人安康、救赎自身罪孽。陆修静对于灵宝派斋法的推崇首先体现在他所整理的九斋之中，其中七斋九法金箓斋、黄箓斋、明真斋等斋法皆为灵宝斋法。

到了中宗、睿宗、玄宗时张万福，居长安清都观和太清观，参与编撰了《道藏》。时太清观掌握着道教为官方祭祀的重要权力，张万福发现当时道士有随意删改道教科仪之现象，便重新编撰并更加详细完备地将道教的斋法系统化。以道教法服为例，每一等级道士所穿服饰都有严格的要求。陆修静时期"道家法服，犹世朝服，公侯士庶，各有品秩，五等之制，以别贵贱"②。道教法服依照世俗政治的等级来制定，划分成了五个等级来区别地位的高低。并且"男赏单衣墨帻，女则绀衣。此之明文，足以定疑。巾褐及帔，出自上道。

---

① （刘宋）陆修静撰：《洞玄灵宝五感文》，《中华道藏》第8册，第561页。
② （刘宋）陆修静撰：《陆先生道门科略》，《中华道藏》第8册，第557页。

礼拜着褐，诵经着帔"①。男性道士多着单衣戴黑色头饰，女冠则多为深蓝色道袍，礼拜时穿褐衣，诵经时则穿帔。到了张万福时，他进一步细化了法服的具体等级。"衣服阶修，致有差别，又有七种，须案奉行，劫运虽倾，此法无变。"②法服的等阶增加到七种，且不再是以世俗官职等阶为依照，而是按照已经系统完备的道教道士等阶来划分，从出入道门到三洞讲法师七阶。可见道教已经从科仪上脱离世俗制度独立了出来，道教发展到唐代，其与政治的关系也不再是依附的从属关系。另外，唐代的服饰文化已经开始丰富，不论是款式还是颜色，都比魏晋时有了很大的发展。张万福在修整道教法服科仪时也有了更多的选择，越是高阶的道士，其法服的颜色和花样也越来越丰富。初入门的道士只能是平冠黄帔；二阶的正一弟子则可以是"芙蓉玄冠，黄裙绛褐"③；到了七阶的三洞讲法师便可以加之九色，配上五色的华丽袖帔，可以穿带一定饰品的鞋子。另外诵经时的帔衣也有严格的讲究，对于道教来说，诵经是一种严肃的非常有仪式感的修道之法，因此诵念不同的经文，也需要换上不同规格和样式的帔衣。经文的等级越高，所着帔衣之色彩和做工越华丽，不同的帔衣有着不同的意义和功能，更加有助于道士诵经修道之效果。张万福认为："若道士，常须备其法服，整饰形容，沐浴冠带，朝奉天真，教化一切。勿得暂舍法服，不住威仪，无使非人，犯法服也。"④道士需要常备修炼之法服，穿着道士法服才能有道教之威

---

① （刘宋）陆修静撰：《陆先生道门科略》，《中华道藏》第8册，第557页。

② （唐）张万福编：《三洞法服科戒文》，《中华道藏》第42册，第147页。

③ （唐）张万福编：《三洞法服科戒文》，《中华道藏》第42册，第147页。

④ （唐）张万福编：《三洞法服科戒文》，《中华道藏》第42册，第148页。

仪，与普通世俗之人区别开来，也是对自己的一种时时刻刻的提醒，通过法服上便严格规定等阶，和对应的修炼方式，用以告诫道士严守道教之戒律和规范。

面对"吴蜀京都，相承或异"[①]，张万福对于道教针砭时弊地整顿与修订，一方面，随着政治环境与社会发展，道教的斋法科仪都不能一成不变，需要紧跟时代进步的步伐。面对不同的统治者和不同的政治需求，道教需要做出一定的改进来保证自己不被时代所淘汰；另一方面，道教的斋法科仪相对于社会发展的滞后，也是造成混乱的重要因素，为了重申宗教戒律和宗教仪式对于宗教的重要性，张万福对道经仪轨的重新修订和颁布也是势在必行，他太清观道士的身份也给这件事以很大程度的便利。

到了杜光庭时期，李唐王朝已经走向混乱和衰颓。如前文所述，杜光庭虽然在师承上可以说是上清派道士，但是当时的道教已然形成了以各个山岳、宫观为中心的发展模式，上清派、灵宝派等派别之间的界限越来越模糊。[②]广明元年（880 年），他随着唐僖宗入蜀，开始编撰《太上黄箓斋仪》等多部道教科仪集辑。首先，杜光庭时期的箓法规模已经远远超过了陆修静时期。唐代大一统的社会环境下，国力强盛，统治者对于道教尊崇而投入了大量的财力物力。以金箓斋为例，唐前期依照陆修静所定仪轨，金箓斋的法坛分成内外两层，外层籙地玄坛，"广三丈二尺……又于坛内立重坛，广二丈四

---

① （唐）张万福编：《三洞众戒文》，《中华道藏》第42册，第140页。
② 到宋代形成的以茅山宗上清派、阁皂山元始宗坛灵宝派和龙虎山正一道的三山符箓，也是以茅山、阁皂山和龙虎山为发展核心的道派，传统的三大经系为中心的道派名声虽在，也是借传统之名义的宗坛为实质的发展方式。

尺，开四角上"①。而到了杜光庭时，金箓斋法坛发展成了外、中、内三层。"外坛广四丈五尺，高二尺。中坛广三丈三尺，高二尺。内坛广二丈四尺，高二尺。方坛共高六尺，法坤之数也。"②其中内坛与中坛的大小和唐前期的尺寸大致一样，但杜光庭时期多了一层，其他的配饰法信皆要更加丰富与华丽。从这一点上来说，灵宝派乃至整个道教随着李唐王朝的愈加重视而实力更加雄厚，表现在斋法仪轨上的变化便是仪轨的规格提升与扩大。

陆修静、张万福和杜光庭三位道士为灵宝派斋法科仪的发展做出了巨大的贡献，被后人称之为"科教三师"。南宋时宁全真道士《上清灵宝大法》中评价道：

> 中古以还，典章浩博，至晋宋间而简寂先生陆君，始明授受降世之源，别三洞四辅之目，考详众典，撰次斋仪。自是遐迹宣形，斋法昭布，条陈经诰，次序乃成。洎唐则张清都万福，复加编集，典式渐详。中叶以后，广成先生杜君光庭，于是总稽三十六部之经，诠旁及古今之典籍，极力编校，斋法大成。③

宁全真很好地总结了三位先师对于灵宝斋法之贡献，陆修静"考详众典，撰次斋仪"，张万福"复加编集，典式渐详"，杜光庭总稽而集灵宝斋法之大成。灵宝派的斋法科仪经过唐代的大发展和不断的修订整合，到了唐末以后，宋元时期受到了极大的推崇，宋末元初时期道士郑思肖称：

---

① （刘宋）陆修静撰：《洞玄灵宝五感文》，《中华道藏》第8册，第561页。

② （唐）杜光庭撰：《金箓斋启坛仪》，《中华道藏》第43册，第7页。

③ （宋）宁全真：《上清灵宝大法》卷五十四，《中华道藏》第33册，第638页。

夫灵者，性也；宝者，命也。灵而不宝，则不足以寿无穷之命；宝而不灵，则不足悟本来之性。离而曰性命，合而曰灵宝。一切众生不离性命，以此非灵宝不可以度人，非灵宝不可以生神，故灵宝法为诸法之祖。①

相对于《汉武帝内传》中解释的灵宝"灵者，神也；宝者，精也"，宋元时期的阐释灵宝为"性命"，充分看出当时道教教理中性命之学的主流思想。灵宝即是性命，性命是万物生命之本质，故而非灵宝不可以度人、成仙为神，因此"灵宝法为诸法之祖"。可见灵宝斋法在道教科仪轨范中的超然地位，和来自统治者的推崇和认可。

二、李唐王朝对灵宝斋法的采纳

在陆修静、张万福的贡献之下，道教的法箓科仪皆有了厘清和整理，各个道派对于以灵宝派为主的道教斋法仪轨皆有了一定的共识，在一定程度上进行了相互的融合和交流，特别是李唐王朝也逐渐在采用同样的轨范和斋法进行官方祭祀与斋醮。② 于是这套斋法仪轨"到了唐朝中期，有通用于正一派、金明派、三皇派、灵宝派、上清各派使用，促使了道教各派间的相融"③。一方面，道教经戒斋法科仪的系统整理使得唐代道教在科仪和道士等阶上逐渐达成共识，各派道士都接受《灵宝经》的法箓，甚至在受法箓、提升道阶之时

---

① （元）郑思肖：《太极祭炼内法议略》卷下，《中华道藏》第32册，第822页。

② 灵宝斋法成为主流并被政治所采纳的原因，廖翔慧《刘宋时期灵宝派大流行的社会化内涵》一文认为灵宝派在刘宋时期之所以社会化流行，是因经历了适应时代发展、内部整顿和与世俗社会互动三个阶段的过程。

③ 任继愈：《中国道教史》，上海：上海人民出版社，1990，第300页。

也需要学习灵宝派道经。上清派道士司马承祯在唐玄宗时于王屋山修道，唐玄宗"令玉真公主及光禄卿韦绦至其所居，修金箓斋，复加以赐赍。"①玉真公主曾在景云二年（711年）受《灵宝经》箓入道。唐玄宗令她跟随司马承祯修金箓斋，可见司马承祯作为上清派道士，对于灵宝斋法是接受并了解的，以至于可以主持仪式。唐玄宗还在李含光于茅山收集修复散乱的上清茅山宗道经。唐玄宗下敕赏赐李含光时云：

> 况茅君洞穴，仙经所称，灵化往来，神药斯秘。师当阅金箓之秘诀，祈元宫以清修，验消灾之方，效长年之术，尤宜精励，庶表斋功。②

茅山宗所保存的早期道教经典多种多样，外丹之术、内炼之法皆有所藏。唐玄宗命李含光仔细阅读灵宝派斋法之秘诀，于道宫中勤加修炼，为帝王和政权祈福，特下敕表扬李含光斋醮有功。由此可见，灵宝派传嗣在唐代虽然不可考，但是其道派所重视和制定的仪轨被各道派所接受，并融合入了各个道派之中。以至于，北宋徽宗时期，道士黄澄上疏云："三山经箓，龙虎、正一、阁皂、灵宝、茅山大洞，各嗣其本宗，先生请混一之。"③可见三山之经箓科仪经过唐代的融合已经相通无碍。

另一方面，唐代高道皆修习灵宝斋法，不仅因为灵宝派斋法的系统更完备，而且是因为李唐王朝官方认定了灵宝派斋法科仪为国家斋醮、祭祀所使用。中宗景龙二年（708年），便在龙兴观举行了

① （五代）刘昫等撰：《旧唐书》卷一九二，第5128页。
② （唐）李隆基：《赐李含光敕书》，（清）董浩等编《全唐文》卷四十四，第485页。
③ （元）刘大彬撰：《茅山志》卷十六，《中华道藏》第48册，第442页。

大型的灵宝金箓斋醮活动，当时的士大夫王翰目睹了修金箓斋的过程，有残诗《龙兴观金箓建醮》①可证。睿宗时，皇帝令道士叶善信在敕建的洞灵观修法事，"度女道士七人，住持泪明皇，醮祭祈祷不绝"②。自睿宗朝到玄宗朝叶善信在洞灵观做住持，并以擅长斋醮祭祀祈福闻名，专门为皇家做斋醮事宜。皇甫冉曾在《宿洞灵观》一诗中云："明日开金箓，焚香更沐兰。"③可见，洞灵观吸引众人前来观礼国家斋醮法事所使用的斋法便是灵宝派的斋法金箓斋。唐玄宗时，李唐皇室宗亲，曾在天宝年间官至宰相的李适之有诗《送贺秘监归会稽诗》：

圣代全高尚，玄风阐道微。筵开百僚饯，诏许二疏归。

仙记题金箓，朝章换羽衣。悄然承睿藻，行路满光辉。④

贺秘监即当时著名的诗人贺知章，他乃越州人，曾是"国子四门博士"，曾任礼部侍郎、秘书监等职。天宝三载（744年），八十六岁的贺知章告老还乡回越州会稽老家，同年病逝。李适之的这首诗便写于天宝三载（744年），当时他高居宰相，知贺知章好道，以道诗送之。其中对于贺知章多年效忠唐帝王之事，李适之形容其于君侧一同崇道修箓，所修之灵宝斋法正体现出当时官方对于灵宝斋法的认可。甚至在一定程度上，"经箓"一词在当时的士大夫文学作品

---

① （唐）王翰：《龙兴观金箓建醮》，（清）彭定求等编《全唐诗》卷八八二，第9971页。
② （宋）张君房辑：《云笈七签》卷一一五，《中华道藏》第29册，第907页。
③ （唐）皇甫冉：《宿洞灵观》，（清）彭定求等编《全唐诗》卷二五〇，第2825页。
④ （唐）李适之：《送贺秘监归会稽诗》，陈尚君辑校《全唐诗补编》，第832页。

中已经习惯性的被认为是皇家祭祀级别的道教斋法的固定指代名称，更加说明了灵宝派斋法对于道教斋醮科仪和官方祭祀的影响力。唐后期，经过张万福再次修订整顿的灵宝派斋醮科仪更是成为官方认定的仪轨规范。历经德宗、宪宗二朝的张仲素，曾任宪宗朝翰林学士、中书舍人。他有诗专门描写了上元日道士为帝王祈福斋醮的盛况：

> 仙客开金箓，元辰会玉京。灵歌宾紫府，雅韵出层城。
>
> 磬杂音徐彻，风飘响更清。纤余空外尽，断续听中生。
>
> 舞鹤纷将集，流云住未行。谁知九陌上，尘俗仰遗声。[①]

道士为帝王修金箓斋醮，于层层法坛之中传出阵阵清亮道音，如有仙迹。武宗会昌元年（841年），唐武宗宠信赵归真等道士，命其为自己修建道场，"于三殿修金箓道场。帝幸三殿，于九天坛亲受法箓"[②]。道士赵归真所承之道派不得而知，但武宗命令其修的道场正是灵宝派的经箓斋之法坛，并且武宗也受法箓于此。唐僖宗时虽然唐廷衰微，政权旁落，僖宗因为黄巢起义扩大而不得不前往蜀地避难。杜光庭《青城山记》记载："僖宗皇帝幸蜀之年，山中修灵宝道场周天大醮。"[③] 唐僖宗令杜光庭所设的周天大醮，乃延祚保生之仪式，是僖宗妄图祈求李唐政权的延续而修。杜光庭"按灵宝旧科，

---

① （唐）张仲素：《上元日听太清宫步虚》，（清）彭定求等编《全唐诗》卷三六七，第4135页。

② （五代）刘昫等撰：《旧唐书》卷十八上，第585—586页。

③ （唐）杜光庭撰：《青城山记》，（清）董浩等编《全唐文》卷九三二，第9710页。

设周天大醮"①，在灵宝道场设此斋醮，是杜光庭对于灵宝斋醮的修订运用在官方的实践。甚至唐末五代时，唐哀帝还曾因天有星象异常，下敕"天文变见，合事祈禳，宜于太清宫置黄箓道场，三司支给斋料"②。在太清宫进行黄箓斋的法事，以忏悔来应对天降"凶兆"。

　　自陆修静将灵宝派的斋醮科仪系统化，灵宝派的斋法仪轨便被各道派融合吸收，且成为李唐王朝官方认定的祭祀仪式之列。不论是上清派还是灵宝派的道士，都要修习灵宝派之斋法。灵宝派斋法的官方化和制度化一直贯穿了整个唐代统治时期，尤其是在唐代后期，灵宝派斋醮科仪的影响越来越大，甚至成为道教祭祀仪式的标准仪轨而被采纳和尊崇。灵宝派正是以这种宗教仪式层面的方式获得与唐代政治交流的机会。

三、其他道派与唐代政治

　　除了上清派、灵宝派、楼观道和天师道四个影响广泛且活跃的道教派别，唐代还有一些规模较小或者组织分散不成法脉的道派。胡孚琛在《唐代道教流派概说》③一文中提到了除上述四种道派以外，还有北帝派、洞渊派、金丹派（丹鼎派）、炼养派和占验派等。

---

① （唐）杜光庭撰：《莫庭乂周天醮词》，《广成集》卷六，《中华道藏》第44册，第468页。
② （五代）刘昫等撰：《旧唐书》卷二十下，第793页。
③ 胡孚琛：《唐代道教流派概说》，《中国道教》1991年第3期，第19—21页。

　　首先是北帝派，属于上清派的一个分支。①唐代邓紫阳创建了此派，主要在麻姑山活动。其传承中包括了前文论述过的上清茅山宗第十五代宗师黄洞元，及其弟子瞿童。邓紫阳本于麻姑山隐居学道，后游历庐山、恒山。开元二十三载（735 年），唐玄宗基本完成了他对《道德经》的注解，下诏征召各方道士为其说道。邓紫阳应诏而往，被唐玄宗所看重，令其于江南各地搜集道经，正与前文中所提到的唐玄宗召见薛季昌会衡岳、李含光复建茅山、诏天师道嗣教册封张道陵事件有着类似的目的。开元二十四年（736 年），邓紫阳圆满地完成了唐玄宗所交待的任务，正式入度为道士，"赐紫罗法衣一副，绢一百匹，配东京福唐观兼本郡龙兴观以宠之"②。唐玄宗将其安置于洛阳福唐观、龙兴观，皆是全国道教宫观中最为官方、离政局时势最近的道观。唐玄宗先天元年（712 年）敕令太清观主史崇玄撰修《一切道经音义》，其中便有"大德东都大福唐观法师侯抱虚、上座张至虚、刘元良"③，可见福唐观在全国道教中的地位。邓紫阳于福唐观受到唐玄宗的尊崇，赏赐不断。李邕《唐东京

---

① 李远国《道教符箓派诸宗概述（二）》（《中国道教》1998年第3期）介绍了北帝派，邓紫阳开创并传承众多，与李唐王朝的联系也很紧密。刘仲宇《五雷正法渊源考论》（《宗教学研究》2001年第3期）认为宋末兴起的"五雷正法"的符箓术法与内丹相结合的道教法术，其根源正是北帝派。孔令宏、韩松涛所著《江西道教史》（北京：中华书局，2011年）第三章第二节专门论述唐五代麻姑山邓紫阳和北帝派。雷闻《墓志所见麻姑山邓氏》（《唐研究》第17卷）详细论述了邓紫阳、邓德诚和谭仙岩、邓延康

② （唐）李邕：《唐东京福唐观邓天师碣》，（清）董浩等编《全唐文》卷二六五，第2694页。

③ （唐）史崇玄等编撰：《一切道经音义》，《中华道藏》第5册，第604页。

福唐观邓天师碣》中提到邓紫阳受到唐玄宗先后赐紫衣共七副的赏赐，而很多受尊崇的道士一生只能获得一副的赏赐。开元二十六年（738年）邓紫阳为唐玄宗祈福迎来神迹，唐玄宗"赐紫罗法衣两副，将以服一生之体；洁帛五束，将以当五方之镇；彩绫六段，将以成纯阳四九之数；钱十二万千，将以合日月十二时之会"①。可见唐玄宗对于道教祭祀出现神迹和吉兆的赞许，以及对于邓紫阳的尊崇和恩宠。开元二十七年（739年），邓紫阳仙去，临终所愿："吾事亲未终于孝，爱弟未终于仁，请本郡御书仙灵观额，及麻姑山置庙：兹事莫遂，奄至形解。圣上倘问于我，君将此辞以闻。"②愿父母有所终，其弟有所养，也希望麻姑山道观能获得官方的认可，获得继承和壮大。唐玄宗十分伤怀，并一一完成了邓紫阳的遗愿。其中，"度弟思明麻姑庙道士，用成尊师仁也；御书仙灵观额立麻姑山庙，用昭尊师愿也"③。邓紫阳之弟成为了麻姑山道观的道士，并御赐匾额以给予麻姑山一脉官方认可的道教传承。这两项遗愿的完成标志着麻姑山邓氏一脉道教世家获得官方的认可和扶持，正式开始兴盛传承。

颜真卿《抚州南城县麻姑山仙坛记》中记载邓紫阳有弟子："今女道士黎琼仙，年八十而容色益少，曾妙行梦琼仙而餐花绝粒。紫阳侄男曰德诚，继修香火；弟子谭仙岩，法箓尊严。而史元洞、

---

① （唐）李邕：《唐东京福唐观邓天师碣》，（清）董浩等编《全唐文》卷二六五，第2694—2695页。

② （唐）李邕：《唐东京福唐观邓天师碣》，（清）董浩等编《全唐文》卷二六五，第2695页。

③ （唐）李邕：《唐东京福唐观邓天师碣》，（清）董浩等编《全唐文》卷二六五，第2695页。

左通元、邹郁华，皆清虚服道。"① 其中弟子谭仙岩在抚州当地小有名气。前文所提到的睿宗时以斋醮仪式闻名的洞灵观在道士叶善信的带领下香火旺盛，获得士大夫的争相前往拜谒。《云笈七签》中记载：

> 大历三年（768 年）戊申，鲁郡开国公颜真卿为抚州刺史，旧迹荒毁，阙人住持，召仙台观道士谭仙岩、道士黄道进二七人住洞灵观，又以高行女道士黎琼仙七人居仙坛院。②

大历三年（768 年），颜真卿任当地刺史，此时的洞灵观已经衰落，无人管理。颜真卿便将麻姑山仙台（灵）观道士，邓紫阳的弟子谭仙岩召入住洞灵观，管理复兴洞灵观之盛景。但是此时的麻姑山在邓紫阳之后于政治中心并没有太大的影响力，仅在抚州一带比较有名。直到德宗、宪宗时期的邓延康道士，将麻姑山邓氏道门再次扬名。邓延康乃是邓紫阳之侄邓德诚之子，贞元年间在会稽入道，后回到麻姑山复兴北帝派。邓延康在麻姑山弘道期间，积极参与到了地方时事之中，"屡为廉使郡守请敬师受，排邪救旱，显应非一"③。与地方官员交往联系，帮助地方官员管理地方事务，积极履行宗教的社会职能，促使麻姑山北帝派逐渐将影响力扩大。

> 宝历中，旧相元公制置江夫人有疾，忽梦神人云："何不求麻姑仙师？"元公遽命使祷请，既至而疾果愈，夫人稽首奉箓，

---

① （唐）颜真卿《抚州南城县麻姑山仙坛记》，（清）董浩等编《全唐文》卷三三八，第3424页。

② （宋）张君房辑：《云笈七签》卷一一五，《中华道藏》第29册，第907页。

③ （唐）郑畋：《唐故上都龙兴观三洞经箓赐紫法师邓先生墓志铭》，（清）董浩等编《全唐文》卷七六七，第7982页。

俱为门人。复以明威上清之道授邹平公文于广陵，凉公逢吉于夷门。自是藩服大臣，争次迳劳。[①]

宝历年间，"旧相"元稹，时任浙东观察使，夫人有疾，请求"麻姑仙师"，元稹请邓延康为其祈祷，疾病果然治愈了。元稹夫妇便拜入北帝派门下。随后，邹平公即穆宗文宗时期宰相段文昌，广陵即扬州郡治下，宝历二年（826 年）等短暂出任淮南节度使；凉公逢吉即李逢吉，夷门即汴州开封之别称，李逢吉于大中年间于汴州出任宣武军节度。两地离江南西道麻姑山并不近，却慕名前去，"藩服大臣，争次迳劳"，可见邓延康时期复兴麻姑山之事收获了很好的效果，影响力由江南地区逐渐向北方地区辐射。到了大和八年（834 年），邓延康之名传至文宗耳边，文宗召他入宫并赞赏其道行，准其进入太清宫，后又命他复建龙兴观。到唐末邓延康在李唐王朝中的地位仅次于杜光庭。值得一提的是，"上嗣位，尔时于内殿访其元言，第以《道德》《黄庭》《西升》经旨应对，若丹砂硫黄之事，置而不论"[②]。邓延康在唐帝王论道之时，以《道德经》为最上乘，次之《黄庭经》和《老子西升经》，而外丹炼药服食之道术邓延康却避而不谈，可见邓延康对于外丹术并不赞同，同时对于当时皇帝爱服食丹药表示不认同，也是唐代丹鼎派与符箓派在教理上的冲突。邓延康之后，北帝派之传承便不再显。

邓延康所不赞同的外丹炼药之术，正是唐代从繁盛走向衰落的丹鼎派。丹鼎派以炼药服饵的外丹术为主，主张"假外物以自固"

[①] （唐）郑畋：《唐故上都龙兴观三洞经箓赐紫法师邓先生墓志铭》，（清）董浩等编《全唐文》卷七六七，第7982页。

[②] （唐）郑畋：《唐故上都龙兴观三洞经箓赐紫法师邓先生墓志铭》，（清）董浩等编《全唐文》卷七六七，第7982页。

的修炼理论，以《周易参同契》为主要炼丹经典。唐代极为盛行，大多数的唐帝王和官员士大夫都服食过丹药，以金石铅汞之术为摄生之法则。因为统治阶层的爱好，导致丹鼎派的盛行。史料记载中常年侍奉在唐帝王左右的道士，甚至被后世史书称为"妖道"的道士，多奉行金丹之道法。例如则天、玄宗时期的道士张果。道士张果生平比较神秘，武周时隐居于中条山，相传修得长生之术，不知其年龄。武则天诏，他却佯死不赴，玄宗时亦然。后来唐玄宗"亲访理道及神仙方药之事"①。唐玄宗对他的道术非常的信任，欲妻以公主，被拒绝。于是唐玄宗下诏封赏张果："今特行朝礼，爰畀宠命。可银青光禄大夫，号曰通元先生。"②后张果定居于恒山，唐玄宗为其敕造栖霞观供其修道。张果之道法乃丹鼎一派，认为"丹砂者，万灵之主，造化之根"③。他有很多论炼丹之诗作，如《金虎白龙诗》十六首和《玄珠歌》三十首。例如他的《金虎白龙诗》其中二首：

> 世人何处觅黄芽，此物铅中是我家。
>
> 铅汞共成真地气，脱胎方始见灵砂。④

诗中所提到的几味炼丹之材料黄芽、铅汞、丹砂。黄芽乃硫黄，唐代丹经《丹方鉴源》中记载："此硫黄见五金而黑，得水银而赤，又曰黄牙。"⑤丹砂即硫化汞。另，张果撰《玉洞大神丹砂真要诀》从中还多使用黄金为炼丹的主要材料。从张果炼丹之原料看，以黄金

---

① （五代）刘昫等撰：《旧唐书》卷一九一，第5106页。

② （唐）李世民：《加张果封号制》，（清）董浩等编《全唐文》卷二十三，第272页。

③ （唐）张果：《玉洞大神丹砂真要诀》，《中华道藏》第18册，第326页。

④ （唐）张果：《金虎白龙诗》，陈尚君辑校《全唐诗补编》，第801页。

⑤ （唐）独孤滔撰：《丹方鉴源》，《中华道藏》第18册，第282页。

和丹砂为主，辅之以铅汞、草木，是丹鼎派金砂流派的炼丹术法。

再如为宪宗所宠信的道士柳泌，韩愈在为太学博士李君所撰的墓志铭中提起柳泌炼丹之药方：

> 初于以进士为鄂岳从事，遇方士柳泌，从授药法，服之，往往下血，比四年，病益急，乃死。其法以铅满一鼎，案中为孔，实以水银，盖封四际，烧为丹砂云。①

用满满一鼎的铅，铅中戳一些小孔，灌入水银，再将鼎密封，用火烧，升华成气态方可。而李君正是因为服用了这一药方中毒而亡。元和十三年（818年）十一月柳泌对宪宗言天台山有许多仙草灵药，可炼制丹药。于是"丁亥，以山人柳泌为台州刺史，为上于天台山采仙药故也。制下，谏官论之，不纳"②。宪宗为了柳泌能为其采得可以制金丹之仙药，将其任命为一地之长官。柳泌的丹鼎之术亦铅汞为主，辅之以草药。

丹鼎派以外丹服食为长生之法门，其理论基础是阴阳五行之说。因为其理论尚处于朴素的宇宙观，其药方之配比也多靠经验的积累，并没有实际统一的标准。但是统治者却好此道，常常恩宠会炼丹合药之术的道士，故而丹鼎派之中浑水摸鱼者众，且道派结构松散，没有固定而秘传的师承法脉。于是在外丹术显露出弊端之后，逐渐被内丹派所融合和取代，渐渐没落下来。

其他一些道派如洞渊派，起源于晋代道士王纂受《洞渊神咒经》，以厌劾妖魔鬼神为主要修道之术。占验派如李淳风道士，以天

---

① （唐）韩愈：《太学博士李君墓志铭》，（清）董浩等编《全唐文》卷五六四，第5709页。

② （五代）刘昫等撰：《旧唐书》卷十五，第465页。

文历法、占卜相面为主要术法，尝为帝王修历法、占凶吉。炼养派如孙思邈，以修行内炼之导引服气等术为主，与传统中医联系紧密。这里均不做赘述。

第四节　上清及其他诸道派与政治关系之比较

李唐王朝建立之初，出于巩固自身统治的考虑，利用道教和太上老君来确立自己的政权合法性。道教也顺应李唐政权的需求，对自身的神仙谱系和理论进行改进，与李唐王朝加强合作和互动。这是一种双方合作同盟的关系，尤其是在李唐王朝统治稳定的时期，一直是一种双赢的局面。而各个道教派别因为其信奉不尽相同的道经，对道教教理教义不同的侧重点，擅长不同的道法法术，在与李唐王朝的合作方式和过程也不尽相同。胡孚琛总结道教各派别在唐代不同的发展路线称："唐代上清、灵宝、正一这三派中，上清派在社会上层传播，正一派则主要在民间传播。"[①]

一、楼观道与上清派："昙花一现"与"细水长流"

楼观道和上清派一样，与李唐皇室的关系密切，从李唐建立政权之始便开始双方的合作。在实践中，起初皆以谶纬起家，帮助李氏制造先行舆论，建立起政权合法性。不同的是楼观道因为地处京畿，在现实中也有一定的帮助，且楼观道本身所奉祖师便是老子和尹喜，故而在舆论创作和政治联系中过渡更加自然，甚至不需要对老子神降和老子神仙地位另行改造。而上清派因为地处南方，又自

---

① 胡孚琛：《唐代道教流派概说》，《中国道教》1991年第3期，第20页。

开宗立派便信奉元始天尊，在舆论帮助和提高老子地位方面需要走更长的弯路。但是，一方面因为楼观道并非是以道教经系为核心组成的道教集团，而是以终南山、楼观道地理因素为标志的集合、以主持道院为主要继承形式，它的建制较为松散，导致传承松散而无载，以至于岐晖、尹文操之后漫长的唐代中后期没有明确且有力的领导者作为唐皇室所尊崇的目标。另一方面，终南山作为距离长安非常近的道教洞天，楼观道又名声显赫，慕名前去的人甚多，以隐居高士之名被唐廷征召的机会较大，便有一些追逐名利者，以为此处乃是卢藏用所言的"终南捷径"，长此以往，终南山和楼观道的名声以及道士水平都受到影响，从长远看不利于楼观道自身的发展壮大。故而就楼观道这一道派整体而言，受到李唐帝王的尊崇不过是岐晖、尹文操的昙花一现，没有水平高超、道风闻名的高道坐镇楼观，楼观道的发展也就难以被人所铭记。相比之下，上清派传承明确，道士的理论水平相对更高，修道授法箓的要求也更严格，故而更利于道派的长远发展，对与政权的合作关系也更加有益。

事实上，上清派发展到唐代后期，也逐渐转变成了以山岳和道观为中心的发展模式。正如本书第四章所论述的，上清派在李含光以后，茅山宗紫阳观、天台山桐柏观、衡山真君观等上清派分支的传承逐渐代替了上清派本身的名声。他们继承了上清派的教理和修炼法门，也在分开发展后不断地在当地以山岳宫观的名义发展。这是道教在唐代到宋代的发展趋势，以经法维系的道教派别逐渐边缘化，在融合的过程中边界也在不断的模糊，特别是在灵宝派斋醮科仪普及、内丹修炼理论也为更多的道派所采纳之后，道教迎来了派别融合后重新洗牌分裂的大转变时期。

就理论层面而言，楼观道和上清派都在进行与政治合作的理论探索。为适应李唐政权的统治需求，提高老子的神仙地位，楼观道的提升更加直接和迅速，直接将老子奉为道的化身和宇宙的最高主宰，而上清派在潘师正和司马承祯时代还处于试图把最高神元始天尊与太上老君建立联系的阶段。虽然尹文操之后的楼观道理论发展现在不得而知，但是上清派直到唐末杜光庭时才直接提出太上老君是直接的最高的主宰，彼时上清派与李唐王朝的关系已经走过了成熟阶段，为李唐王朝的衰颓和双方合作关系的崩坏做着最后的挣扎。同时，他们都不约而同地将理身与治国的联系做出更加适应当权者要求和逻辑自洽的新阐释。这种阐释在尹文操和司马承祯时期，上清派理论较之楼观道的理论更加成熟和系统化，哲学的思辨水平也更高。这不仅与上清派道士自身的道学修养有很大关系，也是上清派不曾间断的传承所致。总之，不论是在实践参与还是理论影响上，上清派与政治的关系发展得更加有延续性，也更加循序渐进、不急不躁。

二、天师道与上清派："民间路线"与"上层路线"

天师道与李唐政权的关系疏远。唐朝历代嗣教天师都更倾向于隐居山林的生活方式，他们在完整的家族道法传承中固守着自己的教理教义。虽然唐帝王对于天师道悠久的创教历史和天师身份予以名义上的册封和肯定，但是与天师道士之间的互动联系不多，双方的关系并不密切。相反，天师道与地方和民间的关系更亲近。他们更愿意度下层之士，向民间百姓弘道，宣扬天师道的道法教义，在民间的实际影响力比在上层统治阶层的影响力更加广泛。第十四代天师张慈正"博学群书，最精于易，从学者百余人。……所积法信，备荒岁以助贫乏之士，亦能煅炼黄白之法"[1]。当时在民间，跟随张慈正学习道法的人有百余人。同时他还在饥荒凶年将道观中平时所积攒的香火用于救济贫困百姓，布施于信徒。第十八代天师张士元常常"以符法传人、治病"[2]，用天师道的符法为百姓治病祈福；其子第十九代天师张修也是"为人质朴，常衣布素，不喜华饰。与妻耕于野，不与乡人交通。岁以符法传人、治病，应时而验。所得法信，皆施贫士，甘于寂寞，无所贪慕"[3]。质朴节俭，回归自然，与务农的百姓没有什么区别，也用自身修习的天师符法帮人治病，布施穷人，无欲无求。

相对楼观道和上清派的"上层路线"，天师道在唐代则是在民间弘道并发展。他们不与李唐王朝多有交集，唐廷有诏才入朝，为帝王主持金箓大醮，受赏赐却也不贪恋世俗。事实上，上清派道士也会于世俗中不留恋，愿意隐居山林，甚至在时局混乱时出世修行。但是他们在理论探索上基本与李唐王朝保持了一致，借助政治的力量扩大了自己在统治阶层的影响力，在一定程度上也有利于民间影响力的扩大。从道派发展的角度而言，上清派把握"上层路线"和理论研究两个方向，是更有利的选择。上清派的这种"上层路线"并不是盲目地跟随李唐王朝走到底，而是跟随着政治权力的分配有所改变。在唐前期，李唐王室对于政治权力的控制集中于中央，上

---

[1]　（元）赵道一撰：《历世真仙体道通鉴》卷十九，《中华道藏》第47册，第347页。

[2]　（元）赵道一撰：《历世真仙体道通鉴》卷十九，《中华道藏》第47册，第348页。

[3]　（元）赵道一撰：《历世真仙体道通鉴》卷十九，《中华道藏》第47册，第348页。

清派与政治的合作互动便多集中在唐帝王的"君权神授"的中央集权和权威上。在唐后期，李唐王朝的政治权力逐渐被藩镇、权臣和宦官所分割，唐帝王作为首脑的政治权力不再集中，在一定程度上成为单纯地李唐王朝的政权象征。这个时候，各个以山岳宫观中心发展的上清派分支，与中央朝廷的关系逐渐走向疏离，而更多地参与到相对来说权力膨胀的地方权力中。相对于上清派的这一特点，天师道与政治的关系是一如既往的"顺其自然"的发展。

当然，另一部分非嗣教天师的天师道士，他们授正一法箓，承天师道法，自然也是属于天师道派。其中也不乏一些积极参与到政治之中，与李唐王朝联系频繁的道士。事实上，天师道与上清派是同源道派，但在修道法门和法箓上还是有一定的侧重和差异。因为所奉经系的不同和师承导致的修道理论上的差异，唐代上清派坚持内修养气、修道修心的修炼理念，而正一天师道则多重视民间治病、鬼神之符箓的修炼，即使叶法善在与政治的互动中也以此类道术为主要活动方式。因此他们在参与政治活动时所采取的切入角度也是不同的。上清派多以自身特色的内炼理论获得李唐帝王的认可，利用高明的理论思辨和内炼方法维持其与政治的互动和联系。而天师道则通过修鬼神之活动和为皇帝主持一些有天师道特色的祭祀仪式来参与李唐王朝的政局。双方不同的道派教理决定了他们参与政治方式的差异。

三、灵宝派与上清派：仪轨普及与理论渗透

如果说上清派、楼观道与李唐王朝合作关系的关键点和切入点是人（高道），那么灵宝派本身与李唐王朝的联结便在于其斋醮科仪。就道教内部而言，经过灵宝派几代高道的整理和修订，灵宝派

几乎"统一"了整个唐代道教的斋醮仪轨，甚至是"承包"了唐代在道教方面的官方祭祀，更甚至为唐以后的道教斋醮科仪提供了蓝本。张泽洪在《论道教的灵宝斋法》一文中提出：

> 灵宝斋法能够成为斋法的主流，根本原因在于它是南朝道教改革的产物。……在这场民间宗教向官方宗教的转变中，道教斋醮科仪亦经过一番清整，以适应官方祭祀的需要。从本质上说，斋醮是道教教义思想的仪式化反映。陆修静编撰的灵宝斋法，必定融入清整过的教义思想。这样，灵宝斋法作为宗教上层建筑，能够适应封建国家的祭祀需要，因而逐渐登上封建政权祭祀的斋坛，在刘宋时期大为流行，并成为唐宋元明官方祭祀的主要斋法。①

灵宝派在整理修订的过程中融入了陆修静、张万福等道士对于当时道教教义教理的理解，并结合了当时具体的社会情况和政权需求。

从张万福时期的灵宝派来看，首先，他认为，道作为道教的最高概念，其特点是虚寂的，是万物之本源的绝对存在。

> 夫道……布气行神，众兆生也，抱一含元，虚无空寂……道者，众物祖首，至无生神，造化天地、日月、山川……守之清虚，悟之神明，淡泊不渝，躁聒勿哗，常在不亡，虚通无阂，载劫诇易，永世为范，可以保神，可以守身，可以治国，可以得仙。②

---

① 张泽洪：《论道教的灵宝斋法》，《四川大学学报（哲学社会科学版）》2000年第5期，第39—40页。

② （唐）张万福编：《三洞众戒文》卷上，《中华道藏》第42册，第140页。

　　道乃抱一空寂之本质，表现为气与神的运行，生化万物而造就天地。而正如道的本质所体现出的，清虚淡泊也是保神、守身成仙的修炼之道，同时也是君王治国之道。其次，灵宝派融合了佛教之理论，从斋法仪轨的角度重新阐释了"道"之"无形"和"虚空"概念。在《三洞法服科戒文》中，张万福将法服分成了两种，一种为无衣之衣，是得道之高阶仙人所使用的：

　　　　谓四梵以上，妙体自然，变化无常，本无形质，或隐或显，应见化身，接引下凡，暂假衣服，随机设教，逐境分仪，神用自然，变化不测。[1]

　　这种"无衣之衣"是没有具体形态的。同时它也借用佛教"化身"一说，解释成至高境界向下层境界投射的变幻莫测的具象的形态。"无衣之衣"作为"道"之化身于凡俗世界设教，建立各种斋法仪轨来点化修道者。这也是修道者需要严格遵守法服科戒的原因。另一种为有衣之衣，乃世俗之道士所着，"乃至弃贤，形质尚粗，未能合道，游行出处，要借威仪"[2]。是修行但暂未得道的道士日常礼拜、举行斋醮法事时的着装，以此来表现道教的威仪和庄重。张万福进一步阐释了法服作为"道"之"化身"的性质：

　　　　天师又问曰："夫衣服者，本为有形，今上圣既无形质，衣服何所设耶？"

　　　　太上曰："上圣无形，实不资衣服。但应迹人间，而有衣服。若归真反本，湛寂自然，形影尚空，何论衣服。"[3]

---

①　（唐）张万福编：《三洞法服科戒文》，《中华道藏》第42册，第147页。

②　（唐）张万福编：《三洞法服科戒文》，《中华道藏》第42册，第147页。

③　（唐）张万福编：《三洞法服科戒文》，《中华道藏》第42册，第147页。

　　在世俗之"有衣之衣"和上圣"无衣之衣"之间，是至高境界向下界弘道传法的践行，若想要获得"无衣之衣"，则需要返璞归真，达到"寂"与"空"的境界。这一阐释正是在道教理论的基础上融合佛教中观学说的证明。

　　上清派的内炼也好，灵宝派的斋醮也罢，"身国同构"正是当时道教各派所极力阐释的，也是他们与李唐政权建立合作关系的重要切入点。灵宝派较之于上清派和政治的关系最大的区别在于，其联结的本质是宗教仪式。上清派通过高道与统治者的互动来传达和传播其"理身理国"的内炼理论，并在交往与互动中，敏锐地察觉政权的变化，以不断修正理论更新的方向。灵宝派则通过统治者和国家政权在祭祀和设教上的态度，来不断修订斋醮科仪和戒律，从而达到道教斋醮和官方祭祀的内涵和功能上的统一，密切自身与政治的联系。

结　论

本书研究了唐代的上清派在发展过程中与政治的关系变化，解决一下几个问题：

第一，唐代上清派与政治的关系是怎样的？

周德全认为：

> 道教与王权之间的政道交流，经历了一个从"政治与文化隔膜对立"，到"政治与文化认同接近"，继而双方达到"政治与文化合流"，再到"道教在政治与文化上依附王权"，最后形成王权在政治与文化方面"遗弃道教"的历史发展过程。①

而魏晋南北朝至唐宋时期正是"道教尊王——王权崇道"模式。道教在唐代经历了与政权的关系越走越近又逐渐疏离的过程。上清派与政治的关系是合作同盟又相互博弈的关系，如同一个"灵活的天平"，双方在理论和实践中的作为和本身势力的上升与削弱都是在这个"天平"两边放置的或重或轻的砝码，而最终目的都是极力地保持"天平"的稳定，保证双方合作同盟关系的稳定。同时又是在竞争中，对方每加持一个砝码，增加一些自身的实力，都是在无形

---

① 周德全：《道教与封建王权政治交流研究》，北京：人民出版社，2015年，第53页。

中促使另一方保证同样的"重量"。

从理论上来说，在重玄学萌芽的理论基础上，上清派不断地探索道教教理与政治理论的关系，企图给二者的联结一个完美的逻辑自洽。而这一联结的关键点就是从道教养身内炼理论出发的相互认同的治国之道，即"理身理国"的治国思想。上清派和李唐王朝对于这一理论的认可度是呈持续上升的状态。从李唐建立政权开始迅速上升（司马承祯、吴筠等道士的理论建设功不可没），到唐玄宗时期到达峰值，是这一理论发展成熟的标志；随后一直缓慢上升（在这一段时期上清派在这方面的理论探索处于断层状态），到唐僖宗杜光庭时期大成。

从实践上来说，则情况相对复杂。在唐前期，上清派与李唐政权的关系相对紧密。唐王朝与上清派相互成就。一方面，唐王朝需要通过道教来建立自己的政治合法地位，而上清派作为当时影响较大的道派之一，是唐王朝合作的绝佳选择。上清派也通过政治上所获得的认可进一步提升道派的威信与地位。另一方面，唐王朝需要适应当时社会发展情况的治国理念，而上清派无为守静的内炼思想和较高的教理思辨水平得到了唐帝王尤其是唐前期帝王的青睐。彼时唐王朝的国力正盛，统治阶层对于国家权力的集中把握更加强力，使得统治阶层内部在对待道教的理念上整体上处于一致的状态中，对于上清派的态度也是扶持和认可的。不仅是在官方祭祀中上清派拥有相当大的权力和影响力，司马承祯时代上清派一度掌握了五岳祭祀的权力。包括斋醮的选址、祠堂的建造和五岳之神的造像，上清派都有绝对的话语权。而且绝大多代唐帝王对于上清派的治国理念、个人修炼的理念也是认同的。即使很多唐代皇帝同样爱好外丹服食，但是对上清派的内炼之法和修道即修心的理念也是非常尊崇的。

到了唐后期，上清派与李唐王朝的关系却渐行渐远，甚至逐渐淡出了统治者的视野。在安史之乱后，李唐王朝的权力大厦开始分崩离析。上清派参与到中央政权的记载显著减少，可见上清派与中央政权的联系已经开始疏远，在政治中的活跃程度下降。从唐代皇帝个人层面来看，皇帝对于集中权力的逐渐丧失反而刺激了他们在个人修炼上的执着，变得更加急功近利。相对于周期更长、见效更慢、更加抽象的上清派存思内炼的修炼思想，外丹服药、祈祷长生法事等表现更加具体外在的修炼方法更能让他们产生兴趣，他们更容易从这种貌似能立竿见影的长生手段中获得替代满足感。故而那些屡屡被史书斥为"妖道"的道士比上清派道士更加受到皇帝的喜欢。值得提出的是，在上清派的治国和修炼理念逐渐不被统治阶层认可的变化中，上清派道士并没有为了迎合统治者的喜好而改变自身的理念。尤其是在唐帝王普遍喜好服药炼丹之外丹法术，对于近侍者而言，迎合即有恩宠，反对则惹上怒。而上清派道士并没有因此改变自己道派所主张的修炼理论和法门。一则外丹之术的弊端显而易见，上清派道士大多不愿为迎合而违心；二则其根源是金丹派、外丹术法与符箓派和内炼术法从根本上的冲突，在当时看来是不可调和的；三则从道教发展的角度来看，也可以看出当时内炼思想逐渐成为了道教教理的主流和未来的发展趋势。

同时，唐后期上清派与中央政权关系的逐渐疏远，也使得他们与地方政权的关系反而逐渐"升温"。地方政权（藩镇）所掌握的权力越来越大，地方节度使也几乎都是中央权臣，也掌握了一定的朝政话语权。此二者都在不断地瓜分着李唐皇室的中央权力。上清派作为"天平"的一端，选择与掌握着较大权力的政治方合作同盟。

唐前期李唐王朝掌握着绝对的中央集权，作为"天平"的另一端自然毋庸置疑。但是唐后期，当更大的权力被地方藩镇和权臣所获得，上清派作为"天平"的一端自觉或不自觉地将另一端转向了权力更大的一方，即藩镇和权臣。当然，这种转向并不是上清派中的一位或者几位道士所决定和改变的，而是历史走向和政治变化的无意识结果。这种转向的前提是李唐政权的分裂，中央政权和地方藩镇的政治博弈使得两端"天平"变成"三角关系"。上清派在"三角关系"的中间位置维系着平衡。在这种无意识转向的无声引导下，上清派将注意力和同盟方转向了地方政权，与政治的联系在地方政权上获得延续，以便可以保证持续的相对稳定的发展环境。

相对于其他道派，上清派与政治的关系互动更加频繁，且从唐王朝建立之初的王远知，一直到唐代中央政权式微，地方藩镇势力崛起，关系保持更加持久，也因时而异在唐后期转向崛起的地方权力。

另外，就唐代天师道与上清派在道教中的地位和关系问题，是当今学术界讨论不断之话题。小林正美提出的唐代道教皆为天师道的说法，在学术界争议不断。一方面，唐代道教各道派确实处于相互融合的阶段。从道教组织的渊源上来说，上清派乃是天师道祭酒中分支衍变出来的道派。陈国符在《天师道与茅山宗》中考证认为上清派第一代宗师魏华存魏夫人乃是天师道祭酒，而杨羲、许氏家族都与祭酒及天师道组织有密切的关系。[①]虽然上清派后来以上清经系而独立为道派，但在一些称呼、经箓和渊源上也是避不开天师道的影响。潘师正曾对司马承祯云："我自陶隐居传正一之法，至汝四

———————————

① 　陈国符：《道藏源流考》，第224页。

叶矣。"①吴筠拜潘师正为师，也是传的正一之法，可见当时正一派经法已被上清道士所认同和融合。南北朝时期天师道本就与上清派联系密切，自陶弘景的整理之后融合趋势更加明显。这种融合不仅于此，在与政治的关系中，天师道表现出了广泛的道士基础。这些师承派系不甚明朗但是确实受到正一道法传授和影响的道士，在唐代政治中有着庞大的基数，甚至于很多名声显赫，于李唐政局有着重要的影响和导向。另一方面，各个道教派别在修道法门和法箓上还是保持着本道派特有的侧重和差异。道派与道派之间的区分最重要的在于对修炼理论和法门的不同侧重和选择，以及所授法箓和经戒的差异。很显然，天师道以正一之法为核心，而上清派以上清经系为核心，二者所授法箓和经戒有着明显的差异，虽然一些道士会选择二者皆授，但是在选择修道理论和修道方法上是不同的（这与师承传授体系有直接关系）。唐代上清派坚持内修养气、修道修心的修炼理念，其修行之法以潘师正、司马承祯、吴筠、李含光等上清宗师为主要代表传承、弘扬，具有上清派自身特色。而正一天师道则延续了汉晋以来的传统，多重视民间治病、鬼神符箓的弘扬，即使在与政治的互动中，也以此类道术为主要活动方式。

第二，在与政治的关系中，上清派自身和道教有怎样的变化？

从整体上来说，前期上清派在李唐王朝的扶持下大力发展，影响力从南方地区扩展到北方。经过潘师正、司马承祯等宗师在王屋山和嵩山等北方福地洞天的修行弘道，上清派在北方地区也逐渐兴盛起来，形成"遍地开花"的局面。到了唐后期，北方地区战火频繁，在一定程度上限制了上清派的弘道活动，很多上清道士都选择

---

① （五代）刘昫等撰：《旧唐书》卷一九二，第5127页。

在南方相对安定的山岳隐居。除了茅山、天台山地区继续发展以外，衡岳地区包括青城山等地都有香火兴旺之趋势。相比之下，北方地区的上清传承几乎断绝。上清派发展在这一时期呈现重南轻北的局面。

具体来说，首先，在与政治的密切合作同盟中，作为道教神仙的太上老君逐渐进入政治和宗法层面，在李唐王朝的政权之中建立起专属的宗庙、祭祀，甚至在科举中占有一席之地。这是一种"建制性"的发展，是较为权威的，给唐代道教带来了长期稳定的发展环境。为了抓住这一绝佳的发展机会，上清派不断在理论上提高自己的水平。在唐代相对安定的社会环境下，其他学派和宗教的理论都处在大爆发的发展阶段，上清派乃至整个道教都在以开放和包容地姿态吸收和融合儒家、佛教的理论思想。相对于其他道派来说，上清派本身的优势在于其道派高道的理论基础和学识水平都非常高，上清派授法箓经戒之要求也远高于其他道派的要求。[①]因此，上清派的理论思辨水平发展迅速，教义教理的阐释更加哲学化，重视本体论和心性论的阐释与探索。这不仅为上清派适应唐代社会发展、获得统治阶层和其他高士的认可提供了更好的理论基础，也使得上清派在与政治的关系中占据更有利、更持续的位置，获得长足的发展。同时对于道教而言，上清派作为唐代道教的主流教派，其发展也促进了唐代整个道教理论的质的飞跃，为唐末宋元时期的"性命双修"道教新教理思想的转变打下了坚实的基础。

---

① 任继愈《中国道教史》第二编《隋唐道教》第九章详细列举论证了上清派法箓作为最高一品的道教法箓，其教理价值和文学价值以及上清道士的自身水平都远远高于其他道派。

其次，理论的迅速发展带来的是道教组织、仪式等各个方面的清整与融合。灵宝派系统而完备的斋醮科仪逐渐为其他道派所吸收，成为整个道教皆遵守的仪轨。道教的仪轨科仪在整体上逐渐趋于统一。上清派也吸收融合了正一道法，上清道士在修行中会吸取和采纳正一之法。大量的高道隐士寻找不同的洞天福地修行，他们为世人所尊崇，他们所隐居的道观和山岳也随之为掌权者和世人向往。人们对于道士的认识更多的不是他们所修习的经法类型，而是更加具体的山岳与封号。或者说，道士虽然传承了上清派的思想和理念，但是作为上清派本身的归属感却在降低，以茅山、天台桐柏观、衡岳九真观等山岳道观为中心的上清宗坛影响力超过了"上清派"道派之名声。南北朝时期确定的道教经系为核心的道派组织形式逐渐被兴盛的宫观和山岳洞天所取代，道教道派在组织形式上迎来了大规模的整合和变革，预示着唐末五代直到宋初道教派别重新洗牌，以新的思想与形式重组，新兴道派逐渐产生。

第三，上清派同时作为秩序宗教和生命宗教的意义。

美国著名神学家马丁·马蒂（Martin E.Marty）在卢梭观点的基础上提出，宗教可以分成秩序宗教和救赎宗教两种。[1]虽然这是一组

---

① ［美］R.G.哈切森：《白宫中的上帝》，北京：中国社会科学出版社，1992年，第40页。书中提到马丁·马蒂（Martin E.Marty）所认为的救赎宗教所提供的旨在拯救灵魂、使人心由悲转乐、给人以完满，并为他们提供其所渴望的那类本体和归属感。而公共社会的共同经验需要得当的社会秩序，需要有可信的共同信仰，这是现代公共宗教的意义。Martin E.Marty在*Religion in America since Mid-Century*［*The MIT Press on behalf of American Academy of Arts & Sciences Daedalus*, Vol. 111, No. 1, Religion（Winter, 1982）, pp. 149—163］一文中认为现代世俗化宗教可以被称为 "civil" or "public" religion，是传统宗教在宗教和世俗的看似矛盾的结合。

现代宗教视角下的概念，但是从宗教的社会功能上来说，宗教世俗化过程中的政治功能和宗教本身所具有的"终极关怀"的救赎功能并不是只有现代才有的。传统宗教在世俗化的过程中，政治扮演着不可或缺的角色。秩序宗教是将政治与神学联起来，使政治神圣化，而生命宗教是生命与神灵联系起来，使生命神圣化。①道教以其特有的长生久视的修炼方法和成仙不死的最终追求，被称为生命宗教再合适不过。事实上，秩序宗教与救赎宗教（生命宗教的概念包含在救赎宗教的概念之下）并不是绝对划分对立的，它们在很多的历史时期是相互渗透、相互交叠的。

　　唐代的上清派正是这种渗透交叠情况的最显著体现。道教上清派的宗师通过与政治密切的联系，在与统治阶层交往相处的过程中不断地进行理论与价值输出，将上清派尚无为、尊道德的治国理念和坐忘存思的内修思想传达给统治者和士大夫。从他们与帝王和官员群体的交往中可以看出，他们对于上清派修身和治国理念的引导和宣扬；同时又以敏锐的政治触觉和心怀天下的宗教担当积极参与到具体的政局之中，将上清派作为秩序宗教的积极影响发挥到社会的治理和稳定中去，实现了秩序宗教的政治参与和神圣化。上清派本身所保持的虚静养生、质朴无为也影响着当时人们对于生命和人生价值的关注与追求，不仅是身体的炼养和心性的修炼，同时在与地方政权的密切互动中实现普通信众从功德、忏悔和祈福中获得精神上的救赎。生命宗教的生命关怀和终极追求也由此体现。在道教繁芜的道派和修炼法门中，当中晚唐时上清派理念难以被统治者所

---

① 　张荣明：《秩序宗教与生命宗教——对汉晋儒教、道教产生和基本功能的考察》，《南开学报（哲学社会科学）》2003年第6期，第45页。

接受采纳时，他们依然坚持着自己的理念，在适应世俗政治和社会发展的同时保持独立而坚定的宗教追求。

当我们在讨论当代道教的何去何从时，应该思考些什么？是作为社会主义制度下的宗教，积极去适应社会的需求，发挥出积极的社会职能。同时也作为生命宗教，给予社会和百姓宽慰，激发人们对于生命关怀和人生价值的思考与追求。作为中国本土的宗教，秉持着自太上老君以降的上善若水、上清派高道的仙风道骨，在纷纷扰扰的俗世人间和错综复杂的宗教形势下，保持道教虚静守一、无为自化的坚守和担当。

参考文献

一、基本史料

[1]（五代）刘昫等撰：《旧唐书》，北京：中华书局，1975 年。

[2]（宋）欧阳修、宋祁撰：《新唐书》，北京：中华书局，1975 年。

[3]（唐）杜佑撰：《通典》，北京：中华书局，1988 年。

[4]（唐）李林甫等撰：《唐六典》，北京，中华书局，1992 年。

[5]（宋）司马光编：《资治通鉴》，北京：中华书局，1956 年。

[6]（宋）王溥撰：《唐会要》，北京：中华书局，1955 年。

[7]（唐）温大雅撰：《大唐创业起居注》，上海：上海古籍出版社，1983 年

[8]《上清大洞真经》，张继禹主编：《中华道藏》，北京：华夏出版社，2004 年。

[9]（北魏）寇谦之：《老君音诵诫经》，《中华道藏》。

[10]（刘宋）陆修静撰：《洞玄灵宝五感文》《陆先生道门科略》，《中华道藏》。

[11]（梁）陶弘景撰：《真诰》，《中华道藏》。

[12]（唐）李隆基注：《唐玄宗御注道德真经》，《中华道藏》。

[13]（唐）李隆基注：《唐玄宗御注道德真经疏》,《中华道藏》。

[14]（唐）史崇玄等编撰：《一切道经音义妙门由起》,《中华道藏》。

[15]《道门经法相承次序》,《中华道藏》。

[16]（唐）司马承祯撰：《服气精义论》,《中华道藏》。

[17]（唐）司马承祯撰：《天隐子》,《中华道藏》。

[18]（唐）司马承祯撰：《坐忘论》,《中华道藏》。

[19]（唐）司马承祯撰：《上清含象剑鉴图》,《中华道藏》。

[20]（唐）吴筠撰：《宗玄先生文集》,《中华道藏》。

[21]（唐）吴筠撰：《宗玄先生玄纲论》,《中华道藏》。

[22]（唐）李荣撰：《道德真经注》,《中华道藏》。

[23]（唐）王玄览撰：《玄珠录》,《中华道藏》。

[24]（唐）张果撰：《玉洞大神丹砂真要诀》,《中华道藏》。

[25]（唐）张万福编：《传授三洞经戒法箓略说》《三洞众戒文》《三洞法服科戒文》,《中华道藏》。

[26]（唐）刘处静：《洞玄灵宝三师记》,《中华道藏》。

[27]（唐）杜光庭撰：《道德真经广圣义》《历代崇道记》《道教灵验记》《广成集》《金箓斋启坛仪》,《中华道藏》。

[28]（唐）闾丘方远撰：《太上洞玄灵宝大纲钞》,《中华道藏》。

[29]（唐）王悬河主编：《上清道类事相》,《中华道藏》。

[30]（五代）强思齐撰：《道德真经玄德纂疏》,《中华道藏》。

[31]（宋）谢守灏撰：《混元圣纪》《太上混元老子史略》,《中华道藏》。

[32]《修真十书钟吕传道集》,《中华道藏》。

[33]（宋）吕太古撰：《道门通教必用集》,《中华道藏》。

[34]（宋）蒋叔舆编撰：《无上黄箓大斋立成仪》，《中华道藏》。

[35]（宋）宁全真：《上清灵宝大法》，《中华道藏》。

[36]（宋）张君房辑：《云笈七签》，《中华道藏》。

[37]（元）郑思肖：《太极祭炼内法》，《中华道藏》。

[38]（元）赵道一撰：《历世真仙体道通鉴》，《中华道藏》。

[39]（元）李道纯注：《太上老君说常清静经注》，《中华道藏》。

[40]（元）朱象先撰：《终南山说经台历代真仙碑记》《古楼观紫云衍庆集》，《中华道藏》。

[41]（明）张宇初撰：《岘泉集》，《中华道藏》。

[42]（明）张正常撰：《汉天师世家》，《中华道藏》。

[43]（唐）释道宣：《高僧传二集》，上海：弘化社，2013年。

[44]（唐）释道宣：《续高僧传》，《大正藏》，台北：新文丰出版公司，1983年。

[45]（清）董浩等编：《全唐文》，北京：中华书局，1983年。

[46]（清）彭定求等编：《全唐诗》，北京：中华书局，1960年。

[47]陈尚君辑校：《全唐诗补编》，北京：中华书局，1992年。

[48]陈尚君辑校：《全唐文补编》，北京：中华书局，2005年。

[49]（元）刘大彬撰：《茅山志》，《中华道藏》。

[50]（元）刘大彬编、（明）江永年增补、王岗点校：《茅山志》，上海：上海古籍出版社，2016年。

[51]（清）笪蟾光编：《茅山志》，《中国道观志丛刊》第12、13册，南京：江苏古籍出版社，2004年。

[52]句容市地方志办公室编：《句容茅山志》，合肥：黄山书社，1998年。

[53]（宋）陈田夫撰：《南岳总胜集》，《中华道藏》。

[54]（唐）李坤昭撰：《南岳小录》，《中华道藏》。

[55] 湖南省地方志编纂委员会：《南岳志》，长沙：湖南出版社，1996 年。

[56] 杨世华：《茅山道院历代碑铭录》，上海：上海科学技术文献出版社，2000 年。

[57]（清）顾祖禹撰，贺次君、施和金点校：《读史方舆纪要》，北京：中华书局，2005 年。

二、国内今人著作（按责任者首字母排序）

[1] 陈国符：《道藏源流考》，北京：中华书局，1963 年。

[2] 陈国符：《陈国符道藏研究论文集》，上海：上海古籍出版社，2004 年。

[3] 陈侃理：《儒学、数术与政治——灾异的政治文化史》，北京：北京大学出版社，2015 年。

[4] 陈鼓应注：《老子今注今译》，北京：商务印书馆，2003 年。

[5] 陈鼓应注：《庄子今注今译》，北京：商务印书馆，2007 年。

[6] 蔡林波：《神药之殇——道教丹术转型的文化阐释》，成都：巴蜀书社，2008 年。

[7] 陈撄宁：《道教与养生》，北京：华文出版社，1989 年。

[8] 陈垣编纂：《道家金石略》，北京：文物出版社，1988 年。

[9] 陈寅恪：《金明馆丛稿初编》，北京：三联书店，2001 年。

[10] 岑仲勉：《隋唐史》，北京：中华书局，1982 年。

[11] 丁福保编：《佛学大辞典》，北京：中国书店，2011 年。

[12] 傅璇琮：《李德裕年谱》，石家庄：河北教育出版社，2001 年。

[13] 盖建民：《道教医学》，北京：宗教文化出版社，2001 年。

[14] 高世瑜：《唐玄宗与道教》，太原：陕西旅游出版社，1992 年。

[15] 葛兆光：《想象力的世界——道教与唐代文学》，北京：现代出版社，1990 年。

[16] 葛兆光：《屈服史及其他——六朝隋唐道教的思想史研究》，北京：生活·读书·新知三联书店，2003 年。

[17] 何建明：《道家思想的历史转折》，武汉：华中师范大学出版社，1997 年。

[18] 胡孚琛：《中华道教大辞典》，北京：中国社会科学出版社，1995 年。

[19] 黄永年：《唐史史料学》，上海：上海书店出版社，2002 年。

[20] 黄正建主编：《隋唐辽宋金元史论丛》（第四辑），上海：上海古籍出版社，2014 年。

[21] 李大华、李刚、何建明：《隋唐道家与道教》，广州：广东人民出版社，2003 年。

[22] 卢国龙：《中国重玄学》，北京：人民中国出版社，1993 年。

[23] 卢国龙：《道教哲学》，北京：华夏出版社，1997 年。

[24] 刘固盛：《道教老学史》，武汉：华中师范大学出版社，2008 年。

[25] 刘俊文主编，许洋主等译：《日本学者研究中国史论著选译》第 7 卷《思想宗教》，北京：中华书局，1993 年。

[26] 雷闻：《郊庙之外——隋唐国家祭祀与宗教》，北京：生活·读书·新知三联书店，2009 年。

[27] 吕思勉：《隋唐五代史》，上海：上海古籍出版社，2005 年。

[28] 吕锡琛：《道家、方士与王朝政治》，长沙：湖南出版社，1991年。

[29] 吕锡琛：《道家道教与中国古代政治》，长沙：湖南出版社，2002年。

[30] 刘笑敢：《老子古今——五种对勘与析评引论》，北京：中国社会科学出版社，2006年。

[31] 罗中枢：《重玄之思——成玄英的重玄方法和认识论研究》，成都：巴蜀书社，2010年。

[32] 马其昶校注：《韩昌黎文集校注》，上海：上海古籍出版社，1986年。

[33] 蒙文通：《道书辑校十种》，《蒙文通文集》第6册，成都：巴蜀书社，2001年。

[34] 牟钟鉴、胡孚琛、王葆玹：《道教通论——兼论道家学说》，济南：齐鲁书社，1991年。

[35] 南怀瑾：《中国道教发展史略》，上海：复旦大学出版社，1996年。

[36] 潘一德：《茅山道教简史》，上海：上海科学技术文献出版社，2001年。

[37] 卿希泰：《中国道教思想史纲》第一卷，成都：四川人民出版社，1980年。

[38] 卿希泰：《中国道教思想史纲》第二卷，成都：四川人民出版社，1985年。

[39] 卿希泰编：《中国道教史》，成都：四川人民出版社，1996年。

[40] 卿希泰、唐大潮：《道教史》，南京：江苏人民出版社，

2006 年。

[41] 任继愈编:《中国道教史》,上海:上海人民出版社,1990年。

[42] 任继愈主编:《道藏提要》,北京:中国社会科学出版社,2005 年。

[43] 孙昌武:《道教与唐代文学》,北京:人民文学出版社,2001 年。

[44] 孙亦平:《杜光庭思想与唐宋道教的转型》,南京:南京大学出版社,2004 年。

[45] 孙亦平:《杜光庭评传》,南京:南京大学出版社,2005 年。

[46] 汤用彤:《隋唐佛教史稿》,北京:中华书局,1982 年。

[47] 吴受琚辑释,俞震、曾敏校补:《司马承祯集》,北京:社会科学文献出版社,2013 年。

[48] 王永平:《道教与唐代社会》,北京:首都师范大学出版社,2002 年。

[49] 萧登福:《六朝道教上清派研究》,天津:天津出版社,2005 年。

[50] 谢思炜撰:《白居易诗集校注》,北京:中华书局,2006 年。

[51] 熊铁基、马良怀、刘韶军著:《中国老学史》,福州:福建人民出版社,2005 年。

[52] 熊铁基、刘固盛编:《道教文化十二讲》,合肥:安徽教育出版社,2005 年。

[53] 宇汝松:《六朝道教上清派研究》,济南:山东文艺出版社,2009 年。

[54] 杨世华、潘一德:《茅山道教志》,武汉:华中师范大学出

版社，2007 年。

[55] 周德全：《道教与封建王权政治交流研究》，北京：人民出版社 2015 年。

[56] 张广保：《唐宋内丹道教》，上海：上海文化出版社，2001 年。

[57] 中国大百科全书总编辑委员会：《中国大百科全书·宗教》，北京：中国大百科全书出版社，1998 年。

[58]《中国大百科全书》总编委会：《中国大百科全书》第 19 册，北京：中国大百科全书出版社，2009 年。

[59] 张敬梅：《司马承祯——从服气炼形到坐忘虚心》，北京：华文出版社，2008 年。

[60] 张岂之主编：《中国思想学说史（隋唐卷）》，桂林：广西师范大学出版社，2008 年。

[61] 詹石窗：《道教文学史》，上海：上海文艺出版社，1992 年。

[62] 张松辉：《唐宋道家道教与文学》，长沙：湖南师范大学出版社，1998 年。

[63] 周绍良主编：《唐代墓志汇编》，上海：上海古籍出版社，1992 年。

[64] 朱越利主编：《理论·视角·方法——海外道教学研究》，济南：齐鲁书社，2013 年。

三、国内论文（按责任者首字母排序）

（一）学位论文

[1] 鲍丹琼：《唐代的道医与道教医学》，陕西师范大学硕士论

文，2015 年。

[2] 段祖青:《宋前茅山宗文学研究》，湖南师范大学博士论文，2013 年。

[3] 胡百涛:《六朝道教上清派存思道法研究——以〈上清大洞真经〉为中心》，中国社会科学院博士论文，2013 年。

[4] 金彩虹:《唐代道士类型研究》，陕西师范大学硕士论文，2004 年。

[5] 梁红仙:《思想与政治之间——唐玄宗时期政治思想研究》，西北大学博士论文，2013 年。

[6] 刘凤霞:《谶纬之学与唐代社会》，山东大学硕士论文，2010 年。

[7] 李静:《论唐代道士吴筠》，华中师范大学硕士论文，2013 年。

[8] 李平:《晚唐五代道教修道变迁研究》，清华大学博士论文，2010 年。

[9] 李心荷:《从"天赐祥瑞"到"道降真符"——唐玄宗朝祥瑞演变的政治文化内涵》，华中师范大学硕士论文，2017 年。

[10] 林西朗:《唐代道教管理制度研究》，四川大学博士论文，2005 年。

[11] 刘永海:《略论武则天称帝与祥瑞》，首都师范大学硕士论文，2008 年。

[12] 王学群:《唐代诗歌与终南山》，西北大学硕士论文，2013 年。

[13] 余红平:《杜光庭道教文学研究——以道教诗词为考察对象》，赣南师范学院硕士论文，2013 年。

[14] 张崇富：《上清派修炼思想研究》，四川大学博士论文，2003 年。

[15] 张超然：《系谱、教法及其整合——东晋南朝道教上清经派的基础研究》，台湾政治大学博士论文，2008 年。

[16] 张箭：《"三武一宗"灭佛研究》，四川大学博士学位论文，2001 年。

[17] 周奇：《唐代宗教管理研究》，复旦大学博士论文，2005 年。

[18] 张若雨：《唐代诗歌中的道教养生思想与实践》，华中师范大学硕士论文，2014 年。

（二）会议与期刊论文

[1] 陈昌文：《泛道教人格的实力模型》，《西南民族学院学报（哲学社会科学版）》1999 年第 1 期。

[2] 陈昌文：《人口背景中的道教》，《西南民族学院学报（哲学社会科学版）》2001 年第 6 期。

[3] 陈昌文：《道教的政治情结》，《西南民族学院学报（哲学社会科学版）》2002 年第 3 期。

[4] 陈大灿：《茅山道教音乐考》，《中国道教》1987 年第 4 期。

[5] 丁常云：《简述茅山在道教历史中的地位》，《中国道教》1990 年第 1 期。

[6] 丁煌：《唐高祖太宗对符瑞的引用及其对道教的态度》，《成功大学历史学报》1975 年第 2 号。

[7] 付莉：《道教方术与唐代士大夫的政治斗争》，《晋中学院学报》2011 年第 2 期。

[8] 付莉:《道观与唐代士大夫》,《淮北师范大学学报(哲学社会科学版)》2011 年第 2 期。

[9] 付莉:《唐代士子习业道观之风》,《长春师范学院学报》2011 年第 3 期。

[10] 方胜、孙丹丹:《新中国成立七十年来唐武宗"会昌毁佛"研究综述》,《安徽理工大学学报(社会科学版)》2019 年第 5 期。

[11] 姜芊:《李德裕与会昌毁佛》,《兰州学刊》1991 年第 6 期。

[12] 苟波、张力波:《道教神仙传记中的政治隐喻和社会内涵》,《宗教学研究》2014 年第 3 期。

[13] 郭凯:《从〈唐六典〉相关条目浅析唐玄宗的佛道政策》,《兰台世界》2016 年第 13 期。

[14] 郭树森:《阁皂宗灵宝道述论》,《江西社会科学》1995 年第 9 期。

[15] 高世瑜:《唐玄宗崇道浅论》,《历史研究》,1985 年第 4 期。

[16] 葛兆光:《道教与唐代诗歌语言》,《清华大学学报(哲学社会科学版)》1995 年第 4 期。

[17] 葛兆光:《砂山稔〈隋唐道教思想史研究〉》,荣新江主编:《唐研究》第二卷,北京:北京大学出版社,1996 年。

[18] 葛兆光:《小林正美〈唐代的道教与天师道〉》,荣新江主编:《唐研究》第 10 卷,北京:北京大学出版社,2004 年。

[19] 顾自奋:《李世民宗教政策嬗变的思考》,《上海大学学报(社会科学版)》1994 年第 3 期。

[20] 何灿浩:《会昌朝省官、废佛与大中朝增官、兴佛析论》,《宁波师范学院学报》1986 年第 2 期。

[21] 胡孚琛:《唐代道教流派概说》,《中国道教》1991 年第 3 期。

[22] 胡军:《唐代的茅山道教与宫廷音乐》,《中国道教》2001 年第 1 期。

[23] 蒋寅:《吴筠——道士诗人与道教诗》,《宁波大学学报（人文科学版）》1994 年第 2 期。

[24] 寇养厚:《唐初三帝的三教共存与道先佛后政策——唐代三教并行政策形成的第一阶段》,《文史哲》1998 年第 4 期。

[25] 寇养厚:《武则天与唐中宗的三教共存与佛先道后的政策——唐代三教并行政策形成的第二阶段》,《陕西师范大学学报（哲学社会科学版）》1999 年第 3 期。

[26] 寇养厚:《唐代三教并行政策的形成》,《东岳论丛》1998 年第 4 期。

[27] 李斌城:《试论唐代的道教》,《山东师范大学学报（人文社会科学版）》1978 年第 6 期。

[28] 李斌城:《敦煌写本唐玄宗〈道德经〉注疏残卷研究》,《世界宗教研究》1987 年第 1 期。

[29] 李刚:《唐太宗与道教》,《晋阳学刊》1994 年第 5 期。

[30] 李刚:《唐高祖创业与道教图谶》,《宗教学研究》1998 年第 3 期。

[31] 卢国龙:《论司马承祯的道教思想》,《中国道教》1988 年第 3 期。

[32] 刘固盛:《唐代重玄学派道论的特点》,《西南民族大学学报（人文社科版）》2007 年第 2 期。

[33] 李富华、董型武:《试论唐代的宗教政策》,《世界宗教研究》1989 年第 3 期。

[34] 李乃龙:《道教上清派与晚唐游仙诗》,《陕西师范大学学报

（哲学社会科学版）》1999 年第 4 期。

[35] 李乃龙：《中晚唐诗僧与道教上清派》，《陕西师范大学学报（哲学社会科学版）》2000 年第 4 期。

[36] 刘琴丽：《唐代幽州军人与佛教——以〈房山石经题记汇编〉为中心》，《世界宗教研究》2011 年第 6 期。

[37] 雷闻：《墓志所见麻姑山邓氏》，荣新江主编：《唐研究》第 17 卷，北京：北京大学出版社，2011 年。

[38] 雷闻：《麻姑山邓氏与唐代"北帝派"的传法谱系》，余欣主编：《中古时代的礼仪、宗教与制度》，上海：上海古籍出版社，2012 年。

[39] 雷闻：《山林与宫廷之间——中晚唐道教史上的刘玄靖》，《历史研究》2013 年第 6 期。

[40] 雷闻：《茅山宗师王远知的家族谱系——以新刊唐代墓志为中心》，黄正建主编：《隋唐辽宋金元史论丛》（第四辑），上海：上海古籍出版社，2014 年。

[41] 李文才：《会昌毁佛原因之再认识》，《淮阴师专学报》1997 年第 2 期。

[42] 廖翔慧：《刘宋时期灵宝派大流行的社会化内涵》，《苏州大学学报（哲学社会科学版）》2010 年第 6 期。

[43] 刘屹：《寇谦之身后的北天师道》，《首都师范大学学报（社会科学版）》2003 年第 1 期。

[44] 李远国：《道教符箓派诸宗概述》，《中国道教》1997 年第 2 期。

[45] 刘永刚：《儒释道三教与唐初政治》，《南华大学学报（社会科学版）》2006 年第 3 期。

[46] 刘永明：《医学的宗教化——道教存思修炼术的创造机理与渊源》，詹石窗主编：《百年道学精华集成》第 5 辑《道医养生》卷五，成都：巴蜀书社，2014 年。

[47] 刘仲宇：《五雷正法渊源考论》，《宗教学研究》2001 年第 3 期。

[48] 马良怀：《唐代〈老〉学对内在权威的建构》，《华中师范大学学报（哲学社会科学版）》1996 年第 6 期。

[49] 牛致功：《试论唐武宗灭佛的原因》，《唐史论丛》1998 年第 1 期。

[50] 卿希泰：《司马承祯的生平及其修道思想》，《宗教学研究》2003 年第 1 期。

[51] 秦中亮、陈勇：《皇权与信仰——唐武宗抑佛崇道原因新探》，《史林》2014 年第 3 期。

[52] 谭敏：《唐代道教祥瑞神话故事的政治主题》，《学术论坛》2006 年第 11 期。

[53] 施光明：《论唐代宗教政策》，《陕西师范大学学报（哲学社会科学版）》1985 年第 1 期。

[54] 史孝进：《道教养生学的形成与发展简述》，《中国道教》2003 年第 1 期。

[55] 孙英刚：《转轮王与皇帝——佛教对中古君主概念的影响》，《社会科学战线》2013 年第 11 期。

[56] 孙英刚：《武则天的七宝——佛教转轮王的图像、符号及其政治意涵》，《世界宗教研究》2015 年第 2 期。

[57] 孙亦平：《杜光庭的重玄学思想初探》，《南京大学学报（哲学·人文科学·社会科学）》2003 年第 4 期。

[58] 孙亦平：《论杜光庭对道教斋醮科仪的发展与贡献》，《宗教学研究》2006 年第 4 期。

[59] 孙亦平：《论杜光庭的三教融合思想及其影响》，《中国哲学史》2006 年第 4 期。

[60] 孙亦平：《论陈国符对上清派研究的贡献》，《杭州师范大学学报（社会科学版）》2014 年第 3 期。

[61] 孙亦平：《清静与清净——论唐代道教心性论的两个致思向度——以杜光庭思想为视角》，《哲学研究》2016 年第 9 期。

[62] 孙亦平：《吴筠与茅山上清派关系新考——兼论唐代道教的教派问题》，《世界宗教研究》2022 年第 3 期。

[63] 汤其领：《司马承祯的修道思想》，《河南科技大学学报（社会科学版）》2007 年第 1 期。

[64] 汤其领：《唐代茅山道论略》，《河南科技大学学报（社会科学版）》2008 年第 6 期。

[65] 田廷柱：《李德裕与会昌禁佛》，《辽宁大学学报（哲学社会科学版）》1980 年第 5 期。

[66] 韦春喜、张影：《论唐代道士吴筠的咏史组诗》，《宗教学研究》2006 年第 4 期。

[67] 汪桂平：《唐代的茅山道》，《文史知识》1995 年第 1 期。

[68] 汪桂平：《唐玄宗与茅山道》，《世界宗教研究》1995 年第 2 期。

[69] 王海霞：《道教制度与唐代士人》，《中华文化论坛》2007 年第 3 期。

[70] 汪剑、张晓琳、和中浚：《上清派炼养术的藏象学说内涵探讨》，《中国道教》2011 年第 2 期。

[71] 汪剑、和中浚：《道教上清派炼养术与中医命门学说流变的关系》，《南京中医药大学学报（社会科学版）》2012 年第 4 期。

[72] 王谋寅：《李唐政权合法性建构中的道教元素》，《广东社会科学》2015 年第 5 期。

[73] 吴秀兰：《论道教对唐初政治典制的影响》，《青海师范大学学报（哲学社会科学版）》2006 年第 6 期。

[74] 王瑛：《杜光庭事迹考辨》，《宗教学研究》1992 年 Z1 期。

[75] 王永平：《李德裕与道教》，《文史知识》2000 年第 1 期。

[76] 王永平：《唐代道教管理体制》，《首都师范大学学报（社会科学版）》2000 年第 5 期。

[77] 王永平：《论唐代道教的发展规模》，《首都师范大学学报（社会科学版）》2002 年第 6 期

[78] 薛平拴：《论唐玄宗与道教》，《陕西师范大学学报（哲学社会科学版）》1993 年第 3 期。

[79] 薛平拴：《论唐玄宗的宗教政策》，《兰州大学学报（社会科学版）》2001 年第 4 期。

[80] 于辅仁：《唐武宗灭佛原因新探》，《烟台师范学院学报（哲学社会科学版）》1991 年第 3 期。

[81] 杨发鹏：《论李德裕在会昌灭佛中的作用》《宗教学研究》2011 年第 1 期。

[82] 杨立华：《〈黄庭内景经〉重考》，陈鼓应主编：《道家文化研究》第十六辑，北京：生活·读书·新知三联书店，1999 年。

[83] 杨世华：《茅山上清派授箓程序初探》，《宗教学研究》2002 年第 1 期。

[84] 尹志华：《吴筠的生命哲学思想初探》，《宗教学研究》1996

年第 2 期。

[85] 袁志鸿：《茅山乾元观承传与道教上清派和全真教》，尹信慧主编：《茅山乾元观与江南全真道国际学术研讨会论文集》，桂林：广西师范大学出版社，2013 年。

[86] 周德全：《唐玄宗、宋徽宗、明太祖与清世祖御注〈道德经〉及其"政道"观研究》，《四川大学学报（哲学社会科学版）》2010 年第 1 期。

[87] 张崇富：《茅山宗与重玄学》，《四川大学学报（哲学社会科学版）》2008 年第 3 期。

[88] 张崇富：《术道糅杂——道教上清派炼丹术的启示》，《船山学刊》2008 年第 3 期。

[89] 张崇富：《龙虎山法派考》，《宗教学研究》2016 年第 4 期。

[90] 张敬梅：《"上清之法"与"正一之法"——兼论唐代道经与道派的关系》，《中国道教》2004 年第 4 期。

[91] 张继禹：《天师道发展更新的四个重要历史阶段》，《中国道教》1994 年第 1 期。

[92] 曾广亮：《上清宫铜钟和仁靖真人碑简介》，《中国道教》2000 年第 4 期。

[93] 张固也、李辉：《〈山居录〉——我国现存最早的种药专著》，《南京中医药大学学报（社会科学版）》2008 年第 4 期。

[94] 张荣明：《秩序宗教与生命宗教——对汉晋儒教、道教产生和基本功能的考察》，《南开学报（哲学社会科学）》2003 年第 6 期。

[95] 詹石窗：《吴筠师承考》，《中国道教》1994 年第 1 期。

[96] 张泽洪：《唐代道教规模辨析》，《宗教学研究》1997 年第 1 期。

[97] 张泽洪：《论科教三师》，《宗教学研究》1998 年第 4 期。

[98] 张泽洪：《论道教的灵宝斋法》，《四川大学学报（哲学社会科学版）》2000 年第 5 期。

[99] 张泽洪：《论唐代道教斋醮科仪》，《社会科学研究》2000 年第 6 期。

[100] 张泽洪：《阁皂山灵宝派初探》，《中国道教》2004 年第 2 期。

[101] 张泽洪：《道教灵宝派授箓论略》，《世界宗教研究》2010 年第 4 期。

四、国外著作与论文（按责任者首字母排序）

[1] ［日］坂内荣夫：《〈道德真经广圣义〉中所见的儒道一致思想》，吉川忠夫编《唐代的道教》，京都：朋友书店，2000 年。

[2] ［英］巴瑞特着，曾维加译：《唐代道教——中国历史上黄金时期的宗教与帝国》，济南：齐鲁书社，2012 年。

[3] ［美］柏夷著，孙齐等译：《道教研究论集》，上海：中西书局，2015 年。

[4] ［美］Benn Charles.Taoism as Ideology in the Reign of Emperor Hsüan-tsung（712—755）. Ph.D.diss，University of Michigan，1977.

[5] ［日］大渊忍尔著，隽雪艳、赵蓉译：《敦煌道经目录编》，济南：齐鲁书社，2016 年。

[6] ［日］都筑晶子：《唐代中期的道观——空间·经济·戒律》，吉川忠夫编《唐代的道教》，京都：朋友书店，2000 年。

[7] ［法］傅飞岚（Franciscus Verellen）.Du Guangting（850—933）：Taoiste de Cour a la fin de la Chine Medievale.Mémoires de' lIHEC XXX.Paris：De Boccard.1989.

[8]〔法〕傅飞岚（Franciscus Verellen）.Societe et Religion Dans la Chine Medieval：Le regard de Du Guangting（850—933）sur son epoque.Bulletin de l'Ecole Française d'Extrême-Orient. 2000（87）.

[9]〔日〕福永光司：《道教的镜与剑——其思想的源流》，刘俊文主编，许洋主等译：《日本学者研究中国史论著选译》第七卷《思想宗教》，北京：中华书局，1993年。

[10]〔日〕宫川尚志：《唐玄宗与道教》，东海大学文学部《纪要》30，1979年。

[11]〔美〕柯克兰（Russell Kirkland）.The Last taoist Grand Master at the Tang Imperial Count：Li Han-kuang and Tang Hsuan-sung. Tang Studies.1986（4）.

[12]〔美〕柯克兰（Russell Kirkland）.Ssu-ma Ch'eng-chen and the Role of Taoism in the Medieval Chinese Polity.Journal of Asian Studies.1997（2）.

[13]〔荷兰〕梅耶尔（Jan A.M.De Meyer）.Mountainhopping：the Life of Wu Yun.Tang Studies. 1999（17）.

[14]〔日〕镰田茂雄著，郑彭年译：《简明中国佛教史》，上海：上海译文出版社，1986年。

[15]〔德〕司马虚（Michel Strichmann）：The Mao Shan Revelation：Taoism and the Aristocracy.T'oung Pao.1977（1）.

[16]〔美〕斯坦利·威斯坦因（Weinstein）著，张煜译：《唐代佛教》，上海：上海古籍出版社，2010年。

[17]〔日〕山田俊：《唐初道教思想史研究——〈太玄真一本际经〉的成立与思想》，京都：平乐寺书店，1999年。

[18]〔日〕山田俊：《杜光庭的思想》，熊本县立大学文学部《纪

要》9, 第 1、2 期。

[19]〔日〕砂山稔:《隋唐道教思想史研究》, 东京: 平河出版社, 1990 年。

[20]〔日〕砂山稔:《李白与唐代道教——守旧与现代之间》, 岩手大学《语言和文化文学的诸相》2008 年。

[21]〔美〕施舟人 (Kristofer Schipper):《中国文化基因库》, 北京: 北京大学出版社, 2002 年。

[22]〔日〕神冢淑子:《则天武后时期的道教》, 吉川忠夫编:《唐代的道教》, 京都: 朋友书店, 2000 年。

[23]〔德〕韦伯著, 康乐、简惠美译:《中国的宗教: 儒教与道教》, 桂林: 广西师范大学出版社, 2010 年。

[24]〔日〕小林正美著, 王皓月译:《中国的道教》, 济南: 齐鲁书社, 2010 年。

[25]〔日〕小林正美著, 王皓月、李之美译:《唐代的道教与天师道》, 济南: 齐鲁书社, 2013 年。

后 记

2022 年，刘固盛老师打电话给我说可以帮我出版我的博士论文，我非常感激和激动。因为个人能力和工作的原因，这本书的修改一直在拖延，我感到非常的惭愧。对于这本书中，未能继续深入的上清派与地方政权的关系、敦煌道经的资料运用等问题，以后还会继续努力充实。终于写到最后部分，在写这篇后记之前，我特意翻开博士论文的致谢，想起了在武汉的点滴。

从 2010 年到 2020 年，我在武汉，在华中师范大学度过了三分之一的人生时光。今后赖以生存的所有技能和思想，几乎都是在武汉、在华师、在这十年间获得的。博士毕业的 2020 年，正是武汉疫情肆虐的时期。我在家里度过我学生时代的最后一个学期。

在博士三年的学习中，最感激的是熊老师的谆谆教诲。我的每一篇论文，他都戴着老花镜不厌其烦地帮我修改上五六遍。不论是老师深刻的学术思想、严谨的学术态度和对我的细心关怀，还是他于耄耋之年所展现的乐观而豁达的人生态度和笔耕不辍的学术热情，都是让我"高山仰止，景行行止""心向往之"。2020 年 6 月 22 日，疫情好转，学校允许毕业生返校两日处理毕业事宜。没有什么学生的校园，没有集体毕业典礼，在 1 号楼的门口，熊老师为我完成了单独的拨穗仪式，送我毕业。他在题记中对我继续做道教研究的鞭策，也不敢忘记。在武汉的十年中，更要感谢刘固盛老师的教导。跟随刘老师学习的十年中，老师对我帮助无数。在我初接触道家道教研究的引导、我保研遇到困难时的帮助、在我对未来方向迷茫时的鼓励，往事历历在目。我的师姐肖海燕，她让我叫她师姐，但是在我心中她也是我温和而敬爱的老师。感谢我的室友杨金娥的陪伴，疫情隔离中，我们每天十个多小时的视频连线，互相安慰着疫情带来的心理压力，相伴着完成了各自的毕业论文。

　　感谢我的父母，在我漫长的求学路上成为我坚实的后盾。在疫情隔离期间，在家里完成论文让我仿佛又回到了父母每日为我操心的高中时期，谢谢他们有兴趣成为我毕业论文的最初读者，他们也将会是这本书的最初读者之一。

　　在无锡工作的两年，我状态不好，仿佛我的时间一直停滞着，幸有师友亲朋的鼓励和支持才能走到现在。诸多感谢之言填膺，拙于表达。愿他们都能健康幸福，万事顺遂！

张若雨

2022 年 12 月于无锡